HENAN SHENG ZHISHI CHANQUAN FAZHAN BAOGAO

河南省知识产权发展报告
（2020—2021）

王 肃 主编

知识产权出版社
全国百佳图书出版单位
—北京—

图书在版编目（CIP）数据

河南省知识产权发展报告. 2020—2021/王肃主编. —北京：知识产权出版社，2022.9
ISBN 978-7-5130-8390-4

Ⅰ.①河… Ⅱ.①王… Ⅲ.①知识产权保护—研究报告—河南—2020-2021 Ⅳ.①D927.610.34

中国版本图书馆 CIP 数据核字（2022）第 177492 号

内容提要

本书以河南省知识产权战略发展为研究对象，详细介绍了河南省知识产权的创造、运用、管理、保护、服务、人才培养、文化宣传以及交流与合作，针对河南省知识产权的不同层面进行了八个专题研究，深入分析，以大量翔实的资料和数据阐述了河南省专利产业的发展现状，并据此提出了相应的对策。内容紧紧围绕河南实际，解决河南问题，体现了较强的问题导向和本土意识。

本书可供知识产权相关从业人员阅读参考。

责任编辑：崔　玲　阴海燕　　　　　　责任印制：孙婷婷

河南省知识产权发展报告（2020—2021）
王　肃　主编

出版发行：知识产权出版社有限责任公司	网　　址：http://www.ipph.cn
电　　话：010-82004826	http://www.laichushu.com
社　　址：北京市海淀区气象路 50 号院	邮　　编：100081
责编电话：010-82000860 转 8693	责编邮箱：laichushu@cnipr.com
发行电话：010-82000860 转 8101	发行传真：010-82000893
印　　刷：北京建宏印刷有限公司	经　　销：新华书店、各大网上书店及相关专业书店
开　　本：720mm×1000mm　1/16	印　　张：18.75
版　　次：2022 年 9 月第 1 版	印　　次：2022 年 9 月第 1 次印刷
字　　数：330 千字	定　　价：88.00 元
ISBN 978-7-5130-8390-4	

出版权专有　侵权必究
如有印装质量问题，本社负责调换。

顾问委员会

主　任　刘怀章　吴汉东
委　员　吴灯展　闻相俊　梁华义　涂先明　杨宝军　冯红建
　　　　王　锋　姜振颖　尹西明　王鹏祥　崔秀花　娄丙录
　　　　张德芬　胡　炜　支　合

编写委员会

主　编　王　肃
副主编　杨树林　高金娣　王晓辉
编　委　王　强　潘方方　胡翠平　柴国生　张晓燕　李建伟
　　　　赵文静　吴瑞格
助　理　张钰儿　魏至诚

Preface 序

刘怀章*

2020年以来，新冠肺炎疫情肆虐蔓延，各国经济增长乏力，全球政治格局已悄然发生重大变化，多极化发展趋向更加明显，去全球化趋势突出，人类社会面临百年来未有之大变局。同时，我国已经进入新发展阶段，正处于实现中华民族伟大复兴的关键时期，经济已由高速增长阶段转向高质量发展阶段，产业转型升级正在进行，亟须知识产权的支撑和加持。

顺应形势的变化，党和国家作出准确判断，提出了正确及时的因应之策。2020年11月30日，习近平总书记在中共中央政治局就加强我国知识产权保护工作第二十五次集体学习时指出，创新是引领发展的第一动力，保护知识产权就是保护创新。党的十九届六中全会认为，一年以来，世界百年未有之大变局和新冠肺炎疫情全球大流行交织影响，外部环境更趋复杂严峻，应统筹国内国际两个大局，全面贯彻新发展理念，加快构建新发展格局，推动经济高质量发展，推进科技自立自强。中共中央、国务院颁布的《知识产权强国建设纲要（2021—2035年）》和国务院发布的《"十四五"国家知识产权保护和运用规划》明确指出，知识产权对激励创新、打造品牌、规范市场秩序、扩大对外开放正发挥越来越重要的作用。应当坚持质量优先。坚持高质量发展方向不动摇，加快推动知识产权工作由追求数量向提高质量转变，促进知识产权高质量创造、高效益运用、高标准保护、高效能管理、高水平服务，推动知识产权更大范围、更宽领域、更深层次对外开放，统筹推进知识

---

* 刘怀章，硕士学位，高级工程师，现任河南省市场监管局党组成员、河南省知识产权局局长。

产权的系统协同治理，提高知识产权领域系统治理效能。

根据国家政策的发展变化，结合本地实际，河南省知识产权系统认真落实党和国家政策精神和河南省委、省政府的决策部署，深化知识产权领域改革创新，完善知识产权政策法规体系，加强知识产权保护力度，提升知识产权运营转化水平，涵养全社会知识产权意识，加快推进知识产权强省建设，河南省知识产权事业发展取得长足进步，知识产权在全省经济高质量发展中的支撑和引领作用逐步增强。在"十四五"开局之初，为充分反映2020—2021年度河南省知识产权发展的新变化，认真分析总结河南省知识产权事业发展过程中的问题及经验，探讨知识产权发展的方向和路径，有针对性地提出对策和建议，服务于河南省的知识产权强省建设，河南省知识产权研究会组织编撰了2020—2021年度《河南省知识产权发展报告》（以下简称《发展报告》）。

在编撰体例上，为保持《发展报告》内容体系的稳定性，遵循了2016—2017年度、2018—2019年度《发展报告》的先例，依然分为三大部分：第一部分是河南省知识产权发展状况。主要对2020—2021年度河南省知识产权创造、知识产权运用、知识产权管理、知识产权保护、知识产权服务，以及人才培养、文化宣传、合作与交流八个方面的总体发展状况进行总结，涵盖专利、商标、版权、地理标志等知识产权领域，涉及与其他省份的横向比较。受疫情影响和国内外政治经济环境变化的冲击，知识产权发展呈现出一些新的变化，在这一部分亦有充分反映。第二部分对河南省知识产权保护工作等方面进行专题研究。从国家时政热点、河南省特色产业、重点环节等角度进行研究，包括河南省战略性新兴产业知识产权高质量发展保障研究、河南省战略性新兴产业知识产权运营模式研究、河南省工业机器人产业高价值专利培育策略研究、河南省知识产权侵权救济机制研究、河南省海外知识产权维权援助机制建设研究、以专利密集型产业带动河南省经济高质量发展研究、河南省专利质量评价及提升研究、知识产权分析评议助推河南产业发展现状及对策等专题。各个专题突出河南特点，基本上以"基本理论、发展状况、存在问题、对策建议"的逻辑进行探讨，尽力做到基本理论清晰、发展状况用数据说话、存在问题把握准确、政策建议针对有效。第三部分是附录，主要内容为近两年河南省知识产权政策法规、河南省知识产权发展大事记、河南省知识产权典型案例等，读者可检索使用。

《发展报告》由河南省知识产权研究会会长、中原工学院知识产权学院院长王肃教授主持编撰。第一部分2020—2021年度河南省知识产权发展状况，以及第三部分的附录部分，由王肃教授带领研究生们编撰完成。第二部分的专题研究，则通过公开征集选题、确定选题、征集作者、专家评审、编委会把关的方式进行。这次遴选的专题研究作者既有高校学者，也有实务领域的精英，专题研究内容兼具理论性与实践性的统一，以期满足不同读者的需求。同时，作为以实践性为特点的发展报告，我们期待能给河南省委、省政府以及知识产权行政主管部门提供决策参考，为知识产权的研究和实践提供启发。感谢河南省市场监督管理局、河南省知识产权局提供数据上的支持，感谢本书编撰委员会各位成员和撰稿人的辛勤付出。感谢各位读者提出宝贵意见，以期今后有更高质量的河南省知识产权发展报告。

CONTENTS 目 录

第一部分 河南省知识产权发展状况（2020—2021）

第一章 知识产权创造 / 3
第二章 知识产权运用 / 21
第三章 知识产权管理 / 37
第四章 知识产权保护 / 40
第五章 知识产权服务 / 50
第六章 知识产权人才培养 / 56
第七章 知识产权文化宣传 / 64
第八章 知识产权交流与合作 / 70

第二部分 河南省知识产权专题研究（2020—2021）

第一章 河南省战略性新兴产业知识产权高质量
　　　 发展保障研究 / 75
第二章 河南省战略性新兴产业知识产权运营模式研究 / 115
第三章 河南省工业机器人产业高价值专利培育策略研究 / 147
第四章 以专利密集型产业带动河南省经济高质量
　　　 发展研究 / 158
第五章 知识产权分析评议助推河南产业发展现状及对策 / 176
第六章 河南省专利质量评价及提升研究 / 193
第七章 河南省海外知识产权维权援助机制建设研究 / 216
第八章 河南省知识产权侵权救济机制研究 / 235

附 录

附录一 2020—2021年河南省重要知识产权政策与法规 / 251
附录二 2020—2021年河南省知识产权大事记 / 254
附录三 2020—2021年河南省知识产权十大典型案例 / 271

第一部分

河南省知识产权发展状况
（2020—2021）

第一章

知识产权创造

一、专利数量和质量协调发展

(一) 专利申请情况

河南省 2020 年专利申请总量为 186 369 件，比 2019 年增长 29.41%。其中，发明专利申请量为 34 412 件，比 2019 年增长 13.72%，占全省专利申请总量的 18.46%；实用新型专利申请量为 132 557 件，比 2019 年增长 37.79%，占全省专利申请总量的 71.13%；外观设计专利申请量为 19 400 件，比 2019 年增长 10.57%，占全省专利申请总量的 10.41%。申请总量中职务专利申请量为 133 534 件，比 2019 年增长 26.56%，占全省专利申请总量的 71.65%；非职务专利申请量为 52 835 件，比 2019 年增长 37.24%，占全省专利申请总量的 28.35%。

按地区分类，2020 年，郑州市申请专利 75 604 件，比 2019 年增长 26.81%；洛阳市申请专利 15 825 件，比 2019 年增长 16.16%；新乡市申请专利 15 207 件，比 2019 年增长 30.14%；南阳市申请专利 11 010 件，比 2019 年增长 29.77%；许昌市申请专利 8353 件，比 2019 年增长 34.66%；焦作市申请专利 7201 件，比 2019 年增长 18.05%；商丘市申请专利 6524 件，比 2019 年增长 26.09%；周口市申请专利 5953 件，比 2019 年增长 42.76%；安阳市申请专利 5756 件，比 2019 年增长 40.01%；驻马店市申请专利 5668 件，比 2019 年增长 59.39%；平顶山市申请专利 5485 件，比 2019 年增长 33.85%；开封市申请专利 5352 件，比 2019 年增长 51.53%；信阳市申请专利 5197 件，比 2019 年增长 28.10%；漯河市申请专利 4326 件，比 2019 年增长 41.10%；濮阳市申请专利 3433 件，比 2019 年增长 38.60%；巩义市申请专利 2873 件，比 2019 年增长 72.66%；长垣县申请专利 2628 件，比 2019 年增长 36.59%；三门峡市申请专利 2012 件，比 2019 年增长 42.80%；鹤壁市申请专利 1973 件，比 2019 年增长 35.23%；济源市申请专利 1484 件，比 2019 年增长 6.08%；邓州市申请专利 1180 件，比 2019 年增长 112.23%；永城市申请专利 888 件，比 2019 年增长 15.16%；滑县申请专利 796 件，比 2019 年增长 39.16%；固始县申请专利 766 件，比 2019 年增长 35.82%；鹿邑县申请专利 560 件，比 2019 年增长 45.83%；兰考县申请专利 541 件，比 2019 年增长 21.03%；汝州市申请专利 513 件，比 2019 年增长 33.94%；新蔡县申请专利 383 件，比 2019 年增长 60.25%（见表 1-1-1）。

表 1-1-1　2020 年河南省各地区专利申请情况汇总表

排名	地区	申请总量/件	同比增长/%	发明			实用新型申请量/件	外观设计申请量/件
				申请量/件	同比增长率/%	占比/%		
1	郑州市	75 604	26.81	16 315	12.84	21.58	53 447	5 842
2	洛阳市	15 825	16.16	3 734	3.75	23.60	11 090	1 001
3	新乡市	15 207	30.14	2 268	-1.78	14.91	11 753	1 186
4	南阳市	11 010	29.77	1 345	10.61	12.22	7 492	2 173
5	许昌市	8 353	34.66	1 880	31.84	22.51	5 586	887
6	焦作市	7 201	18.05	1 579	15.93	21.93	5 022	600
7	商丘市	6 524	26.09	633	4.63	9.70	4 477	1 414
8	周口市	5 953	42.76	486	25.26	8.16	4 141	1 326
9	安阳市	5 756	40.01	1 082	28.20	18.80	4 167	507
10	驻马店市	5 668	59.39	584	46.37	10.30	4 318	766
11	平顶山市	5 485	33.85	1 068	-6.07	19.47	3 904	513
12	开封市	5 352	51.53	1 088	38.95	20.33	3 735	529
13	信阳市	5 197	28.10	671	49.44	12.91	3 446	1 080
14	漯河市	4 326	41.10	438	36.02	10.12	3 240	648
15	濮阳市	3 433	38.60	519	32.40	15.12	2 411	503
16	巩义市	2 873	72.66	212	43.24	7.38	2 532	129
17	长垣县	2 628	36.59	266	22.02	10.12	2 097	265

续表

排名	地区	申请总量/件	同比增长/%	发明			实用新型申请量/件	外观设计申请量/件
				申请量/件	同比增长率/%	占比/%		
18	三门峡市	2 012	42.80	233	4.95	11.58	1 606	173
19	鹤壁市	1 973	35.23	303	75.14	15.36	1 550	120
20	济源市	1 484	6.08	184	5.14	12.40	1 168	132
21	邓州市	1 180	112.23	65	91.18	5.51	868	247
22	永城市	888	15.16	78	32.20	8.78	660	150
23	滑县	796	39.16	138	220.93	17.34	552	106
24	固始县	766	35.82	50	38.89	6.53	371	345
25	鹿邑县	560	45.83	46	119.05	8.21	369	145
26	兰考县	541	21.03	76	100	14.05	356	109
27	汝州市	513	33.94	53	-7.02	10.33	300	160
28	新蔡县	383	60.25	50	194.12	13.05	253	80

注：①有效发明数据来源于国家知识产权局公布数据。
②10个省直辖县数据已经计算在其所属省辖市区。
③截至2022年8月，国家知识产权局未发布2021年申请数据。

按申请人类型分类情况如图 1-1-1 所示，2020 年，河南省企业申请专利 104 441 件，比 2019 年增长 34.36%，占全省专利申请总量的 56.04%；大专院校申请专利 19 387 件，比 2019 年下降 0.05%，占全省专利申请总量的 10.40%；科研机构申请专利 2687 件，比 2019 年增长 20.22%，占全省专利申

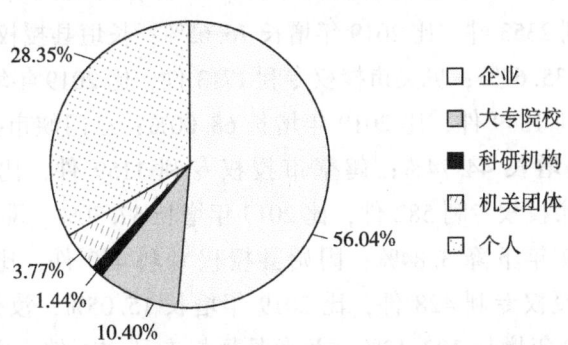

图 1-1-1 2020 年河南省专利申请人类型情况图

请总量的1.44%；机关团体申请专利7019件，比2019年增长14.17%，占全省专利申请总量的3.77%；个人申请专利52 835件，比2019年增长37.24%，占全省专利申请总量的28.35%。

(二) 专利授权情况

1. 2020年专利授权情况

河南省2020年共授权专利122 809件，比2019年增长42.39%。其中，发明专利9183件，比2019年增长31.35%，占全省专利授权总量的7.48%；实用新型专利95 894件，比2019年增长46.76%，占全省专利授权总量的78.08%；外观设计专利17 732件，比2019年增长27.43%，占全省专利授权总量的14.44%。授权总量中职务专利授权量为27 026件，比2019年下降60.29%，占全省专利授权总量的22.01%；非职务专利授权量为95 783件，比2019年增长426.51%，占全省专利授权总量的77.99%。

按地区分类，2020年，郑州市授权专利50 224件，比2019年增长49.14%；洛阳市授权专利11 161件，比2019年增长27.41%；新乡市授权专利10 581件，比2019年增长49.03%；南阳市授权专利7497件，比2019年增长42.83%；许昌市授权专利5275件，比2019年增长2.35%；焦作市授权专利4925件，比2019年增长25.67%；商丘市授权专利4143件，比2019年增长72.84%；平顶山市授权专利3472件，比2019年增长37.12%；周口市授权专利3429件，比2019年增长57.87%；信阳市授权专利3422件，比2019年增长60.43%；安阳市授权专利3391件，比2019年增长23.99%；驻马店市授权专利3287件，比2019年增长27.26%；开封市授权专利3066件，比2019年增长57.07%；漯河市授权专利2865件，比2019年增长52.80%；濮阳市授权专利2353件，比2019年增长76.65%；长垣县授权专利1977件，比2019年增长35.69%；巩义市授权专利1713件，比2019年增长116.02%；济源市授权专利1349件，比2019年增长68.00%；三门峡市授权专利1210件，比2019年增长44.74%；鹤壁市授权专利1159件，比2019年增长11.55%；永城市授权专利582件，比2019年增长57.30%；邓州市授权专利576件，比2019年下降3.84%；固始县授权专利490件，比2019年增长36.87%；滑县授权专利428件，比2019年增长15.05%；汝州市授权专利380件，比2019年增长102.13%；兰考县授权专利375件，比2019年增长25.84%；鹿邑县授权专利280件，比2019年增长32.08%；新蔡县授权专利

262 件，比 2019 年增长 80.69%（见表 1-1-2）。

表 1-1-2 2020 年河南省各地级市专利授权情况汇总表

排名	城市	授权总量/件	同比增长/%	发明授权量/件	发明同比增长率/%	发明占比/%	实用新型授权量/件	外观设计申请量/件
1	郑州市	50 224	49.14	4 252	46.82	8.47	40 847	5 125
2	洛阳市	11 161	27.41	1 313	19.80	11.76	8 834	1 014
3	新乡市	10 581	49.03	633	22.67	5.98	8 605	1 343
4	南阳市	7 497	42.83	323	7.67	4.31	5 344	1 830
5	许昌市	5 275	2.35	527	11.42	9.99	3 931	817
6	焦作市	4 925	25.67	431	9.67	8.75	3 913	581
7	商丘市	4 143	72.84	99	11.24	2.39	2 793	1 251
8	平顶山市	3 472	37.12	398	17.75	11.46	2 616	458
9	周口市	3 429	57.87	81	42.11	2.36	2 215	1 133
10	信阳市	3 422	60.43	142	47.92	4.15	2 343	937
11	安阳市	3 391	23.99	218	17.84	6.43	2 654	519
12	驻马店市	3 287	27.26	81	35.00	2.46	2 501	705
13	开封市	3 066	57.07	297	59.68	9.69	2 227	542
14	漯河市	2 865	52.80	88	18.92	3.07	2 099	678
15	濮阳市	2 353	76.65	124	39.33	5.27	1 814	415
16	长垣县	1 977	35.69	70	12.90	3.54	1 636	271
17	巩义市	1 713	116.02	37	94.74	2.16	1 570	106
18	济源市	1 349	68.00	48	-7.69	3.56	1 154	147
19	三门峡市	1 210	44.74	37	-24.49	3.06	1 014	159
20	鹤壁市	1 159	11.55	91	116.67	7.85	990	78
21	永城市	582	57.30	14	0	2.41	439	129
22	邓州市	576	-3.84	10	25.00	1.74	324	242
23	固始县	490	36.87	3	50.00	0.61	211	276
24	滑县	428	15.05	11	-21.43	2.57	330	87

续表

排名	城市	授权总量/件	同比增长/%	发明 授权量/件	发明 同比增长率/%	发明 占比/%	实用新型授权量/件	外观设计申请量/件
25	汝州市	380	102.13	34	325.00	8.95	243	103
26	兰考县	375	25.84	12	140.00	3.20	257	106
27	鹿邑县	280	32.08	1	-50.00	0.36	133	146
28	新蔡县	262	80.69	2	50.00	0.76	160	100

注：①有效发明数据来源于国家知识产权局公布数据；
②10个省直辖管县数据已经计算在其所属省辖市区。

按申请人类型分类，2020年，河南省企业授权专利74 009件，比2019年增长36.74%，占全省授权专利总量的60.26%；大专院校授权专利14 778件，比2019年增长47.60%，占全省授权专利总量的12.03%；科研机构授权专利1419件，比2019年增长22.43%，占全省授权专利总量的1.16%；机关团体授权专利5577件，比2019年增长101.99%，占全省授权专利总量的4.54%；个人授权专利27 026件，比2019年增长48.56%，占全省授权专利总量的22.01%（见图1-1-2）。

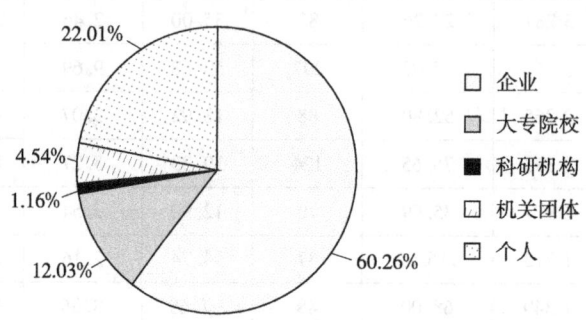

图1-1-2　2020年河南省专利权人类型情况图

2. 2021年专利授权情况

河南省2021年共授权专利158 038件，比2020年增长28.69%。其中，发明专利13 536件，比2020年增长47.40%，占全省专利授权总量的8.57%；实用新型专利126 477件，比2020年增长31.89%，占全省专利授权总量的80.03%；外观设计专利18 025件，比2020年增长1.65%，占全省专利授权总量的 11.41%。授权总量中职务专利授权量为 130 106 件，比 2020 年增长 381.41%，占全省专利授权总量的 82.33%；非职务专利授权量为 27 932 件，比 2020 年下降 70.84%，占全省专利授权总量的 17.67%。

按地区分类，2021 年，郑州市授权专利 62 862 件，比 2020 年增长 25.16%；新乡市授权专利 14 291 件，比 2020 年增长 35.06%；洛阳市授权专利 14 067 件，比 2020 年增长 26.04%；南阳市授权专利 9688 件，比 2020 年增长 29.23%；许昌市授权专利 6268 件，比 2020 年增长 18.82%；焦作市授权专利 6241 件，比 2020 年增长 26.72%；安阳市授权专利 5041 件，比 2020 年增长 48.66%；商丘市授权专利 5040 件，比 2020 年增长 21.65%；平顶山市授权专利 4661 件，比 2020 年增长 34.25%；驻马店市授权专利 4634 件，比 2020 年增长 40.98%；开封市授权专利 4630 件，比 2020 年增长 51.01%；周口市授权专利 4614 件，比 2020 年增长 34.56%；信阳市授权专利 4194 件，比 2020 年增长 22.56%；漯河市授权专利 3478 件，比 2020 年增长 21.40%；长垣市授权专利 3075 件，比 2020 年增长 55.54%；濮阳市授权专利 2825 件，比 2020 年增长 20.06%；巩义市授权专利 2762 件，比 2020 年增长 61.24%；鹤壁市授权专利 1887 件，比 2020 年增长 62.81%；济源授权专利 1812 件，比 2020 年增长 34.32%；三门峡市授权专利 1805 件，比 2020 年增长 49.17%；邓州市授权专利 894 件，比 2020 年增长 55.21%；固始县授权专利 738 件，比 2020 年增长 50.61%；永城市授权专利 614 件，比 2020 年增长 5.50%；滑县授权专利 586 件，比 2020 年增长 36.92%；兰考县授权专利 489 件，比 2020 年增长 30.40%；鹿邑县授权专利 464 件，比 2020 年增长 65.71%；汝州市授权专利 359 件，比 2020 年下降 5.53%；新蔡县授权专利 315 件，比 2020 年增长 20.23%（见表 1-1-3）。

表 1-1-3　2021 年河南省各地级市专利授权情况汇总表

排名	城市	授权总量/件	同比增长/%	发明			实用新型授权量/件	外观设计申请量/件
				授权量/件	同比增长率/%	占比/%		
1	郑州市	62 862	25.16	6 732	58.32	10.71	50 915	5 215
2	新乡市	14 291	35.06	898	41.86	6.28	12 225	1 168
3	洛阳市	14 067	26.04	1 798	36.94	12.78	11 205	1 064
4	南阳市	9 688	29.23	453	40.25	4.68	7 425	1 810

续表

排名	城市	授权总量/件	同比增长/%	发明			实用新型授权量/件	外观设计申请量/件
				授权量/件	同比增长率/%	占比/%		
5	许昌市	6 268	18.82	557	5.69	8.89	4 948	763
6	焦作市	6 241	26.72	528	22.51	8.46	5 146	567
7	安阳市	5 041	48.66	328	50.46	6.51	4 230	483
8	商丘市	5 040	21.65	211	113.13	4.19	3 357	1 472
9	平顶山市	4 661	34.25	512	28.64	10.98	3 788	361
10	驻马店市	4 634	40.98	146	80.25	3.15	3 739	749
11	开封市	4 630	51.01	492	65.66	10.63	3 626	512
12	周口市	4 614	34.56	121	49.38	2.62	3 225	1 268
13	信阳市	4 194	22.56	208	46.48	4.96	2 821	1 165
14	漯河市	3 478	21.40	133	51.14	3.82	2 848	497
15	濮阳市	2 825	20.06	149	20.16	5.27	2 220	456
16	鹤壁市	1 887	62.81	148	62.64	7.84	1 625	114
17	济源市	1 812	34.32	59	22.92	3.26	1 602	151
18	三门峡市	1 805	49.17	63	70.27	3.49	1 532	210

注：①有效发明数据来源于国家知识产权局公布数据；
②10个省直辖管县数据已经计算在其所属省辖市区。

按申请人类型分类，2021年，河南省工矿企业授权专利104 887件，比2020年增长41.72%，占全省授权专利总量的66.37%；大专院校授权专利15 893件，比2020年增长7.54%，占全省授权专利总量的10.06%；科研单位授权专利2091件，比2020年增长47.36%，占全省授权专利总量的1.32%；机关团体授权专利7235件，比2020年增长29.73%，占全省授权专利总量的4.58%；个人授权专利27 932件，比2020年增长3.35%，占全省授权专利总量的17.67%（见图1-1-3）。

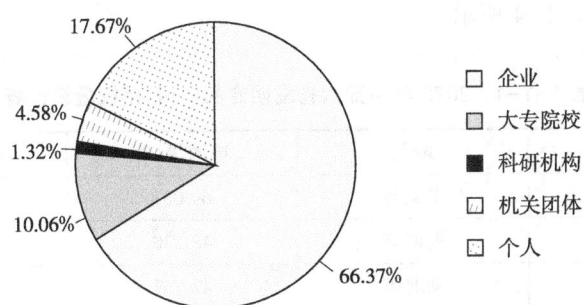

图 1-1-3　2021 年河南省专利权利人类型情况图

(三) 专利对比分析

河南省委、省政府历来高度重视知识产权工作，大力推进河南创新大省、知识产权强省的建设工作，河南省知识产权创造水平不断提高。在新冠肺炎疫情影响下的"十三五"至"十四五"过渡时期，知识产权创新势头不减反增，硕果累累。2020 年，河南省专利申请量达 186 369 件，同比增长 29.41%，专利授权量达 122 809 件，同比增长 42.39%，均是"十二五"末期的 2.5 倍。其中发明专利申请量达 34 412 件，同比增长 13.72%，发明专利授权量达 9183 件，同比增长 31.35%，分别是"十二五"末期的 1.6 倍、1.7 倍，且发明专利申请量及授权量年度增幅均显著高于全国平均水平，发明专利申请量及授权量在中部六省中均居于第四位（见表 1-1-4）。有效专利拥有量达 336 969 件，其中有效发明专利达到 43 547 件，每万人发明专利拥有量达 4.52 件，同比增长 16.71%，较"十二五"末期增长 147.83%，超额完成《河南省经济社会发展"十三五"规划》目标（见表 1-1-5）。PCT 国际专利申请量为 225 件，较"十二五"末期增长 210.30%。相关指标数据可以看出河南省围绕助力和支撑全省经济高质量发展的目标，深入实施知识产权强省战略，在知识产权创造工作专利方面的成效显著。

2021 年，河南省专利授权量达到 158 038 件，同比增长 28.69%，专利授权量在中部六省中居于第一位，其中发明专利授权量为 13 536 件，在中部六省中排名第四位（见表 1-1-6）。每万人口发明专利拥有量达到 5.61 件，同比增长 28.02%。PCT 国际专利申请量为 232 件，同比增长 3.11%。在河南省大力促进创新从数量增长向质量提升转变、专利数量和质量协调发展的过程中，专利指标基本保持稳定，结构趋于合理。河南省 2015—2020 年三种专利申请情况如图 1-1-4 所示。

表 1-1-4　2020 年中部六省发明专利申请/授权量统计表

排名	地区	申请量/件	授权量/件
1	安徽省	69 087	21 432
2	湖南省	48 530	11 537
3	湖北省	47 767	17 555
4	河南省	34 412	9 183
5	江西省	20 285	4 407
6	山西省	9 472	2 987

表 1-1-5　2020 年中部六省有效发明专利统计表

排名	地区	有效量/件	同比增长/%	专利密度/件·万人
1	安徽省	98 186	31.2	15.40
2	湖北省	73 548	23.61	12.41
3	湖南省	56 285	20.43	8.14
4	河南省	43 547	16.71	4.52
5	江西省	16 989	28.61	3.68
6	山西省	16 471	15.20	4.72

表 1-1-6　2021 年中部六省专利/发明专利授权量统计表

地区	专利授权量排名	授权量/件	发明专利授权量/件
河南省	1	158 038	13 536
湖北省	2	155 169	22 376
安徽省	3	153 475	23 624
湖南省	4	98 936	16 564
江西省	5	97 372	6 741
山西省			

注：2021 年国家知识产权局未发布申请数据；山西省未公布相关数据。

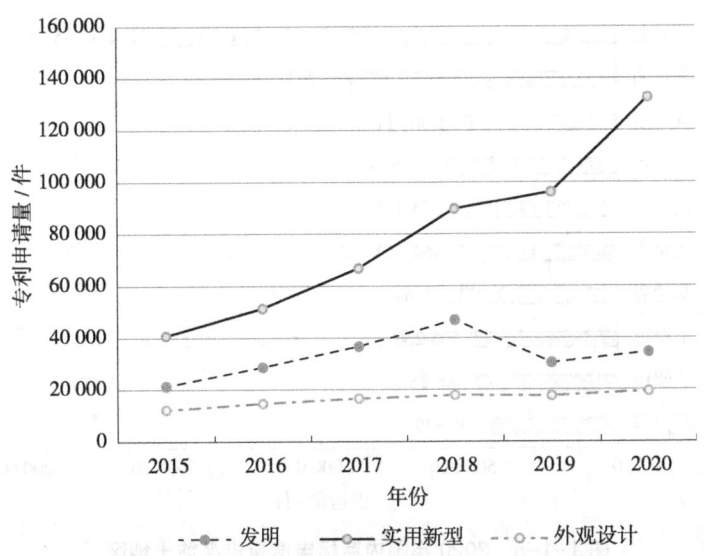

图 1-1-4　河南省 2015—2020 年三种专利申请情况

二、商标申请注册量持续增长

近年来，河南省大力推进商标注册便利化改革，推进商标品牌建设，构建便民利民的知识产权公共服务体系，在规范商标注册秩序、提高商标确权效率、提升商标公共服务水平等方面取得显著成效。2016 年以来，全省每年平均新增有效注册商标 10 万件以上，增速位居全国中西部省份前列。2020 年第三届中国国际进口博览会发布首个中国商标品牌发展指数，河南省以 71.60 分位居全国第十五位、中部六省第四位。2020 年，河南省商标申请量达 435 379 件，同比增长 23.16%，商标注册量达 267 953 件，同比下降 1.25%，申请总量及注册量均位居全国第十位、中部六省第一位。截至 2020 年年底，河南省有效商标注册量达到 1 121 088 件，同比增长 28.31%，有效商标注册量居全国第十位、中部六省第一位，其中驰名商标 276 件，地理标志商标 95 件，实现河南省知识产权"十三五"规划圆满收官（见图 1-1-5 至图 1-1-8）。

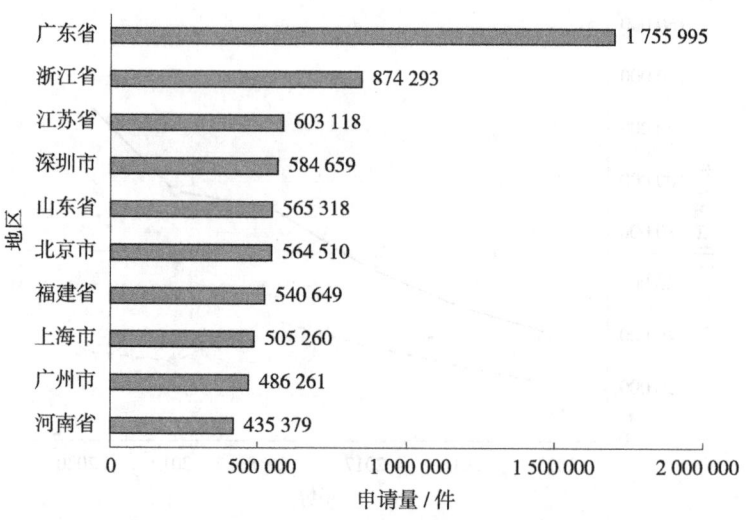

图 1-1-5　2020 年国内商标申请量排名前十地区

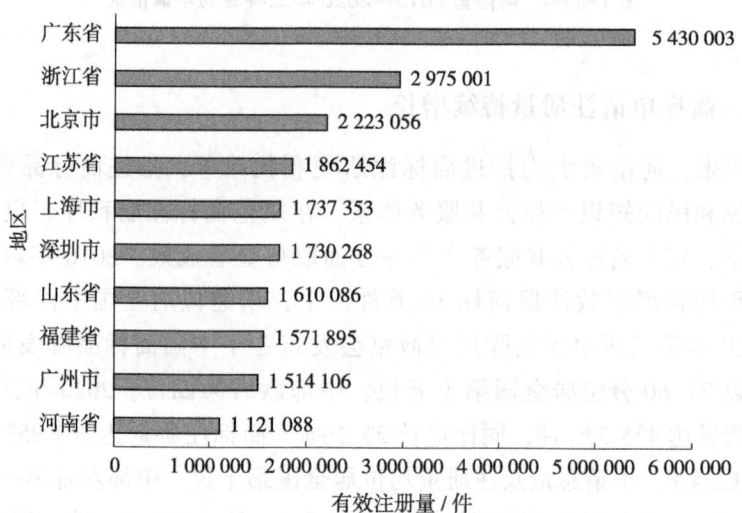

图 1-1-6　2020 年国内商标有效注册量排名前十地区

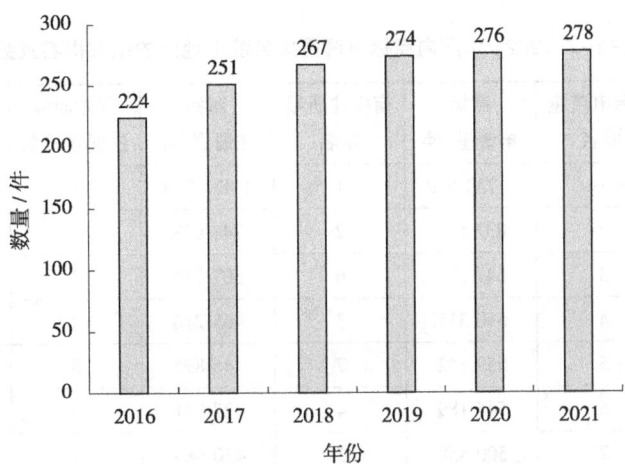

图 1-1-7 河南省 2016—2021 年中国驰名商标增长情况

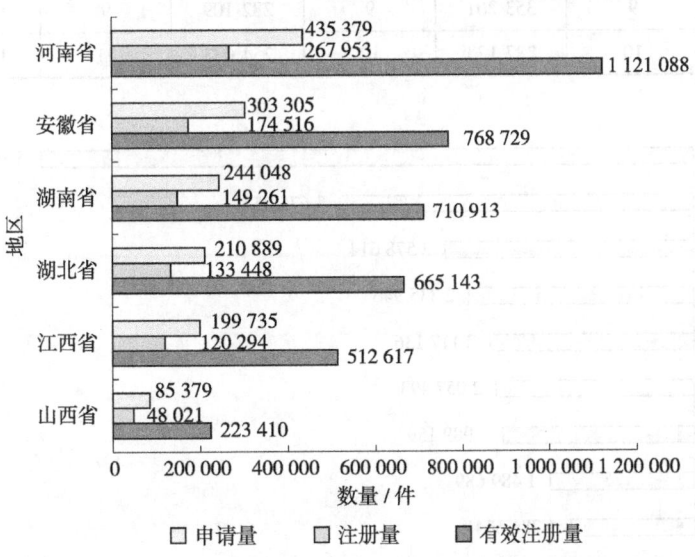

图 1-1-8 2020 年中部六省商标申请量、注册量、有效注册量

2021 年,河南省商标申请量达 429 656 件,同比下降 1.31%,商标注册量达 389 068 件,同比增长 45.20%,申请总量及注册总量均上升至全国第八位,稳居中部六省第一位。有效商标注册量达到 1 489 689 件,同比增长 32.88%,上升两个名次至全国第八位,保持中部六省头名。2021 年共新增认定驰名商标 2 件,认定驰名商标达 278 件(见表 1-1-7、图 1-1-7、图 1-1-9、图 1-1-10)。

表 1-1-7 2021 年国内商标申请量排名前十地区的相关排名及数据

地区	商标申请量排名	商标申请量/件	商标注册量排名	商标注册量/件	有效商标注册量排名	有效注册量/件
广东省	1	1 738 500	1	1 437 978	1	6 766 377
浙江省	2	837 586	2	748 628	2	3 675 052
北京市	3	641 220	6	507 784	3	2 578 614
江苏省	4	590 311	3	465 216	4	2 335 946
上海市	5	559 352	7	446 895	5	2 117 136
山东省	6	545 189	4	427 911	6	2 057 493
福建省	7	500 458	5	420 985	7	1 989 159
河南省	8	429 656	8	389 068	8	1 489 689
四川省	9	353 261	9	282 109	9	1 281 664
安徽省	10	287 123	10	254 033	11	1 011 461

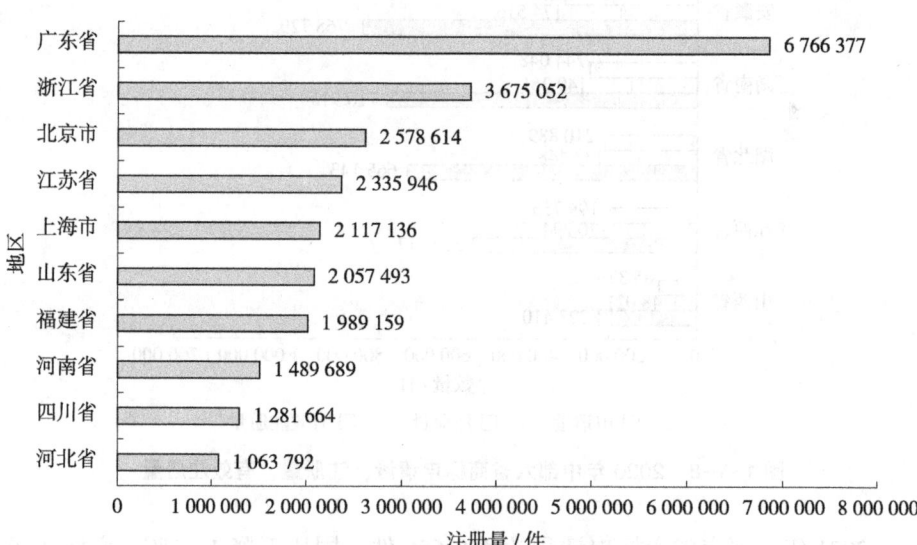

图 1-1-9 2021 年国内商标有效注册量排名前十地区

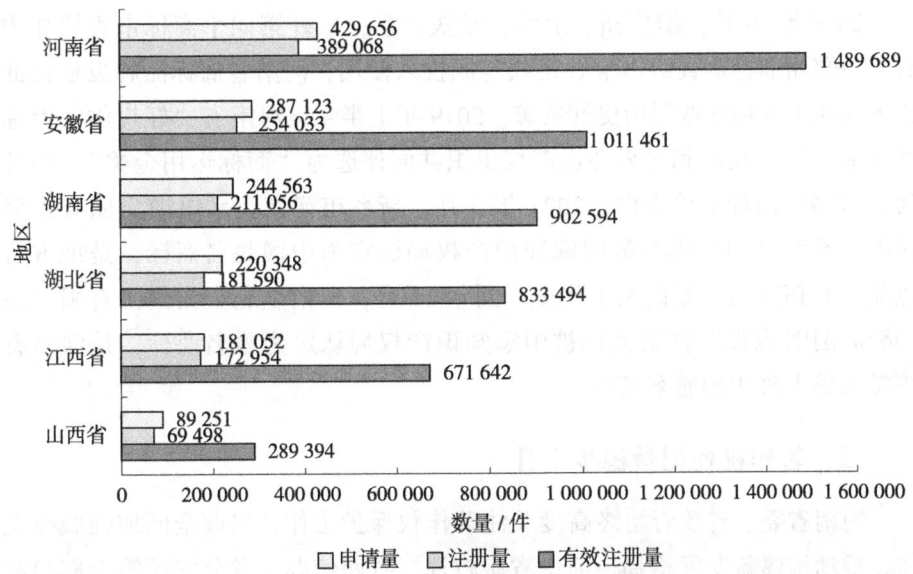

图1-1-10　2021年中部六省商标申请量、注册量、有效注册量

对比"十四五"开局以来与"十三五"时期相关数据可以看出，2020—2021年河南省商标申请量、注册量、有效注册量总体持续攀升，商标有效注册量增长尤为迅速，商标工作迎来快速发展期（见图1-1-11）。

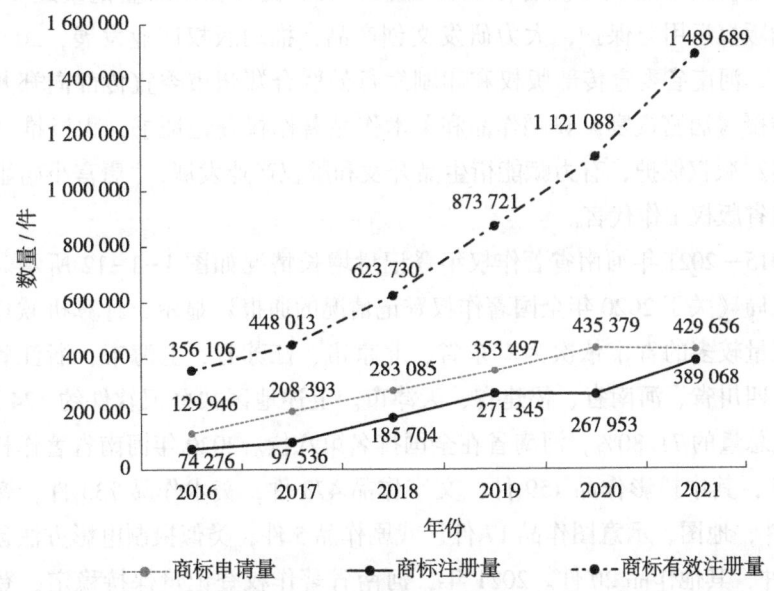

图1-1-11　河南省2016—2021年商标申请量、注册量、有效注册量

2018年10月,继广州、上海、重庆之后,京外第四个商标审查协作中心——郑州商标审查协作中心正式建成投入使用,河南省商标品牌发展由此进入快速上升期并取得历史性突破。2019年上半年,河南省"好想你"商标被国家知识产权局和世界知识产权组织共同评选为"商标运用金奖",填补河南省多年商标金奖空白。2021年6月,新乡市河南金水电缆集团有限公司的"金水及图"商标被国家知识产权局认定为中国驰名商标,是地方特色品牌开拓国内市场的杰出代表。同年11月,河南金利金铅集团有限公司"济金JIJIN及图"注册商标被国家知识产权局认定为驰名商标,是河南省济源市第七件中国驰名商标。

三、著作权登记量稳步上升

河南省委、省政府始终高度关注著作权保护工作,强调全面加强版权工作,推动构建新发展格局。河南省版权局、省网信办、省公安厅等六部门联合启动的"剑网2020""剑网2021"行动严厉打击侵权盗版行为,加大短视频版权治理力度,整治网络直播版权乱象,规范体育赛事版权秩序,强化在线教育版权监管,巩固重点领域版权治理成果,维护著作权人的合法权益,营造良好的著作权市场环境;规范网络著作权秩序,净化网络空间,网络著作权环境得到明显改善。著作权社会服务明显提升,作品登记量逐年增加。为鼓励版权运用与保护,大力研发文创产品,推动版权产业发展,2021年3月9日,河南省委宣传部版权和印刷发行处联合郑州市委宣传部向郑州歌舞剧院颁授《唐宫夜宴》舞蹈作品和美术作品著作权登记证书,积极推动《唐宫夜宴》版权保护,有力赋能衍生品开发和版权产业发展,"唐宫小姐姐"将为河南省版权工作代言。

2015—2021年河南省著作权年登记量增长情况如图1-1-12所示。据国家版权局《关于2020年全国著作权登记情况的通报》显示,计算机软件著作权登记量较多的省市依次为广东省、北京市、江苏省、上海市、浙江省、山东省、四川省、河南省、福建省、天津市。上述地区共登记软件约124万件,占登记总量的71.80%,河南省在全国排名第八位。2020年河南省著作权登记1516件,其中摄影作品159件,文字作品473件,美术作品735件,音乐作品17件,地图、示意图作品17件,戏剧作品5件,类似摄制电影方法创作作品89件,其他作品20件。2021年,河南省著作权登记量保持稳定,登记量达1247件。其中摄影作品5件,文字作品321件,美术作品754件,音乐作品44件，地图、示意图作品2件，戏剧作品8件，类似摄制电影方法创作作品68件，工程设计图、产品设计图作品12件，舞蹈作品2件。据国家版权局《关于2021年全国著作权登记情况的通报》显示，相较于2020年，甘肃省、海南省、内蒙古自治区、河南省、湖北省等省（区）的作品著作权登记量增长率均超过50%。

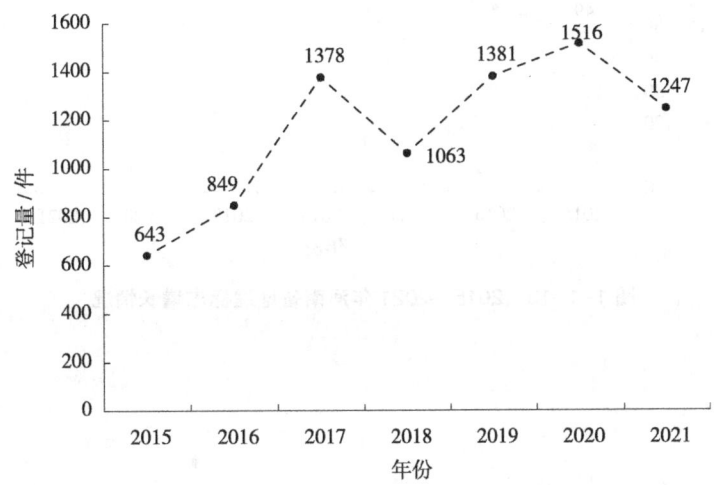

图1-1-12　2015—2021年河南省著作权年登记量增长情况

四、地理标志数量显著增加

《河南省知识产权事业发展"十三五"规划》提出到2020年河南省新增中国地理标志量至65件的发展目标。2019年末河南省地理标志商标注册量达87件，2020年末达95件，2021年末达106件，地理标志的数量超额完成目标值（见图1-1-13）。同时期，河南省市场监督管理局印发《河南省地理标志运用促进工程实施方案》，要求强化统筹协调，加强地理标志运用促进工作，明确目标任务，制定实施方案和配套政策，建立工作机制，主动与相关部门的工作进行资源互通整合，充分发挥多方面作用，着力构建企业做主体、市场为导向、政府搭平台、社会共参与的地理标志运用促进工作的格局；完善投入机制，充分利用现有财政资金渠道，推动设立地理标志专项资金，拓宽地理标志企业的融资渠道；注重宣传指导，加强调查研究，及时掌握工程推进实施过程中出现的问题，总结经验，助力全省经济高质量发展。

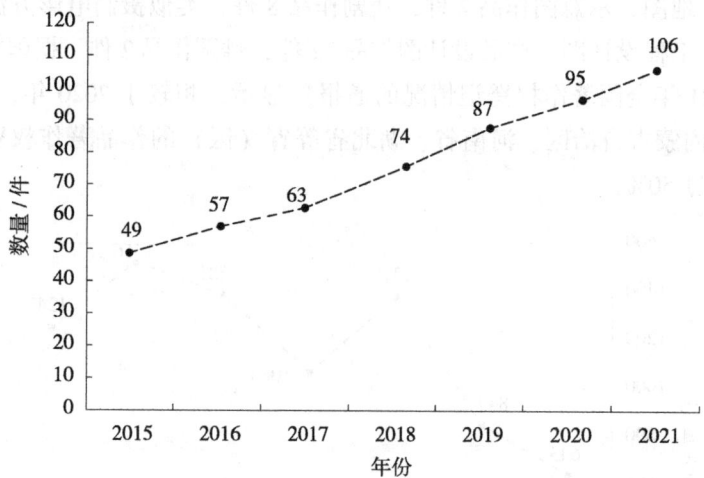

图 1-1-13　2015—2021 年河南省地理标志增长情况

第二章
知识产权运用

为全面深入实施知识产权强国战略，助推河南省高质量发展，充分释放知识产权综合运用效应，2020—2021 年，河南省知识产权系统认真贯彻落实河南省委、省政府决策部署，锚定"两个确保"，聚焦"十大战略"，以建设知识产权强省为目标，以全面加强知识产权保护为抓手，深化知识产权体制机制改革，全面提升知识产权创造、运用、保护、管理和服务水平，坚持市场导向，推动产业转型升级和新兴产业创新发展。知识产权交易效益大幅提升；知识产权质押融资持续增长；知识产权优势培育工程呈现新局面；知识产权运营服务体系建设不断完善；专利导航工作取得新进展；知识产权评议工作稳步推进。

一、知识产权质押融资工作持续推进

近年来，河南省知识产权局在河南省委、省政府的带领下积极推进知识产权质押融资工作不断发展，努力探索知识产权质押融资提升道路。2015 年 5 月，河南省知识产权局制定出台《河南省知识产权局进一步推动知识产权质押融资工作的意见》，推进全省知识产权质押融资工作常态化。2016 年，《河南省科技金融"科技贷"业务实施方案》印发，建立质押贷款的政银风险共担模式，有效解决银行不能贷、不敢贷的问题。同年 11 月，河南省获批建设支撑型知识产权强省建设试点省，全省年度累计融资总额为 6.74 亿元。2017 年，河南省获批国家知识产权质押融资重点推广省，河南省知识产权局联合河南省财政厅出台《河南省专利权质押融资奖补项目管理办法》，推动全省范围内知识产权质押融资工作迅猛开展。郑州市获批国家知识产权运营服务体系建设重点城市，濮阳市、漯河市、新乡市、郑州高新区、国家知识产权创意产业试点园区 5 家单位获批国家知识产权质押融资试点单位。同年 11 月，河南省首家专门为知识产权质押融资提供服务的联盟成立，标志着河南省知识产权质押融资服务迈向专业化、系统化的新台阶，全省年度累计融资额度为 15.5 亿元。2018 年，河南省知识产权质押融资巡讲及银企对接活动从省辖市一级扩展到全省所有贫困县。同年 4 月在漯河市举行河南省知识产权质押融资经验交流会，总结全省质押融资工作开展情况，安排后续工作部署。全省年度累计融资额达 14.7 亿元，惠及企业 120 家，缓解中小企业融资困难，有力助推贫困县企业创新发展，对实现专利价值服务中小微企业、激活市场活力、助力创新发展发挥重要作用。2019 年河南省下发《关于征集 2019 年专利质押融资奖补项目的通知》，67 个项目通过评审，共发放专利质押融资奖补项目资金 729 万元。据河南省知识产权局发布的《2019 年专利质押融资工作情况的通报》显示，河南省 2019 年专利质押融资金额为 38.7 亿元，同比增长 163.30%，在中部六省中处于领先地位，提前完成强省建设预定目标。截至 2019 年 11 月，河南省知识产权质押融资巡讲及银企对接活动已实现全省 53 个贫困县全覆盖。

2020—2021 年，河南省继续大力开展知识产权质押融资经验交流大会、质押融资巡讲、银企对接等活动，同时响应国家号召，大力促进知识产权运用，支持打赢疫情防控阻击战。2020 年 2 月，河南省知识产权局落实党中央、国务院关于统筹抓好疫情防控和经济社会发展的决策部署，推动《市场监管总局　国家药监局　国家知识产权局支持复工复产十条》政策落地，充分发挥知识产权融资作用，及时纾困助企，加快知识产权转移转化，促进创新成果惠企强企，优化知识产权服务措施，更大程度便民利企。同年 6 月，"知识产权创意壹号"信托产品发行暨中部知识产权运营中心专项资金发放仪式在郑州市金水区国家知识产权创意产业试点园区举行，该产品依托财政资金，充分利用市场机制发挥企业作用，有利于解决尤其是受疫情影响较大企业的融资难、融资贵等问题。11 月，河南省市场监督管理局和河南省地方金融监督管理局联合出台《国家知识产权运营服务平台交易运营（郑州）试点平台监督管理办法》，为国家试点平台的上线运行做足准备。截至 2020 年年底，"十三五"期间全省知识产权质押融资额达 105.51 亿元，位居中部六省第一。

2021 年是"十四五"开局之年，河南省知识产权局乘新发展之风于 2 月 4 日下发《河南省知识产权局关于进一步加强知识产权质押融资工作的通知》，要求改善和提升营商环境，切实重视专利商标质押融资，加大知识产权金融服务力度，努力促进本地专利质押融资实现较大提升，强化专利奖励的示范引领作用，加大省财政奖补资金扶持力度，充分发挥专利奖励的示范导向作用。同年4月，2021年河南省知识产权周活动在郑州举办，启动仪式上举行河南省第二届专利奖颁奖仪式，为3家企业发放专利质押融资贷款6200万元。4月19日，河南省知识产权局联合河南省财政厅印发《河南省实施专利转化专项计划 助力中小微企业创新发展实施方案》，提出要推动各类知识产权质押融资支持政策落地，降低科技型中小企业融资成本，指导各地研究出台知识产权质押融资扶持政策，探索建立财政资金引导的知识产权质押融资风险补偿机制。下半年伊始，国家知识产权局、中国银保监会、国家发展改革委联合印发《知识产权质押融资入园惠企行动方案（2021—2023年）》，河南省知识产权局、河南银保监局、河南省发展改革委、河南省地方金融监管局联合开展工作，研究制定《河南省知识产权质押融资入园惠企行动方案》，通过强化调研指导，发挥奖补政策激励作用，探索质押风险补偿机制，强化监管政策落实，来加强政策引导；通过开发完善银行质押融资产品，探索质押融资保险服务，探索与交易联动的"交银保"质押融资新模式，拓宽知识产权质押物范围，探索质物处置模式创新，来创新质押模式；通过创新企业筛选模式，加大巡讲及银企对接力度，提供便利化服务，来提升服务水平。据河南省知识产权局发布的《2021年全省专利商标质押融资工作情况的通报》显示，河南省2021年专利质押融资金额为29.5亿元，与上年度同期相比略有下降（见图1-2-1）。

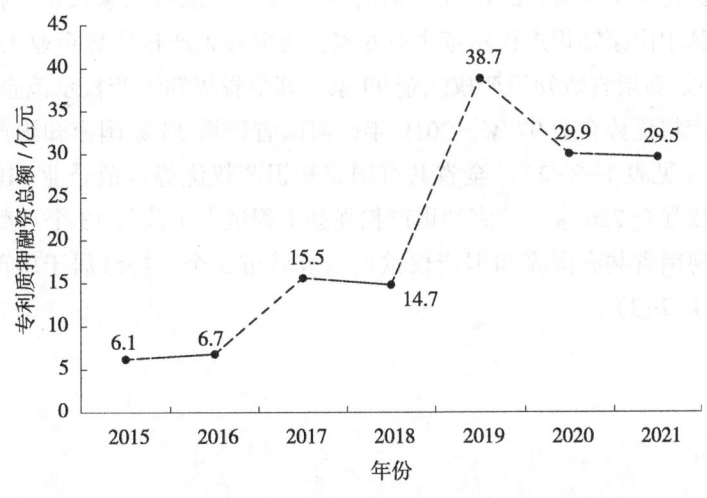

图1-2-1　2015—2021年河南省专利质押融资总额增长情况

自 2010 年正式启动知识产权质押融资工作至 2021 年年末，河南省全省专利质押融资额累计达 154.7 亿元，已完成"十四五"规划所定目标。河南省知识产权局积极推动有关政策落地实施，开展经验交流和案例培训，大力推广各市良好经验做法，同时对工作后进单位定期予以通报，切实保障知识产权质押融资工作有序开展，助力全省经济高质量发展。

二、知识产权优势培育工程呈现新局面

知识产权优势培育工程是推进知识产权强省建设的重点工作之一。近几年，河南省制定《河南省国家知识产权优势企业培育工作总体方案》《河南省国家知识产权示范企业培育工作总体方案》《落实国家知识产权局关于知识产权支持小微企业发展若干意见的实施方案》等政策文件，扎实推进知识产权优势培育工程。2016 年，河南省 10 家企业获批国家知识产权优势示范企业，认定 71 家省级知识产权强企，包括 4 家强企领军企业、8 家强企示范企业、59 家强企优势企业；郑州等 5 个示范城市和许昌等 4 市积极开展试点示范城市创建工作，巩义市等 12 个县（市、区）积极开展国家知识产权强县创建工作，试点示范城市群的区域创新格局梯次成形。2017 年，河南省 9 家企业获批国家知识产权优势示范企业，国家知识产权优势示范企业总数达到 58 家；新增符合省级强企备案企业 58 家，其中强企领军企业 1 家，强企示范企业 8 家，强企优势企业 49 家，符合省级知识产权强企备案条件企业总数达到 129 家。2018 年，河南省 19 家企业获批国家知识产权优势示范企业，其中国家知识产权示范企业 6 家，国家知识产权优势企业 13 家（见表 1-2-1）。新增省级知识产权强企 99 家，其中省级知识产权示范企业 2 家，省级知识产权优势企业 97 家。2019 年，河南省新增 33 家国家知识产权优势示范企业（见表 1-2-2）。全省共有国家知识产权优势示范企业 110 家，省级知识产权强企 226 家，国家知识产权强县工程试点示范县 13 个。截至 2019 年年底，河南省共有国家知识产权试点示范城市 5 个，持续居于中部六省首位（见表 1-2-3）。

表1-2-1 河南省2018年度国家知识产权优势示范企业

序号	企业	备注
1	郑州宇通客车股份有限公司	国家知识产权优势企业
2	河南森源重工有限公司	
3	郑州日产汽车有限公司	
4	郑州比克电池有限公司	
5	河南省大方重型机器有限公司	
6	河南凯旺电子科技股份有限公司	
7	河南省矿山起重机有限公司	
8	河南超威电源有限公司	
9	新乡市恒星科技有限责任公司	
10	河南驼人医疗器械有限公司	
11	河南天豫薯业股份有限公司	
12	宏业生物科技股份有限公司	
13	蔚林新材料科技股份有限公司	
14	洛阳兰迪玻璃机器股份有限公司	国家知识产权示范企业
15	中铁工程装备集团有限公司	
16	驻马店中集华骏车辆有限公司	
17	河南科隆集团有限公司	
18	郑州春泉节能股份有限公司	
19	安阳市翔宇医疗设备有限责任公司	

表1-2-2 河南省2019年度国家知识产权优势示范企业

序号	企业	备注
1	富耐克超硬材料股份有限公司	国家知识产权优势企业
2	郑州万达重工股份有限公司	
3	郑州远东耐火材料有限公司	
4	华夏碧水环保科技有限公司	

续表

序号	企业	备注
5	河南天利热工装备股份有限公司	
6	郑州狮虎磨料磨具有限责任公司	
7	新乡市振英机械设备有限公司	
8	海马汽车有限公司	
9	河南金凤牧业设备股份有限公司	
10	河南天祥新材料股份有限公司	
11	河南永威安防股份有限公司	
12	河南蓝信科技有限责任公司	
13	河南鼎力杆塔股份有限公司	
14	上蔡县宏伟种猪有限公司	
15	河南鼎能电子科技有限公司	
16	河南同心传动股份有限公司	
17	河南广安生物科技股份有限公司	国家知识产权优势企业
18	许昌许继配电股份有限公司	
19	濮阳市东宝科技发展有限公司	
20	郑州新世纪数码科技股份有限公司	
21	郑州精益达汽车零部件有限公司	
22	河南灵佑药业股份有限公司	
23	郑州机械研究所有限公司	
24	洛阳德平科技股份有限公司	
25	鹤壁宝发能源科技股份有限公司	
26	郑州科林车用空调有限公司	
27	昊华骏化集团有限公司	
28	登封市启明轩程控设备有限公司	
29	河南中多铝镁新材有限公司	
30	濮阳市盛源能源科技股份有限公司	
31	郑州永丰生物肥业有限公司	
32	郑州运达造纸设备有限公司	国家知识产权示范企业
33	河南卫华重型机械股份有限公司	

表1-2-3 中部六省国家知识产权试点示范城市数量对比

地区	国家知识产权试点示范城市数量/个	备注	
河南省	5	郑州	地级
		洛阳	地级
		南阳	地级
		新乡	地级
		安阳	地级
安徽省	3	芜湖	地级
		合肥	地级
		马鞍山	地级
湖南省	3	长沙	地级
		株洲	地级
		湘潭	地级
湖北省	2	武汉	副省级
		宜昌	地级
江西省	1	南昌	地级
山西省	0	—	—

2020—2021年，河南省持续推进优势示范企业培育工作，在国家知识产权优势示范企业工作基础上，积极与省级强企培育工作对接，形成上下联动的工作合力，一大批拥有自主知识产权、具备行业竞争优势的知识产权强企不断崛起，河南省优势企业培育工程呈现新局面。2020年，河南省新增122家省级知识产权强企，其中强企领军企业2家，强企示范企业20家，强企优势企业100家。同年5月，商丘市启动实施首批知识产权强县试点工作，民权县、柘城县和虞城县3个县被确定为商丘市知识产权强县工程试点县，为提高县域自主知识产权拥有量和市场竞争力打下坚实基础。2021年12月23日，国家知识产权局下发《关于表彰全国知识产权系统先进集体和先进个人的决定》，对2021年全国知识产权系统表现优异的99家集体和97名个人进行表彰，河南省3个集体和3名个人获表彰，其中被授予"全国知识产权系统先进集体"称号的分别是国家知识产权局专利局郑州代办处、郑州市知识产权局、中原工学院知识产权学院，被授予"全国知识产权系统先进个人"称号的分别是濮阳市市场监督管理局（知识产权局）田春英、漯河市市场监

督管理局王永红、南阳市知识产权维权保护中心曹华。2021 年河南省新增省级知识产权强企 175 家，其中强企领军企业 5 家，强企示范企业 22 家，强企优势企业 148 家。

三、知识产权运营服务体系建设不断完善

"十三五"期间，河南省知识产权运用效能明显提升，知识产权运营服务体系初步建成。河南省设立首支重点产业知识产权运营基金，初期规模达 3 亿元，以直接投资或设立子基金的方式，投资支持河南省境内以超硬材料为主的新材料、电子信息、装备制造等产业领域未上市的知识产权创新企业和知识产权运营机构，有力提升河南省重点产业专利转化运用的能力。国家知识产权运营公共服务平台交易运营（郑州）试点平台投入运行，郑州、洛阳获批国家知识产权运营服务体系建设重点城市，设立 7 亿元的重点产业知识产权运营基金。河南省建成 60 个产业集聚区商标品牌培育基地、202 个商标品牌服务指导站、18 个专利导航产业发展实验区和 5 个专利导航产业发展实验区培育对象，河南省知识产权事务中心获批国际知识产权组织技术创新支持中心（TISC）试点单位。研究出台高校知识产权运营管理中心建设试点工作方案，确定河南大学、河南师范大学、中原工学院、河南科技大学、洛阳理工学院、郑州航空工业管理学院、商丘师范学院、信阳师范学院等高校为试点单位，通过收益分配、费用补贴等实质措施，推动高校知识产权转移转化。

2020 年，河南省继续启动第三批高校知识产权运营管理中心建设试点工作，确定河南工业大学、河南理工大学、华北水利水电大学、许昌学院、南阳理工学院 5 所高校为试点单位。河南省重点产业知识产权运营基金完成首笔对外 1000 万元投资，用以支持郑州金惠计算机系统工程有限公司在人工智能视觉识别应用、工业检测应用等方面的业务布局与拓展。同年 8 月 31 日，洛阳市人民政府印发《洛阳市知识产权运营服务体系建设方案》，落实配套资金 1.8 亿元，着力打通知识产权创造、运用、保护、管理、服务全链条。2020 年上半年洛阳市专利质押融资额达 2.075 亿元，名列全省第一，专利质押融资实现运营服务体系建设"开门红"，为缓解中小企业融资难、融资贵，激发市场活力，助力创新发展和企业复工复产发挥重要作用，也为高水平建设知识产权运营服务体系，促进知识产权市场化运营，推动知识产权支撑引领经济高质量发展提供助力。

2021年，河南省印发《推动知识产权高质量发展年度实施方案（2021）》，要求进一步强化河南省知识产权顶层设计，进一步提升知识产权运用效益、管理水平、服务能力，实施专利转化专项计划，助力中小微企业创新发展，推动运营服务体系重点城市和公共服务平台交易运营（郑州）试点平台建设，推动高校院所知识产权转移转化，大力提升知识产权运营转化，助推高效益运用，不断完善知识产权运营服务体系。下半年，河南省知识产权局联合河南省教育厅在郑州举办河南省高校知识产权综合能力提升培训班，高校知识产权运营管理体系不断完善，省级高校运营管理中心累计达到13家，8家高校运营管理中心试点单位建设期内累计完善制度53项，产出发明专利2739件，知识产权转移转化5220万元，孵化企业17家，河南大学、河南科技大学、洛阳理工学院3所大学成功获批国家知识产权试点高校，商丘师范学院成为全省首家通过《高等学校知识产权管理规范》贯标认证的高校。高校知识产权服务支撑能力不断加强，河南省目前已在郑州大学、河南大学、中原工学院、河南财经政法大学、河南师范大学、河南科技大学建成6所知识产权学院，同时在高校布局10个国家和省级知识产权培训基地，河南大学成功获批高校国家知识产权信息服务中心，成为继郑州大学之后河南省第二家入选高校，高校知识产权信息服务能力不断加强，高校知识产权工作能力水平不断提升，有力推动河南省高校科技创新和"双一流"建设。2021年12月，确定周口师范学院、黄淮学院、平顶山学院、安阳工学院、河南工学院5家高校为第四批河南省高校知识产权运营管理中心建设试点单位。目前河南省已建设18家高校知识产权运营管理中心，覆盖郑州、洛阳、新乡等13个省辖市。

四、专利导航工作取得新进展

专利导航工作是推动河南省知识产权发展的一项重点工作。河南省在全国率先建立省级专利导航工作机制，目前全省已布局1个国家知识产权导航实验区、20个省级专利导航实验区和1个专利导航产业发展实验区培育对象，各导航实验区的知识产权工作取得一定的实效，河南省知识产权局持续深入开展导航实验区建设，推动导航实验区知识产权高质量发展，为区域经济发展提供更强有力的支撑。在专利导航实验区的申报、审核、批复到启动建设再到考核评估过程中，河南省知识产权局多次组织召开专题会讨论专利导航工作，推动实验区之间经验交流与互动。

2020—2021年，河南省专利导航实验区工作持续推进，重点开展对专利导航实验区建设情况的督导、考察、评估工作。河南省首批专利导航产业发展实验区的评估考核工作于 2019 年下半年展开并于 2020 年年底完成，经过第三方评估、实地考核、综合评定，郑州市北斗导航与遥感产业专利导航发展实验区等 6 家实验区通过评估考核。2020 年 10 月，济源示范区玉川产业集聚区有色金属循环产业专利导航实验区、信阳市上天梯非金属矿管理区珍珠岩、膨润土等非金属矿精深加工产业专利导航实验区确定为第三批河南省专利导航产业发展实验区，第二批省专利导航产业发展实验区的评估考核工作随即展开。经总结梳理，实验区培育国家级、省级知识产权优势、示范企业累计近 100 家，占全省的 23% 以上；专利许可、转让总金额 3.3 亿元，数量 150 件；质押融资金额达 2.89 亿元，占全省总额的近 10%，涉及专利 197 件。建设期内，导航产业产值和导航产业产品销售收入实现双增长，增幅分别为 18.7%、28.2%，导航效益产出显现。2021 年是"十四五"规划开局之年，《河南省知识产权创造保护运用"十四五"规划》要求大力实施专业导航产业发展项目，实施重点产业专利导航，针对关键技术加强专利导航体系建设，运用专利导航成果，实施专利导航工程，支持建设专利导航服务基地，精准对接合作对象，推动专利集成运用，提高专利转移转化效率，促进区域经济高质量发展。2021 年 10 月，经综合评价，郑州市汽车及先进零部件产业专利导航发展实验区等 8 家第二批省专利导航产业发展实验区通过考核验收。经总结梳理，2021 年全省培育国家级、省级知识产权优势、示范企业累计 200 余家，占全省的 33% 以上；国家、省级专利奖累计 40 余项；园区企业通过质押融资途径解决企业资金短缺问题，涉及专利和商标近 300 件，金额达 5.3 亿元；专利许可、转让总金额 13.7 亿元，数量 320 余件；导航产业产值和导航产业产品销售收入分别达到 3193 亿元和 3072 亿元。同月，为认真落实《知识产权强国建设纲要（2021—2035 年）》文件精神，进一步推动专利导航与产业运行决策深度融合，促进专利布局与产业创新能力高度匹配，加快创新资源的优化配置，支撑知识产权强省建设，河南省知识产权局决定开展专利导航服务基地建设工作，制定《河南省专利导航服务基地建设工作实施方案》，要求紧扣产业创新发展需求，全面提高专利导航服务产业创新发展的能力水平，推动建立专利导航决策机制，面向区域规划、产业规划、企业经营、研发活动、人才管理等应用场景实施专利导航项目，助力创新主体提升核心竞争力，促进产业创新资源的优化配置，实现区域经济高质量发展。12 月，郑州高新技术产业开发区、中原工学院等 7 家单位确定为第一批河南省专利导航服务基地,另备案导航服务基地23家。近年来河南省专利导航建设相关活动开展情况见表1-2-4。

表1-2-4　2016—2021年河南省专利导航建设相关活动开展情况

年份	开展情况
2016	1. 河南省委政研室调研荥阳市国家专利导航产业发展实验区建设情况,调研组一行先后到专利导航服务中心、郑州华晶金刚石股份有限公司试验室进行实地调研。座谈会上,入驻实验区的郑州四维特种材料有限公司、郑州磨料磨具磨削研究所有限公司、富耐克超硬材料股份有限公司有关负责人分别就企业运行情况、科研专利、产品创新等情况进行了介绍。 2. 印发了《关于开展河南省专利导航产业发展工作的通知》(附《河南省专利导航产业发展工作实施方案》《河南省专利导航产业试验区管理办法》)。 3. 洛阳市出台促进机器人及智能装备产业发展实施方案
2017	1. 专利审查协作河南中心赴南阳市开展专利导航园区考察工作。 2. 河南省知识产权局下发《河南省知识产权局关于公布河南省专利导航产业发展实脸区名单的通知》,公布了首批确定的6家专利导航产业发展实验区和1家专利导航产业发展实验区培育对象。 3. 漯河市知识产权局赴沙澧产业集聚区开展工作调研,就该区申报省级专利导航产业发展实验区工作等展开了业务交流。 4. 国家知识产权局副局长贺化赴郑州出席郑州市知识产权强市暨专利导航发展实验区建设工作会议,专程实地考察了专利导航产业发展实验区,听取了郑州市有关专利导航产业发展实验区建设情况汇报,充分肯定了郑州专利导航产业发展实验区建设取得的阶段成效。 5. "专利导航驱动产业发展"研讨会暨知识产权联络员聘请仪式在郑州召开。 6. 郑州首家知识产权联盟——郑州高新区北斗导航与遥感产业知识产权联成立,既是郑州高新区加快建设国家自主创新示范区和国家知识产权示范园区的具体行动,也标志着郑州知识产权运营和创建知识产权强市工作实现新的突破。通过联盟的建立和运营,为郑州市其他产业的知识产权联盟探索经验,发挥示范作用,在全市营造更加浓厚的重视知识产权、依靠知识产权、推进科技创新的氛围。 7. 河南省第二批专利导航产业发展实验区拟认定名单公示。 8. 国家知识产权运营(专利导航、试点示范园区)培训班在郑州举办,来自全国有关省市知识产权局、国家专利导航产业发展实验区、国家专利协同运用试点单位、国家知识产权试点示范园区的200余人参加培训。 9. 河南省首批专利导航产业发展实验区工作座谈会在郑州举行。来自河南省知识产权局协调管理处,郑州市、洛阳市、濮阳市、鹤壁市、许昌市、长垣县知识产权局,国家专利导航实验区,首批省级专利导航实验区的主要负责人和工作人员共30余人参加座谈会

续表

年份	开展情况
2018	1. 下发关于做好国家专利导航试点工程考核评估工作的通知，要求各省辖市、直管县（市）知识产权局确定专人对接考核评估工作，并指导辖区内考核对象认真填报数据，撰写提交工作总结。 2. 在漯河市召开河南省专利导航实验区建设工作推进会。会上，协调处有关人员对河南省专利导航发展实验区建设工作进行了通报，就下一步10项主要工作进行了安排部署。 3. 洛阳市出台《洛阳市企业专利分析导航项目补助工作指引》，正式启动企业专利分析导航项目补助工作，对开展专利运营类分析导航项目的企业，完成合同约定内容后，按合同实际支出的50%予以补助，最高不超过30万元。 4. 河南省知识产权局于5~6月对首批导航实验区开展督导。通过听取汇报、现场考察等督导方式，对首批导航实验区落实《河南省专利导航产业发展工作实施方案》情况，导航实验区在知识产权创造、运用、保护、管理、服务和宣传培训等方面的工作成效，在导航实验区建设过程中存在的问题和意见建议等内容进行督导。 5. 郑州威科姆科技股份有限公司（以下简称"威科姆"）与泰国警方达成战略合作，威科姆将承建"基于NB-IOT+北斗定位技术的智慧电动摩托车管理服务系统"项目，为泰国2000万辆摩托车和电动车提供综合智慧管理服务。 6. 河南省知识产权局副局长韩平、河南省知识产权局协调管理处工作人员及周口市知识产权局副局长张战祥赴郸城高新区调研专利导航实验区建设情况。 7. 科技部科技评估中心到郑州市高新区调研知识产权工作。郑州市知识产权局副局长陈俊强、郑州高新区知识产权局局长彭瑞华等陪同调研，就知识产权创造、运营、保护以及评估工作和北斗导航产业专利导航产业发展实验区建设、军民融合中科技成果转化等相关内容进行调研指导。 8. 河南省知识产权局转发《国家知识产权局办公室关于开展2018年专利导航项目备案工作的通知》，要求相关单位按照要求组织填报相关数据并进行在线报送。 9. 修改印发《河南省专利导航产业发展实验区管理办法》，进一步加强河南省专利导航产业发展实验区的分类管理，推动导航实验区工作的规范化和体系化。 10. 河南省知识产权局于8~9月开展河南省专利导航产业发展实验区督导工作，成立专利导航产业发展实验区督导工作组，分别赴南阳西峡、安阳、郑州经开区、濮阳市、长垣市等18个省级专利导航发展实验区对其落实《河南省专利导航产业发展工作实施方案》情况及工作成效、落实新修订印发的《河南省专利导航产业发展实验区管理办法》情况、专利导航实验区建设过程中存在的问题和下一步工作安排等内容开展工作督导。 11. 制定《河南省专利导航产业发展实验区建设工作指引》，要求各省辖市、省直管县（市）知识产权局结合实际，做好工作指导。各实验区建设承担单位做好实验区重点工作的落实，确保专利导航产业发展实验区建设工作取得实效。

续表

年份	开展情况
2018	12. 河南省知识产权局刘怀章局长主持召开洛阳省级专利导航实验区工作推进会。会上，听取洛阳涧西区、洛阳西工区、洛阳高新区关于专利导航实验区的专题汇报，对其取得的成绩进行肯定，并针对专利导航实验区建设的下一步工作提出四点要求
2019	1. 河南省知识产权局原副局长吴灯展到濮阳市开展"不忘初心、牢记使命"主题教育专题调研，调研组一行先后到经开区濮阳惠成电子材料股份有限公司、迈奇化学股份有限公司、科技创新知识产权公共服务平台进行调研，深入了解企业在生产经营、强企建设、专利权质押融资、专利微导航、知识产权贯标、知识产权分析评议等方面的工作情况。 2. 河南省市场监督管理局党组成员刘怀章到洛阳市开展"不忘初心、牢记使命"主题教育调研，重点调研专利导航实验区建设和企业知识产权工作情况，并先后到洛阳轴承研究所有限公司和高新区清华大学天津高端装备制造研究院，详细听取了企业知识产权创造、运用、保护、贯标，国家知识产权运营试点企业相关工作开展和专利导航产业发展实验区项目实施情况汇报。 3. 河南省市场监督管理局党组成员刘怀章率领调研组到焦作孟州市开展"不忘初心、牢记使命"主题调研，重点了解专利导航实验区建设和知识产权强企培育情况，并到孟州市汽车及零部件装备制造产业专利导航实验区，听取了专利导航实验区建设情况汇报，深入了解了导航实验区产业专利数据库建设情况、导航项目实施情况以及产业专利联盟建设情况，详细询问了专利导航工作过程中遇到的困难和问题，认真听取了对河南省市场监督管理局工作的建议，并实地察看了导航产业专利数据库平台。 4. 河南省知识产权局对首批专利导航产业发展实验区和专利导航实验区培育对象进行评估考核，要求评估考核的单位对照《河南省专利导航产业发展工作实施方案》和《河南省专利导航产业发展实验区建设工作指引》，结合各实验区的《建设方案》或《培育方案》，开展工作任务完成情况自查，填写自评表，撰写建设期或培育期建设情况报告，并提供相关佐证材料
2020	1. 河南省知识产权局举办知识产权宣传周活动，遵守疫情防控政策，举办系列网络培训，在郑州市国家专利导航产业发展实验区开展TISC专利检索培训、企业应对疫情复工复产培训等活动。 2. 河南省知识产权局原副局长吴灯展一行3人赴洛阳市调研知识产权保护和运营工作。调研组一行来到洛阳西工区—河南省智能工程机械专利导航产业发展实验区考察了解专利导航实验区建设情况，对实验区建设完成情况给予了充分肯定，鼓励园区发挥好专利导航实验区作用，为产业发展提供坚强支撑。之后，调研组到洛阳市冠奇工贸有限责任公司进行调研，对企业积极开展"锂离子电池石墨类负极材料的专利布局"产业导航项目、营造尊重知识产权的良好企业文化给予了高度评价。

续表

年份	开展情况
2020	3. 河南大学入选第二批高校国家知识产权信息服务中心。河南大学知识产权信息服务中心依托河南大学图书馆建设，在高校专利导航、人才培养、信息服务资源投入和能力建设上开展了扎实的工作，本次经过高校申报，省知识产权局和省教育厅联合推荐，入选高校国家知识产权信息服务中心，将进一步提升知识产权信息服务的体系化、专业化水平，为高校提供全流程知识产权信息服务，发挥信息资源和人才优势，服务地方经济产业发展。 4. 河南省知识产权局按照《河南省专利导航产业发展实验区管理办法》的规定，开展对第二批专利导航产业发展实验区的评估考核工作，要求列入评估考核的单位对照《河南省专利导航产业发展工作实施方案》和《河南省专利导航产业发展实验区建设工作指引》，结合各实验区的《建设方案》，积极做好评估考核工作。 5. 河南省知识产权局组织开展了培育期满的专利导航产业发展实验区培育对象的评估考核工作。经过第三方评估、实地考核、专家评审，确定济源示范区玉川产业集聚区有色金属循环产业专利导航实验区、信阳市上天梯非金属矿管理区珍珠岩、膨润土等非金属矿精深加工产业专利导航实验区为第三批河南省专利导航产业发展实验区
2021	1. 河南省知识产权局组成评估考核组，对首批建设期满的省级专利导航产业发展实验区进行了评估考核，郑州市北斗导航与遥感产业专利导航发展实验区等六家实验区顺利通过验收。首批六个专利导航产业发展实验区在制度建设、工作推进、效益产出、服务保障四个方面基本做到项目过程化管理，较好完成了导航项目。通过综合评定，首批六个专利导航产业发展实验区全部通过考核。 2. 河南省知识产权局开展 2020 年度省级专利导航实验区总结工作，为持续加强省级专利导航实验区建设、推动导航区知识产权高质量发展、进一步助推区域经济发展提供助力。 3. 河南省知识产权局和河南省财政厅联合印发《河南省实施专利转化专项计划助力中小微企业创新发展实施方案》（以下简称《方案》），从工作思路、基本原则、工作目标、工作内容、实施步骤和保障措施六大方面，为促进河南省专利技术转移转化，提升高校院所知识产权运营能力，助力中小微企业创新发展，明确了一系列政策措施。为保障五大目标实现和十四项主要工作顺利推进，《方案》提出了加强组织领导、加大资金投入、严格监督管理、做好总结推广四项保障措施。同时，《方案》要求各省辖市、省直管县（市）结合实际，制定本地政策措施，建立协调推进机制，做好组织实施工作。 4. 河南省知识产权局在郑州举办"2021 年全省区域知识产权工作培训班"。河南省在全国率先建立省级专利导航工作机制，出台《河南省专利导航产业发展工作实施方案》《管理办法》等一系列文件，布局建设省级专利导航实验区 20 家、培育对象 1 家，建立了"1+N"专利导航项目体系，实施产业规划类项目 20 项、企业运营类项目 40 项，建设期内导航产业产值和产品销售收入实现双增长。

续表

年份	开展情况
2021	5. 为深入贯彻落实习近平总书记在中央政治局第二十五次集体学习时的重要讲话精神，认真落实党中央、国务院的决策部署，研究实行差别化的产业和区域知识产权政策，推广以产业数据、专利数据为基础的产业专利导航决策机制，为科技创新提供有效支撑，河南省知识产权局将《国家知识产权局办公室关于加强专利导航工作的通知》转发至各省辖市、济源示范区、省直管县（市）知识产权管理部门，各省级专利导航产业发展实验区（培育对象），要求按照通知精神，结合各地实际，认真贯彻落实有关工作。 6. 河南省知识产权局组织了第二批专利导航产业发展实验区的评估考核工作。根据《河南省专利导航产业发展实验区管理办法》的有关要求，经过第三方评估、实地考核，经综合评定，郑州市汽车及先进零部件产业专利导航发展实验区等8家实验区通过评估考核。 7. 河南省市场监督管理局党组书记、局长宋殿宇率调研组到国家知识产权局专利局专利审查协作河南中心（以下简称"审协河南中心"）调研。审协河南中心党委书记、主任高胜华等陪同调研。宋殿宇指出，审协河南中心要进一步发挥中央驻豫单位在政策、信息、人才等方面的优势，探索服务地方新模式，继续推进专利导航助力解决河南省的"卡脖子"问题、地理标志服务乡村振兴、黄河流域高质量发展等重点工作，加大对创新主体公益性服务力度，扶持地方知识产权服务机构，为河南省经济社会发展提供有力支撑。 8. 河南省知识产权局下发《关于公布第一批河南省专利导航服务基地名单的通知》，确定安阳高新技术产业开发区、濮阳经济技术开发区、中原工学院、洛阳高新技术产业开发区、郑州荥阳产业集聚区、郑州高新技术产业开发区和新乡长垣产业集聚区7家为河南省第一批专利导航服务基地。各专利导航服务基地将按照《河南省专利导航服务基地建设工作实施方案》要求，贯彻实施《专利导航指南》（GB/T 39551—2020）系列国家标准，推动建立专利导航决策机制，面向区域规划、产业规划、企业经营、研发活动、人才管理等应用场景实施专利导航项目，助力创新主体提升核心竞争力，促进产业创新资源的优化配置，助推区域经济高质量发展。 9. 为持续加强全省专利导航工作，推进知识产权高质量发展，进一步助推区域经济发展，省知识产权局组织开展2021年度专利导航总结工作。省级专利导航产业发展实验区及培育对象、新认定的省级专利导航服务基地需撰写上报2021年工作总结及2022年工作计划，并填报数据统计表；各省辖市、济源示范区需填报专利导航工作情况表

五、知识产权评议工作稳步推进

河南省已出台的《关于加强全省重大经济科技活动知识产权评议工作的意见》《重大经济活动知识产权评议办法》，积极引导知识产权分析评议服务科学发展，规范社会知识产权分析评议服务行为，营造良好的知识产权分析评议服务业态。

"十三五"期间，河南省推动组建产业知识产权联盟，开展重大经济科技活动知识产权分析评议，推动知识产权评议工作稳步开展。2018年，河南省知识产权局发布《河南省知识产权局关于开展知识产权分析评议试点工作的通知》，充分发挥知识产权分析评议在了解产业发展态势、防范潜在风险、建立竞争优势、推动创新驱动发展等方面的重要作用，确定"生物基材料发展知识产权评议试点项目"等5个项目为2018年度知识产权分析评议试点项目。同年，河南省洛阳公信知识产权事务所、河南行知专利服务有限公司分别入选知识产权分析评议服务示范机构和知识产权分析评议服务示范创建机构。2019年，对南乐县生物基材料产业开展知识产权分析评议工作。通过分析评议，对生物基材料产业的专利申请现状及相关特定领域的专利布局情况进行全面细致的分析，了解聚乳酸行业的技术动向、核心技术以及专利态势等最新信息，为南乐县生物基产业发展提供化解风险、壮大产业发展路径的方案，对下一步发展提供技术和政策上的参考意见和建议。2020年，根据《关于开展知识产权分析评议项目验收工作的通知》和《河南省重大经济活动知识产权评议办法》要求，河南省知识产权局公布对"生物基材料发展知识产权评议试点项目"等5个试点项目和承担单位整体工作开展情况进行的验收评审结果，河南天海电器有限公司的"汽车LED矩阵式灯光控制系统关键技术研发项目"、河南龙都天仁生物材料有限公司的"生物基材料发展知识产权评议试点项目"为优秀试点项目，5个试点项目均通过评审。2021年下半年，河南省知识产权局、省社会科学院联合组织开展"第五届河南省知识产权强省试点省建设征文"活动，知识产权分析评议进入选题范围。

第三章 知识产权管理

2020—2021年，河南省认真总结"十三五"经验教训，落实知识产权强国战略，贯彻《中华人民共和国国民经济和社会发展第十四个五年规划和2035年远景目标纲要》和《知识产权强国建设纲要（2021—2035年）》政策部署，围绕省"两个确保、十大战略""四个河南、一个高地、一个家园"的经济社会发展主要目标，做好知识产权相关工作，完善政策法规体系，加大财政投入力度，加强知识产权强企建设，努力提高知识产权管理水平。

一、政策法规体系不断完善

近年来，河南省委、省政府领导高度重视知识产权工作，将知识产权强省纳入全省经济社会发展规划，列入年度政府工作重要目标，部署推动一系列改革，出台一系列重要文件，建立完善知识产权战略实施工作联席会议制度，重新组建市场监督管理局（知识产权局），有效提升全省知识产权领域治理能力和治理水平。每年印发《河南省知识产权强省试点省建设推进计划》和《河南省知识产权战略实施年度工作要点》，指导全省知识产权强省建设和战略实施工作。2020年，河南省知识产权局下发《关于强化知识产权保护的实施意见》，进一步强化知识产权保护，完善制度、优化机制。为适应经济社会对地理标志工作提出的新要求，同年11月印发《河南省地理标志运用促进工程实施方案》，要求抓重点、补短板、强基础，围绕"巩固、增强、提升、畅通"，切实做好地理标志运用促进工作。"十四五"开局以来，按照国家知识产权局有关文件精神，又先后出台《深化职业教育改革推进技能社会建设的意见》《河南省知识产权创造保护运用"十四五"规划》《推动知识产权高质量发展年度工作指引（2021）》《河南省推动知识产权高质量发展年度实施方案（2021）》《河南省2021年知识产权保护工作检查考核实施方案》

《焦作市关于强化知识产权保护有关工作的实施意见》《鹤壁市关于强化知识产权保护的若干措施》《洛阳市关于强化知识产权保护的若干措施》《开封市商标奖励办法》《河南省知识产权战略实施工作联席会议制度》《2021年焦作市知识产权行政保护工作方案》《许昌市关于加强知识产权保护的实施意见》等一系列政策法规，政策法规体系不断完善，为着力推动知识产权强省建设提供制度和政策保障。

二、知识产权财政投入力度不断加大

2020—2021年，河南省知识产权事业"十三五"发展阶段进入尾声，迈进"十四五"的新征程，知识产权财政投入力度不断加大，助力经济高质量发展。据河南省市场监督管理局数据统计，2016年河南省知识产权财政投入预算1251.8万元，决算1863.65万元。2017年，河南省知识产权财政投入预算1579.2万元，至年底河南省本级财政知识产权专项经费总计5068万元。2018年，河南省知识产权财政投入预算1732.8万元。2019年，河南省知识产权财政投入预算1830.5万元。2020年，河南省知识产权事业发展财政投入预算1839万元。2021年，河南省知识产权事业发展财政投入预算2220万元。2016—2021年河南省知识产权部门财政投入预算情况如图1-3-1所示。

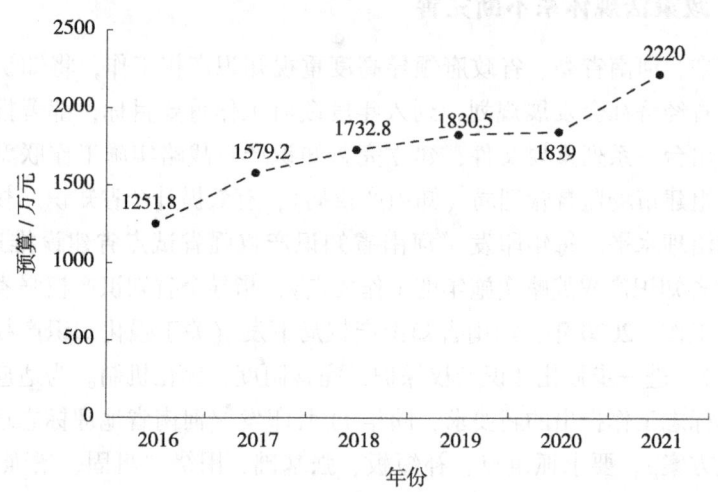

图1-3-1　2016—2021年河南省知识产权部门财政投入预算

三、知识产权机构设置情况

改革市场监管体制，加强市场综合监管，推进市场监管综合执法，是党中央、国务院做出的重大决策,是党和国家机构改革的重要组成部分。2018年,河南省按照中央以及《河南省机构改革实施方案》要求,推进知识产权管理体制机制改革,在市场监督管理局加挂知识产权局牌子,内设知识产权促进处和知识产权保护处两个业务处室。2019年,河南省以市场监督管理局的成立为契机,大胆创新工作思路、工作模式、工作举措,推进"互联网+政务服务",建设"一站式"服务大厅。2020年是全面建成小康社会和"十三五"收官之年,是河南省机构改革完成后市场监管各项工作发力之年,也是遭遇新冠肺炎疫情冲击之年,全省知识产权系统认真贯彻落实党中央、国务院和省委、省政府关于知识产权工作的部署要求,积极谋划、狠抓落实,实现部门间良性互动,统一发挥市场监督作用,从及时出台政策、突出强化考核、着力找准抓手、狠抓转化运用、实施有效激励、扩大宣传引导、注重加强业务培训、加强人才队伍建设八个方面下功夫,最大限度增强市场活力,激发内生动力,大力提升知识产权管理服务水平,持续推进河南省知识产权强省建设。

第四章 知识产权保护

当前河南省知识产权发展正处于"十四五"开局之际,知识产权保护是知识产权强省的基本保障。在我国高度重视知识产权保护及相关制度建设的大环境下,河南省委办公厅、河南省人民政府办公厅印发《关于强化知识产权保护的实施意见》,要求牢固树立保护知识产权就是保护创新的理念,以完善知识产权保护体系为主线,以推进经济高质量发展为目标,有效遏制侵权易发多发现象,权利人维权"举证难、周期长、成本高、赔偿低"的局面明显改观,全面提升知识产权保护能力和水平,积极打造市场化、法治化、国际化营商环境,知识产权"严保护、大保护、快保护、同保护"格局更加健全,知识产权制度激励创新的基本保障作用更加凸显,知识产权保护社会满意度达到并保持较高水平。

一、知识产权维权援助工作稳步展开

一直以来,河南省高度重视知识产权保护工作,持续推进知识产权维权援助工作,完善知识产权保护政策法规。《关于严格专利保护行动方案(2017—2019年)》《河南省知识产权系统执法维权"护航"专项行动方案》《河南省知识产权系统执法维权"雷霆"专项行动方案》等一系列政策文件推动建立河南省知识产权保护大格局,"严保护、大保护、快保护、同保护"综合发力,"护航""闪电""雷霆""剑网"等知识产权执法专项行动形成打击侵权假冒的高压态势,有效保护和激发创新主体的创新创业热情,保持知识产权"严保护"态势。

为保护创造主体的活力,河南省知识产权局加大知识产权维权援助力度,助推企业"走出去"。2018年,中国郑州(创意产业)快速维权中心成立,开通知识产权快速授权、确权、维权绿色通道,开通"12330"公益服务热线，拥有6家国家级知识产权维权援助中心，建立18个省辖市维权援助分中心和127个产业集聚区知识产权维权援助工作站，进一步提升知识产权保护效能。郑州设立了全国唯一一家知识产权社会法庭和河南首家知识产权巡回法庭。2018年，中国郑州（创意产业）知识产权快速维权中心在全国参评的14家快速维权中心中与中国中山（灯饰）知识产权快速维权中心并列排名第一。南阳市新野县产业集聚区等数十家集聚区挂牌知识产权维权援助站，河南省实现产业集聚区知识产权维权援助网点全覆盖。中国（新乡）知识产权保护中心成功获批，成为河南省首家国家级知识产权保护中心。2019年知识产权宣传周主题日活动的主题为"严格知识产权保护，营造一流营商环境"，并承办2019年知识产权南湖论坛"全球化与知识产权保护"国际研讨会暨第四届知识产权中原论坛，进一步强化河南省知识产权保护意识。同年6月1日，河南省将原工商12315、质监12365、食药监12331、价监12358、知识产权12330 5个热线电话进行整合，实现"一号对外"，成为全国首批实现"五线合一"的省份。消费者在发现假冒伪劣商品、产品质量问题、价格欺诈、虚假广告等违法行为，或个人合法消费权益、知识产权需要保护时，均可拨打12315热线进行投诉举报。2021年，12315平台共受理消费者投诉举报咨询2381.2万件，同比增长11.8%；为消费者挽回经济损失55.5亿元，同比增长26%。

2020年，为强化知识产权保护，进一步完善制度、优化机制，根据《中共中央办公厅、国务院办公厅印发〈关于强化知识产权保护的意见〉的通知》精神，河南省委、省政府联合印发《关于强化知识产权保护的实施意见》，要求强化制度建设，推动知识产权保护更加严格，强化监督共治，健全知识产权大保护格局，优化协同衔接，推动知识产权保护更加高效，健全沟通机制，塑造知识产权同保护良好环境，强化支撑保障，夯实知识产权保护基础，加大实施力度，确保工作任务落实。省市场监管局转发国家知识产权局《关于进一步加强知识产权维权援助工作的指导意见》，结合河南省实际制定《河南省知识产权维权援助工作实施方案》，统筹推进全省知识产权维权援助工作。《河南法治发展报告（2020）》首次写入知识产权保护专题篇，对"专利行政保护""快速维权"等专题进行探讨论证，从立法、执法、司法、守法等方面进一步完善和强化知识产权法制保障，为实现知识产权强省战略目标提出司法对策和建议。条件保障方面，2019—2020年，省级层面累计下达235万元资金用于知识产权维权援助工作，其中2019年60万元，2020年175万元。

35万元资金用于支持5家知识产权维权援助中心进驻7个在全国有重要影响的展会开展现场知识产权维权服务。200万元资金用于支持中国郑州（创意产业）知识产权快速维权中心和中国（新乡）知识产权保护中心加强知识产权维权服务平台建设，完善服务体系，开展维权援助服务。洛阳中心提供有关知识产权法律法规、授权确权程序与法律状态、纠纷处理、取证等咨询指导服务50余次，为洛阳市公安机关侦查诈骗案件提供专利咨询服务，为市政府项目评审提供知识产权建议1次。新乡中心办理维权援助案件3起，提供专利侵权判定意见1起，提供咨询意见2起，指导专利权人取证1次，协助法院调解知识产权纠纷案件42件。平顶山中心办理维权援助案件4起，接收举报投诉3起。开封中心接听咨询来电360次，接待来访120人次，现场调查、求证16次，为8家企业提供专利侵权判定及诉讼赔偿咨询、维权指导意见，办结20起举报投诉事项。

2021年河南省知识产权局围绕"全面加强知识产权保护、推动构建新发展格局"主题开展知识产权宣传周活动，全面展示河南省知识产权工作尤其是知识产权保护工作的现状和成效，突出表现知识产权保护在创新环境营造和营商环境营造方面的支撑和引领作用，为加快河南省知识产权事业发展营造良好的舆论氛围。指导地市知识产权局深入贯彻国家知识产权局《关于进一步加强知识产权维权援助工作的指导意见》，切实加强对维权援助工作的组织领导。同年10月，在河南省2021年知识产权工作座谈会上，河南省知识产权局局长刘怀章对下一步知识产权重点工作进行安排部署，强调严格行政保护，塑造良好营商环境，积极面对国家知识产权保护工作考核、营商环境评价等挑战。南阳市知识产权维权保护中心副主任曹华被授予2021年"全国知识产权系统先进个人"称号。条件保障方面，设立省知识产权事业发展专项资金，省财政在贯彻过"紧日子"要求、按照50%比例对非重点非刚性资金进行压减的情况下，仍足额安排知识产权专项经费，2021年用于知识产权保护的资金为50万元。2021年，河南省各中心认真开展知识产权维权援助服务，接收举报投诉线索，提供智力援助支持，指导和帮助一大批企业维护自身合法权益。河南中心以区域内各省市专利信息服务机构为依托，出具"大单晶金刚石领域"等海外知识产权预警分析报告4份，针对10件专利纠纷案件组织开展专利侵权判定咨询工作，受理江苏知识产权维权援助中心转交、转办商标侵权案件1件并办结。洛阳中心面向全市社会公众提供有关知识产权法律法规、授权确权程序与法律状态、纠纷处理、取证等咨询指导服务60

余次，组织开展商标、专利、地理标志等公益培训3场。南阳中心大力开展知识产权培训工作，共开展线上、线下相关知识产权培训7次。新乡保护中心完成2项专利预警分析项目，主动对接法院，办理诉调对接案件75起，成功调解6起知识产权纠纷，并完成4例司法确认。郑州快维中心协助办理知识产权执法案件351件，为省内地市局出具侵权判定意见16件。截至2021年年底，河南省现有知识产权维权援助中心（含分中心）24家（其中国家级中心6家、分中心15家、省级中心3家），在132个产业集聚区设立知识产权维权援助工作站。全年共办理知识产权维权援助申请15件，提供咨询指导服务1452次，组织开展知识产权公益研讨12次，举办培训115场，出具侵权判定意见39件，提供分析预警服务6次，进驻18个展会开展驻场维权援助服务。

2020年河南省各级12315工作机构共接收各类诉求141.87万件，同比增长86.84%。其中，投诉26.31万件、举报19.54万件、咨询96.02万件，分别占比18.54%、13.78%、67.68%，为消费者挽回经济损失1.58亿元。关于不正当竞争问题受理投诉3175件、商标问题817件、专利问题23件、地理标志问题25件，接到知识产权类咨询171件。2021年河南省各级12315工作机构共接收各类诉求181.58万件，同比增长27.99%。其中，投诉41.65万件、举报17.43万件、咨询122.50万件，分别占比22.94%、9.60%、67.46%，为消费者挽回经济损失3.68亿元。关于不正当竞争问题接到投诉9871件、商标问题1791件、专利问题42件、地理标志问题83件，接到知识产权类咨询281件。

二、知识产权司法保护水平不断提高

"十三五"以来，河南法院牢固树立"保护知识产权就是保护创新"的审判理念，狠抓执法办案第一要务，依法公正高效审理各类知识产权案件，着力优化营商环境，激励创新发展，促进科技进步。2017年鹤壁市反光材料商业秘密案入选"2017年中国法院十大知识产权案件"，河南省知识产权局处理的"一种电机"实用新型专利侵权纠纷案入选"全国2017年度打击专利侵权假冒十大典型案例"。2019年，河南省高级人民法院审理的苗某与优酷信息技术（北京）有限公司侵害作品信息网络传播权纠纷案入选"2019年中国法院50件典型知识产权案例"。2018年河南金博士种业股份有限公司与北京德农种业有限公司、河南省农业科学院侵害植物新品种权纠纷案，于2021年入选"第一批人民法院种业知识产权司法保护典型案例"。2021年，侵害

"郑58"玉米新品种权等3起案件入选"全国法院种业司法保护十大案例",河南省高级人民法院作为唯一一家省级法院代表在全国种业振兴会议上作典型发言。"十二五"以来河南省知识产权案件受理数如图1-4-1所示。

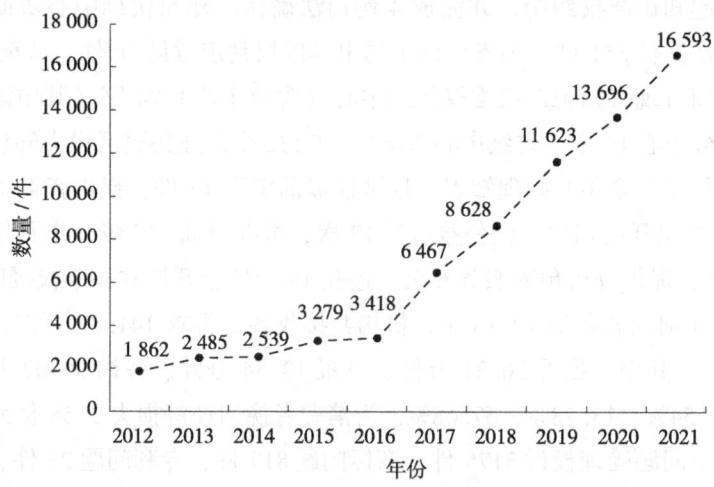

图1-4-1 "十二五"以来河南省知识产权案件受理数

近年来,随着郑州航空港经济综合实验区、郑洛新国家自主创新示范区、河南自贸试验区等国家战略平台落户河南,河南省在"一带一路"建设大局中的地位日益提升,河南由"内陆腹地"站到"开放前沿",经济社会地位随之提升,新型产业加速兴起,种业发展不断进步,大批知识产权成果不断涌现,知识产权案件随之大幅增加。2020—2021年,河南法院在最高人民法院的有力监督指导和省委的正确领导下,深入贯彻落实习近平总书记关于加强知识产权司法保护的系列重要讲话指示精神和省委关于创新型省份建设的各项要求,认真学习贯彻中央"两办"《关于加强知识产权审判领域改革创新若干问题的意见》《关于强化知识产权保护的意见》,紧扣推动高质量发展主题,围绕"努力让人民群众在每一个司法案件中感受到公平正义"的目标,忠实履行宪法和法律赋予的审判职责,全面加强知识产权司法保护工作,充分发挥知识产权审判在优化和改善河南省营商环境中的重要作用,知识产权司法保护能力和水平不断提升,各项工作取得新进展。

据河南省高级人民法院发布的2020年《河南法院知识产权司法保护状况》显示,2020年全省法院共受理各类知识产权案件13 696件(其中新收12 353件,旧存1343件),审结各类知识产权案件13 593件,结案率

99.24%，分别增长6.7%、19.1%。新收一审商标权、著作权纠纷案件9436件，占全部新收一审知识产权案件75.4%；新收二审商标权、著作权纠纷案件846件，占全部新收二审知识产权案件71.3%。新收专利、植物新品种等技术性较强的一审案件1218件，相比2019年的981件增加237件，同比增长24%，持续快速增长势头明显。针对知识产权案件审理周期长问题，河南省高级人民法院指导在有管辖权的基层法院和正在开展繁简分流试点的郑州、洛阳法院探索符合知识产权案件特点的案件繁简划分标准，改进"简案"诉讼程序，优化"繁案"庭审程序，实现不同性质、不同复杂程度的案件繁简分流、轻重分离、快慢分道，着力构建"三级联动、三审合一、三位一体"的集中型立体审判模式。郑州市中级人民法院为确保上诉案件及时移转，严格审查技术类案件上诉手续，采取制作案件移送审查清单表的方法，完备流程工作，该工作方法受到最高人民法院两次通报表扬。洛阳市中级人民法院根据案件情况进行繁简分流，编发《著作权侵权纠纷案件审判要素表》，全面推行著作权纠纷案件要素式审判方法，探索建立简化庭审、简化裁判文书的新模式，实现繁案精办，简案快办，提高审判质效。截至2020年年底，全省三级法院共审结各类知识产权案件13 593件，结案率99.24%。

2021年，郑州市中级人民法院成立中原科技城知识产权巡回法庭，是继国家知识产权创意产业试点园区知识产权巡回法庭后，该院设立的第二个巡回法庭。积极探索"三合一"审判机制，创新知识产权审判机制，充分发挥审判职能作用，2020年被市直工委评为基层先进党组织、一人被授予"绿城卫士"光荣称号、二人荣立个人三等功，2021年荣立集体三等功、二人荣立个人三等功。在第21个世界知识产权日来临之际，洛阳市中级人民法院联合洛阳高新区（自贸区）举办"自贸直通车——知识产权保护交流分享会"，进一步凝聚合力，切实加强企业知识产权源头保护。"十四五"启航之际，河南法院系统结合审判工作，切实提升知识产权服务大局能力，推进创新驱动发展，充分发挥司法保护规范市场秩序的延伸功能，不断提升为企业创新驱动保驾护航的服务水平，凝聚知识产权保护合力，塑造河南知识产权司法保护良好形象。2020年、2021年河南法院知识产权司法保护十大典型案例见表1-4-1、表1-4-2。

表1-4-1　2020年河南法院知识产权司法保护十大典型案例

序号	案件
1	肇庆市衡艺实业有限公司诉郑州大木林电子科技有限公司侵害发明专利权纠纷案
2	河南省南街村（集团）有限公司与新乡市麦金香食品有限公司不正当竞争纠纷案
3	延津县帝益麦种业有限公司与某种业公司、某农资公司侵害植物新品种权纠纷案
4	河南小李补胎服务有限公司与谭某有商业诋毁纠纷案
5	巴布豆（中国）儿童用品有限公司与泉州市巴布豆儿童用品有限公司、福建晋江万泰盛鞋服有限公司、郑州市二七区布尼迪鞋行、台州美得宝鞋业有限公司侵害商标权及不正当竞争纠纷案
6	李某政、李某等28人假冒注册商标罪，销售假冒注册商标的商品罪，帮助毁灭证据罪，窝藏罪案
7	河南省矿山起重机有限公司与河南省矿山起重机制造有限公司擅自使用他人企业名称纠纷案
8	于某涛、于某潮等7人侵犯著作权罪案
9	上海多茂建筑科技有限公司与石某义、李某玲、河南维亚德建筑工程有限公司、郑州维亚德建材有限公司、杭某林、河北奥泰利建材科技有限公司侵害商标权纠纷案
10	李某兵、李某霞、李某蝶假冒注册商标罪案

表1-4-2　2021年河南法院知识产权司法保护十大典型案例

序号	案件
1	韩某辉、李某尚、孙某琴销售假冒注册商标的商品罪案
2	维乐有限责任公司与河南新驰国际贸易有限公司、广州市威诺皮具有限公司、王某新以及河南鸿伸旅行用品有限公司、河南威麦仕实业有限公司、郑州一恒投资有限公司著作权权属、侵权纠纷案
3	河南好有趣食品有限公司、周某与焦作市明仁天然药物有限责任公司不正当竞争纠纷案
4	北京快手科技有限公司、北京达佳互联信息技术有限公司诉河南飘度文化传媒有限公司网络不正当竞争纠纷案
5	河南四季春园林艺术工程有限公司诉鄢陵县沐雨园林绿化工程有限公司、王某花等侵害植物新品种权纠纷案
6	河南仲景药业股份有限公司诉镇平时通实业有限公司侵害商标权案
7	河南亚新窑炉有限公司与河南中欧窑炉有限公司、西吉县兴隆镇红星建材销售有限公司、通渭县旺锦建材有限公司、安某彬侵害发明专利权纠纷案

续表

序号	案　件
8	山西杏花村汾酒厂股份有限公司、山西青汾实业股份有限公司因与驻马店市人民政府及第三人驻马店市开发区叁陆玖商行行政复议案
9	州格燃教育科技有限公司、魏某琪侵犯商业秘密罪案
10	郭某仁、庞某娜犯侵犯著作权罪案

三、知识产权执法体系日益完善

2020年，知识产权保护首次进入《河南法治发展报告》蓝皮书，该书从立法、执法、司法、守法等方面提出进一步完善和强化知识产权法治保障的建议。近年来，河南省知识产权保护效果更加凸显，连续扎实推进"护航""雷霆"等执法专项行动，开展跨区域协同联动、电商领域的知识产权保护工作，推进知识产权执法体系不断完善。

河南省大力加强跨区协作联动，推动执法维权工作联动，先后建立省内10市执法协作机制、淮海经济区商标保护协作机制和华中地区专利执法协作调度中心，发挥省内城市间、跨省的晋冀鲁豫12市间的协作执法机制作用，着力构建大保护的工作格局，有效提升知识产权保护效率，维护知识产权权利人合法权益。2021年6月，漯河市召开跨区域打击侵犯知识产权统一执法行动动员会，会上下发《关于开展2021年度跨区域打击侵犯知识产权统一执法行动的通知》，传达晋冀鲁豫四省执法协作会议精神及相关要求，部署跨区域打击侵权专项行动有关事宜。会议结束后漯河市市场监督管理局召开专利执法办案业务能力提升培训会。平顶山市开展专利执法专项行动，宣传专利法律法规等有关知识，讲解专利标识正确标注方式，讲解怎样辨别假冒专利商品，提醒商家关注专利产品，严控进货关，建立完善知识产权保护管理制度。2021年11月，经洛阳市市场监督管理局（知识产权局）、平顶山市市场监督管理局（知识产权局）、南阳市市场监督管理局（知识产权局）、周口市市场监督管理局（知识产权局）协商，就全面加强四地市知识产权执法维权保护合作达成协议，以进一步完善跨区域知识产权执法维权保护协作机制，提高知识产权维权援助服务水平和知识产权保护能力。

四、知识产权行政执法能力不断提升

"十三五"以来，河南省知识产权执法体系不断完善，行政执法能力得到

显著提升。2020年河南省累计办理专利执法案件847件，其中专利纠纷案件661件，假冒专利案件186件，共受理专利侵权纠纷行政裁决案件555件，位于中部六省第五名。2021年累计办理专利执法案件1074件，其中专利纠纷案件1000件，假冒专利案件74件，共受理专利侵权纠纷行政裁决案件814件，攀升至中部六省第三位（见表1-4-3）。"十三五"冲刺阶段，河南省加大对商标、专利侵权行为的打击力度，组织开展"雷霆""护航""溯源""剑网"等专利、商标、版权执法活动，通过培训、合作等途径提高知识产权保护能力。

表1-4-3　2020—2021年中部六省专利行政执法案件数据统计

单位：件

地区	专利侵权纠纷行政裁决案件量	
	2020年	2021年
河南省	555	814
湖北省	1319	1637
湖南省	619	622
山西省	14	37
江西省	617	737
安徽省	1323	1321

注：数据来源于国家知识产权局"执法统计与分析"。

2020年4月，漯河市市场监督管理局在全市开展知识产权护航专项整治行动，严厉打击侵犯商标、专利、特殊标志等知识产权违法行为，保护漯河市知名品牌企业知识产权合法权益。2020年7月，为严厉打击知识产权违法行为，维护商标专利权人的合法权益，切实营造公平竞争的市场环境，新乡市市场监督管理局组织执法人员深入相关县（市、区）开展知识产权"铁拳"行动追根溯源专项执法，深挖侵权源头，使侵权假冒违法行为在商品生产、经营的任何一层环节都无处藏身。严厉打击商标专利侵权假冒违法行为，进一步保护商标注册人、专利所有人和消费者合法权益。2020年6月，河南省版权局、省公安厅等六部门联合印发《关于开展打击网络侵权盗版"剑网2020"专项行动的通知》，以"视听作品""电商平台""社交平台""在线教育"等领域为重点，深入开展"专项整治行动"。至2020年年底，全省版权管理部门共开展网络执法965次，出动执法人员5716人（次），行政立案11

起、刑事立案49起，收缴侵权盗版制品157 086件，抓获犯罪嫌疑人37名，有力打击网络侵权盗版犯罪。其中河南开封谭某某等涉嫌销售侵权盗版教辅案，抓获犯罪嫌疑人21名，查扣印刷生产线6条、机器设备53台、印刷纸张176吨，缴获图书7万余册，涉案价值6000多万元，入选"剑网2020"专项行动十大案件。此外，2020年9月，河南省知识产权行政执法实务培训班、知识产权行政执法能力提升培训班相继在郑州举办，就商标及地理标志基础知识、《民法典》知识产权保护、专利行政法规与政策、专利行政执法实务、电商领域知识产权执法实务，及双轨制下知识产权行政保护与司法保护的协调、专利纠纷处理和案例解析、知识产权保护基本原理与专利行政执法、知识产权执法实务等内容进行授课，旨在提升河南省知识产权综合行政执法能力，加快推进知识产权执法办案，全面加强知识产权行政保护。"十三五"期间全省办理专利侵权假冒案件10 517件，查处商标侵权假冒案件5781件。

2021年2月，河南省市场监督管理局举办第二期"市场监督大讲堂"活动，组织收看国家知识产权局局长申长雨"认真贯彻习近平总书记重要讲话精神，全面加强知识产权保护工作"主题授课。为认真贯彻落实习近平总书记重要讲话精神和全国知识产权局局长会议精神，贯彻新发展理念，构建新发展格局，不断完善知识产权顶层设计，强化政策激励引导，提升创新创造能力，严格知识产权行政保护，强化知识产权运营转化，优化知识产权管理服务，营造良好营商环境。

漯河市、濮阳市、南阳市相继举办知识产权行政执法培训活动，培训内容贴合基层知识产权执法实际，兼具理论性和实操性，有助于一线执法人员系统掌握知识产权执法的基本理论，理清知识体系，把握执法重点，对今后执法工作具有较强的指导作用。2021年6月—10月，河南省版权局、河南省"扫黄打非"工作领导小组办公室、河南省互联网信息办公室、河南省公安厅、河南省文化和旅游厅、河南省通信管理局6部门联合开展第17次打击网络侵权盗版专项治理"剑网行动"。该次专项行动聚焦权利人和人民群众反映强烈的网络侵权问题，加大短视频版权治理力度，整治网络直播版权乱象，规范体育赛事版权秩序，强化在线教育版权监管，巩固重点领域版权治理成果。

第五章 知识产权服务

2020—2021年正处于两个五年计划交接时期。河南省知识产权"十三五"规划主要目标如期完成，知识产权事业发展取得长足进步，知识产权在全省经济高质量发展中的支撑和引领作用已初步显现。"十四五"规划要求着力知识产权高水平服务，构建高品质知识产权服务体系，助力产业转型升级，满足企业个性化、国际化、高端知识产权服务需求。

一、知识产权服务机构不断健全

"十三五"以来，河南省知识产权局推动加快发展知识产权服务业，培育知识产权服务机构，积极推进知识产权服务高质量发展，知识产权服务能力大幅提升。河南省致力于打造知识产权服务品牌。"十二五"末期，河南省已有3家知识产权中介服务机构荣获示范创建单位，在中部省份名列前茅。"十三五"期间，国家知识产权局公布第四批全国知识产权服务品牌培育机构名单，全国56家知识产权机构获评，河南省亿通知识产权服务有限公司被新增为河南省第六家全国知识产权服务品牌培育机构，其他五家分别为河南专利孵化转移中心有限公司、郑州睿信知识产权代理有限公司、郑州大通专利商标代理有限公司、郑州联科专利事务所、洛阳公信知识产权代理有限公司，河南省全国知识产权服务品牌培育机构总量在中部六省中处于领先地位（见表1-5-1、表1-5-2）。2019年，郑州市严格按照《郑州国家知识产权服务业集聚发展示范区建设方案》，有序推进郑州国家知识产权服务业集聚发展示范区建设，引进省外知名知识产权服务业机构6家，组织知识产权服务机构与企业供需对接活动10余次，有效引导知识产权服务机构为企业和产业发展提供专业化服务，并积极开展知识产权服务能力提升工作。2020年，第20届知识产权宣传周活动在郑州举行，活动主题为"知识产权与健康中国"，突出知识产权支撑健康中国建设的作用，关注与人民生命安全和身体健康息息相关的知识产权。第一时间印发了《关于应对疫情、支持企业复工达产、服务全省经济社会平稳健康发展的若干措施》，从优化营商环境、保障市场供应、维护市场秩序等六个方面出台28条具体措施，为进一步以知识产权服务疫情防控，助力复工复产，促进河南省经济社会高质量发展营造良好舆论环境，做出积极贡献。"十三五"末期，河南省知识产权公共服务更加有力，引进和培育知识产权服务机构500余家，建成国家地方专利信息服务中心1家，分中心8家，世界知识产权组织技术与创新支持中心（TISC）建设单位2家，国家级专利信息服务中心和网点7家，服务全省规模以上企业1.56万家、科技型中小企业和其他各类市场主体超过100万家次，居中部六省第一。此外，河南省中国（新乡）知识产权维权援助中心、河南省知识产权保护协会、洛阳市知识产权维权援助中心3家机构进入国家知识产权局公布的首批知识产权仲裁调解机构能力建设名单。

表1-5-1　河南省全国知识产权服务品牌培育机构

序号	机构名称	备注	获批时间
1	河南专利孵化转移中心有限公司	企业类知识产权服务机构	2012年
2	郑州睿信知识产权代理有限公司	企业类知识产权服务机构	2012年
3	郑州大通专利商标代理有限公司	企业类知识产权服务机构	2014年
4	郑州联科专利事务所	企业类知识产权服务机构	2014年
5	洛阳公信知识产权代理有限公司	企业类知识产权服务机构	2014年
6	河南省亿通知识产权服务有限公司	企业类知识产权服务机构	2018年

表1-5-2　中部六省全国知识产权服务品牌培育机构数量

单位：家

省份	首批	第二批	第三批	第四批	合计
河南省	2	3	0	1	6
江西省	1	1	1	2	5
湖北省	1	1	1	1	4
湖南省	0	1	0	1	2
山西省	0	1	1	0	2
安徽省	1	0	0	1	2

专利代理行业水平直接影响专利质量和后续的专利运营和运用,继而影响河南省的科技和经济发展。近年来,河南省大力支持具备资质、符合设立新机构条件的专利代理人设立新的专利代理机构。"十三五"期间,河南省专利代理机构已达 130 家,执业专利代理师 370 人,取得专利代理资格人数 1300 余人。2019 年,河南省全国专利代理师资格考试报考 1540 人,其中 1396 人通过报名资格审查并缴费,共报考 3769 科次。2020 年,在疫情防控形势仍然较为严峻的情况下,为确保当年考试安全顺利进行,河南省知识产权局制定《2020 年专利代理师资格考试郑州考点考务工作方案》,专门成立考试工作领导小组、保密工作领导小组及应急领导小组等,发布《2020 年专利代理师资格考试郑州考点新冠肺炎疫情防控工作须知》,当年郑州考点 1490 名考生通过报名资格审查,报考 3987 科次。河南省知识产权局结合考试工作实际及当时疫情防控形势,共设置郑州中原中等专业学校和河南省商务学校 2 个考站共计 24 个考场,承担 3953 考生人次的考试任务,综合参考率近 70%,居全国前列。2021 年度全国专利代理师资格考试郑州考点因疫情防控要求,在经历 3 次延期后被迫取消。专利代理师资格考试对选拔和培养河南省专利代理人才队伍、提升河南省专利代理行业整体水平具有重要意义。截至 2021 年年底,河南省共设知识产权代理机构 106 家,分支机构 60 家,共有执业知识产权代理人 625 人。

二、知识产权服务平台不断完善

为加强知识产权服务体系建设,促进知识产权经济发展,"十三五"以来,河南省持续推进知识产权服务平台完善工作,知识产权运营服务体系初步建成。截至 2018 年 4 月,郑州已形成从专利创造、分析预警、贯标、保护到服务的知识产权全链条业务,知识产权外向吸引力及集聚辐射功能日渐凸显。2019 年,河南省商标行业联盟成立,将加强各个企业之间沟通和联系,实现企业间优势互补,资源共享。国家知识产权局办公室、教育部办公厅联合发布《关于公布首批高校国家知识产权信息服务中心名单的通知》,确定首批 23 家高校国家知识产权信息服务中心,郑州大学成为河南省唯一入选的高校。"十三五"后期,河南省以专利审查协作河南中心、国家知识产权服务业集聚发展示范区、国家知识产权创意产业园及国家专利导航产业发展实验区建设、河南省军民融合科技创新发展大会暨军民融合知识产权交易平台、郑州原创认证保护中心为抓手,不断完善全省知识产权服务平台。2020 年,河南大学入选第二批高校国家知识产权信息服务中心名单。高校国家知识产权信息服务中心可以发挥高校的信息资源和人才资源优势，为知识产权的创造、运用、保护、管理提供全流程服务，不断完善知识产权信息公共服务体系，丰富知识产权信息服务内容，完善知识产权信息公共服务网络，进一步提升高校知识产权信息服务能力和水平，促进高校协同创新和科技成果转移转化，支撑国家创新驱动发展战略和知识产权强国建设。2020年12月，河南省市场监督管理局、河南省地方金融监督管理局联合印发《国家知识产权运营公共服务平台交易运营（郑州）试点平台监督管理办法》，旨在加强国家知识产权运营公共服务平台交易运营（郑州）试点平台交易平台监督管理，规范市场秩序，防范风险，促进知识产权与产业、金融的深度融合，提高知识产权交易运营的能力。同时，对促进河南省知识产权运营工作的开展，加速创新资源流转和优化配置具有重要意义。

进入"十四五"，河南省继续重视知识产权服务体系建设，要求建设高水平知识产权服务体系，知识产权公共服务体系更加健全，新增一批知识产权公共服务平台和专业化、品牌化的知识产权社会服务机构，知识产权服务业营业收入持续增长。知识产权服务业集聚发展效应更加显现，高端服务与区域产业实现融合发展。专利代理师、知识产权师数量大幅增长，培育了一支规模大、结构优、素质高、复合型的知识产权人才队伍。2021年4月，牧原实业集团有限公司、河南汇博医疗股份有限公司、南阳市京德啤酒技术开发有限公司与国家知识产权运营公共服务平台交易运营（郑州）试点平台（河南省技术产权交易所）正式签约，签订知识产权登记托管和挂牌服务合同，此举对于促进建设现代化经济体系、激发全社会创新活力、推动构建新发展格局意义重大。开封市、三门峡市、滑县相继举办国家知识产权运营公共服务平台交易运营（郑州）试点平台培训会，针对平台交易品种、交易方式和交易流程进行讲解培训，旨在破解企业知识产权转移转化难、评估定价难、专利质押难等问题，提高企业知识产权运用能力。截至2021年年底，河南省共建成国家知识产权试点示范城市9个、国家知识产权试点示范园区3个、国家知识产权强县工程试点示范县（市、区）13个、省级知识产权强县工程试点示范县（市、区）26个，世界知识产权组织技术与创新支持中心（TISC）建设单位3家，国家级专利信息服务中心和网点7家。

三、知识产权服务能力不断提升

"十三五"后期，河南省市场监督管理局（原河南省知识产权局）与专利审查协作河南中心不断加强合作交流，共同促进河南省知识产权事业发展。组织开展国家知识产权试点城市、试点示范县区、示范园区的考核工作，开展省级知识产权强县工作，确定首批省知识产权强县工程示范县（市、区）13家、试点县（市、区）13家。全省国家知识产权优势示范企业总数达70家，新认定省级知识产权强企99家，全省知识产权强企累计224家。成功举办第十二届、第十三届中国专利周河南地区活动，举办一系列各具特色、形式多样的活动，通过这些活动集聚整合全省知识产权服务资源，提升专利服务能力和水平。2020年4月，国家知识产权局组织开展以"知识产权服务助力复工复产，支持创新创业"为主题的"知识产权服务万里行"活动，河南省知识产权局根据本地实际，围绕《河南省建设支撑型知识产权强省试点省实施方案》任务要求，聚焦企业的需求和困难，发挥好政府与市场两方面作用，调配各类知识产权服务资源，推动知识产权服务供给侧和需求侧精准对接，组织开封市、柘城县等地区开展"知识产权服务万里行"活动，仔细询问企业在疫情期间的复工复产、知识产权等方面遇到的困难和问题，向企业宣传知识产权质押融资、知识产权专利资助等政策，为企业提供全方位知识产权服务支撑，进一步打造良好的知识产权氛围和营商环境。

据《河南省知识产权创造保护运用"十四五"规划》显示，"十三五"期间河南省建成国家知识产权试点示范城市（园区）12个、国家和省级知识产权强县工程试点示范县（市、区）39个，培育国家知识产权优势示范企业102家，省级知识产权强企332家，1219家企业通过《企业知识产权管理规范》认证，居全国第6位；国家知识产权局专利局专利审查协作河南中心、郑州商标审查协作中心、国家知识产权服务业集聚发展示范区、国家知识产权创意产业试点园区等一批国家知识产权重大项目扎实推进。知识产权公共服务更加有力，引进和培育知识产权服务机构500余家，建成国家地方专利信息服务中心1家，分中心8家，世界知识产权组织技术与创新支持中心（TISC）建设单位2家，国家级专利信息服务中心和网点7家，服务全省规模以上企业1.56万家、科技型中小企业和其他各类市场主体超过100万家次，居中部六省第一。

"十四五"开局之际，2021年1月，河南省知识产权局受国家知识产权局运用促进司委托，组织专家对郑州国家知识产权服务业集聚发展示范区建设情况进行考核验收，从管理服务、政策措施、建设成效等3个一级指标、组织实施、政策制定、示范效应发挥等7个二级指标及资金支持、工作机制、建设目标完成情况等15个三级指标制定《郑州国家知识产权服务业集聚发展区验收评价指标》。评审专家组实地考察郑州国家知识产权服务业集聚发展示范区金水核心区，听取郑州市建设工作情况汇报，对照《郑州国家知识产权服务业集聚发展区验收评价指标》，结合考察情况，对郑州国家知识产权服务业集聚发展示范区给予"优秀"的评审结果。

2021年5月，濮阳市继续启动"知识产权服务万里行"活动，以"知识产权服务走基层办实事、支撑经济高质量发展"为主题，开展企业需求调查、"知识产权高质量发展百企行"活动，完善公共服务体系，营造良好的知识产权服务环境，培育地理标志产品，助力乡村振兴发展，深化知识产权质押融资，为企业引活水赋新能促发展，开展知识产权转移转化行动，助推企业提质增效，抓好省级专利导航实验区建设，引领区域产业高质量发展。2021年10月，河南省知识产权局决定开展专利导航服务基地建设工作，制定《河南省专利导航服务基地建设工作实施方案》，要求紧扣产业创新发展需求，全面提高专利导航服务产业创新发展的能力水平，推动建立专利导航决策机制，面向区域规划、产业规划、企业经营、研发活动、人才管理等应用场景实施专利导航项目，助力创新主体提升核心竞争力，促进产业创新资源的优化配置，实现区域经济高质量发展。2021年12月，郑州高新技术产业开发区、中原工学院等7家单位被河南省知识产权局确定为第一批河南省专利导航服务基地。

第六章 知识产权人才培养

知识产权事业发展离不开人才发展，随着知识产权强国战略和创新驱动发展战略的实施，知识产权高层次人才的市场需求激增。河南省知识产权"十三五"规划主要目标如期完成，省知识产权事业发展取得长足进步，知识产权在全省经济高质量发展中的支撑和引领作用已初步显现，但高端知识产权人才仍较为匮乏。《河南省知识产权创造保护运用"十四五"规划》提出要培育一支规模大、结构优、素质高、复合型的知识产权人才队伍，以实施人才强省战略为契机，健全知识产权人才培养、使用、评价、流动、激励机制，营造有利于人才成长和发展的良好环境，稳定、持续、创新推进各级各类知识产权人才队伍建设。

一、知识产权人才培养量质并进

近年来，在国家知识产权局和河南省委、省政府的支持下，河南省知识产权人才培养工作不断得到加强。河南省积极实施"百千万知识产权人才工程"并将其作为重点工程纳入《河南省科技人才发展中长期规划（2011—2020）》，实施"知识产权培训基地建设工程""知识产权人才信息化工程"等措施，通过支持建设知识产权培训基地和知识产权学院建设，强化知识产权人才引进，优化知识产权人才评价和成长环境等措施来提高河南省知识产权人才队伍素质。"十三五"末期，河南省共有国家级知识产权领军人才2人，进入国家级知识产权专家库8人，国家级知识产权高层次人才17人，国家级知识产权专利信息师资人才10人，全国专利信息实务人才25人，省级知识产权高层次人才77人，相比"十二五"时期知识产权高层次人才数量增长30.90%，知识产权行政管理人员和企业知识产权管理人员近2000人，具有专利代理资格者和执业专利代理师分别为1300余人和370人。2019年，依据《郑州市人民政府关于武强等 90 个人才（团队）入选第四批"智汇郑州·1125 聚才计划"的决定》文件精神，第四批"智汇郑州·1125 聚才计划"确定 90 个项目入选，其中创新领军人才共入选 36 人。

进入"十四五"时期，河南省委、省政府强调要以事业留人、平台留人、环境留人、待遇留人，不断完善提升人才工作，打造一流人才环境、人才政策、人才制度，提高教育、医疗、住房保障等公共服务水平，让人才安身安心、专注创新。2021 年 12 月，人力资源社会保障部、国家知识产权局下发《关于表彰全国知识产权系统先进集体和先进个人的决定》，对 2021 年全国知识产权系统表现优异的 99 家集体和 97 名个人进行表彰。河南省 3 个集体和 3 名个人获表彰，其中被授予"全国知识产权系统先进集体"称号的分别是国家知识产权局专利局郑州代办处、郑州市知识产权局、中原工学院知识产权学院，被授予"全国知识产权系统先进个人"称号的分别是濮阳市市场监督管理局（知识产权局）田春英、漯河市市场监督管理局王永红、南阳市知识产权维权保护中心曹华。河南省知识产权"十四五"规划强调加强知识产权智库建设，实施知识产权领军人才工程、百名高层次人才培养工程。将知识产权人才纳入"招才引智"计划范畴及省人才分类目录，并列入河南省紧缺人才范畴。健全知识产权人才流动机制、收入分配机制，保障知识产权人才合理配置和薪酬待遇。探索建立面向重点行业、企业的专利专员制度，搭建知识产权专业人才培养使用平台。选拔培训一批知识产权创业导师，加强青年创新创业指导。

二、高校知识产权人才培养工作继续推进

河南省高端知识产权人才较为匮乏，对多渠道培养高层次知识产权人才需求迫切，河南省近年来积极鼓励和引导高校设置知识产权相关专业或知识产权学院，并高度重视知识产权学院建设工作。对于本科学历层次来说，河南省现有河南财经政法大学、河南师范大学、安阳工学院、中原工学院、河南科技大学、郑州商学院（原郑州成功财经学院）、河南师范大学新联学院、许昌学院、河南牧业经济学院共计 9 所高校开设知识产权（法）本科专业，河南省开设知识产权专业的高校数量在中部六省乃至全国范围内都处于领先地位。对于研究生学历层次来说，郑州大学设有民法方向、商法方向和竞争法方向的法学博士；2018 年，河南省知识产权局与河南大学签约共建河南省第五所知识产权学院；2019 年河南省知识产权局又与河南科技大学共建知识

产权学院。至此，河南省已有中原工学院知识产权学院、郑州大学知识产权学院、河南师范大学知识产权学院、河南财经政法大学知识产权学院、河南大学知识产权学院、河南科技大学知识产权学院6所知识产权学院设立知识产权的硕士点。

2021年6月，商丘师范学院顺利取得《知识产权管理体系认证证书》，成为河南省首所通过知识产权"贯标"认证的高校。知识产权贯标是学校落实教育部、国家知识产权局、科技部《关于提升高等学校专利质量 促进转化运用的若干意见》要求的重要举措，有助于形成科技创新、知识产权运营管理和转移转化相融合的产学研统筹协调机制。通过知识产权贯标，学校进一步完善知识产权制度，提高知识产权管理水平和运用能力，降低潜在风险，将开启学校知识产权运营管理新篇章，同时也为探索河南省高校知识产权创造、管理、保护和运用新路子做出贡献。

2021年11月，河南省知识产权局发布《关于确定第四批河南省高校知识产权运营管理中心建设试点单位的通知》，确定周口师范学院、黄淮学院、平顶山学院、安阳工学院、河南工学院5家高校为第四批河南省高校知识产权运营管理中心建设试点单位。河南全省已建设18家高校知识产权运营管理中心，覆盖郑州、洛阳、新乡等13个省辖市。要求各试点单位要按照《河南省高校知识产权运营管理中心建设试点工作方案》要求，同时紧密结合省知识产权局、省财政厅《关于印发〈河南省实施专利转化专项计划助力中小微企业创新发展实施方案〉的通知》目标导向，完善高校知识产权规范化管理体系，加强高校知识产权运营管理中心能力建设，因地制宜开展校地、校企合作，将高校优势学科和科研资源，与地方产业发展有效对接，着力提升高校知识产权供给质量，拓宽供给渠道，促进供需精准对接，加快高校知识产权转化运用，助力中小微企业创新发展。

三、知识产权远程教育参与度不断提高

河南省自2007年建立知识产权远程教育平台以来，共注册学员53 093人，选课181 605人次，连续13年获得"优秀子平台"荣誉称号。2020年河南省知识产权远程教育平台共下设8个子站，建立班级52个，完成目标任务65%，新增注册学员7009人，完成目标任务140%，选课达到20 524人次，完成目标任务205%，为河南省知识产权管理部门、服务机构、企事业单位和高校输送大批实用型、复合型人才的同时，为推进河南知识产权强省建设提

供有力的智力支持。其中,河南科技大学分站分专业建立班级8个,设立8个班级园地,安排辅导员老师对学生提问进行答疑。培训学生852人,选课达到1792人次,学习考试人次达到1430次,学习人数较往届的法学院本科班增长近两倍,在全国204个分站中排名第38名,在全省知识产权远程教育分站中排名首位。安阳师范学院知识产权远程教育分站在河南省知识产权远程教育汇报交流会上做典型发言,多年来分站多措并举,探索出符合自身特征的"知识产权+理工科专业"的复合型应用人才培养策略之路。学校将远程教育分站作为学生接受知识产权教育的重要阵地,建站至2021年,共注册学员1085人,选课5806人次,取得良好的培训效果。2021年知识产权远程教育河南平台共下设9个子站,建立班级42个,完成目标任务53%,新增注册学员4160人,完成目标任务83.2%,选课达到22 880人次,完成目标任务229%,连续14年获得"优秀子平台"称号(见图1-6-1)。

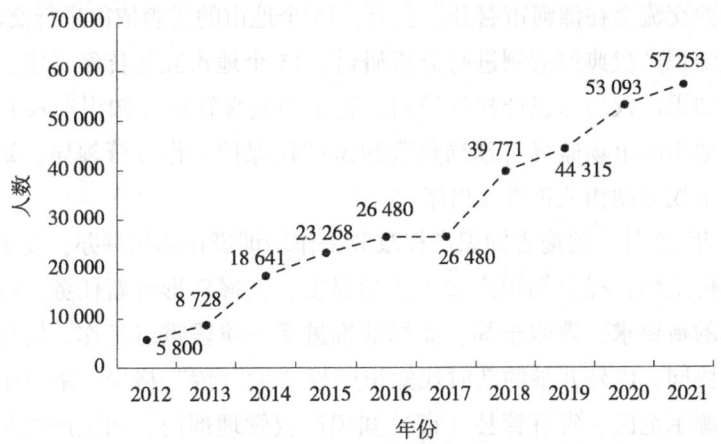

图1-6-1　河南省知识产权远程教育参与人数发展趋势

四、知识产权人才交流与培训持续扩大

知识产权人才培养工作的有效开展为知识产权强省建设提供有力支撑,开展知识产权人才培训和交流活动对于人才的培养至关重要。2020年上半年,河南省知识产权局举办专利代理机构线上研讨会,学习国家知识产权局局长申长雨2019年12月19日在中华全国专利代理人协会第十次全国会员代表大会上的讲话,围绕"牢记初心使命,共商河南专利代理行业发展大计"主题进行研讨,要求持续增强政治素质,持续提升专利代理质量,持续弘扬行业精神。下半年，专利权利用尽原则适用研讨会在郑州召开，就专利权利用尽的法律依据、相关理论进行说明，并就旧瓶装新酒、方法发明专用设备销售、修理与再造、打印机喷头再利用等涉及专利权利用尽的典型案件进行介绍，围绕专利法保护创新与平衡社会公共利益和私有利益的立法宗旨、国外类案判例、产业政策导向、默示许可、实质性获利与二次获利、限制性解释与扩大性解释等，从民法典、专利法、合同法角度进行研讨。

2020年7月，为更好推动重点城市知识产权运营服务体系建设，进一步加强业务指导和绩效管理，国家知识产权局运用促进司、财政部经济建设司召开知识产权运营服务体系建设重点城市工作交流会。河南省知识产权局在郑州、洛阳设立分会场，会上指出河南省知识产权局将建立完善与省财政厅知识产权运营沟通协调机制，指导洛阳市编制建设实施方案，督促洛阳市加快项目实施和资金管理。2020年12月，晋冀鲁豫四省15个地市知识产权执法协作经验交流会在漯河市召开。会上，15个地市的代表依次进行交流发言，并对有关知识产权典型案例进行分析研讨，15个地市互相传经送宝，交流共进，国家知识产权局知识产权保护司、省市场监督管理（知识产权）局有关领导及各地市的市场监督管理局负责知识产权保护工作分管领导、知识产权保护科和维权援助相关负责人出席。

2020年12月，河南省知识产权政务工作培训班在郑州举办，要求加强知识产权宣传工作，提升知识产权工作彰显度，把握新形势新任务，深刻认识政务工作的新要求，着眼全局，高标准推进下一阶段重点工作，构建上下联动、左右协同、内外并举的新时代知识产权"大宣传"格局。来自全省各省辖市、济源示范区、省直管县（市）知识产权管理部门、知识产权学院、知识产权培训基地、中小学知识产权普及教育示范基地等近百人参加培训。

进入2021年，"十四五"规划要求构建政府、高校和社会相结合的多元知识产权培训模式，推动将知识产权课程纳入各级党校、行政学院相关班次的培训内容。加强知识产权师专业技术职称的认定和培训，持续开展专利代理师资格考前培训和继续教育。加强各类知识产权从业人员培训，构建理论教育、业务培训、素质培养、实践锻炼相结合的知识产权管理和执法人员培养体系。

2021年3月，河南省知识产权局召开全省知识产权行政保护工作座谈会，印发《2021年河南省知识产权行政保护实施方案》和《2021年知识产权保护工作要点》，分析河南省知识产权行政保护工作情况，交流知识产权行政保护工作经验，研究加强知识产权行政保护工作的措施，为加快推动河南省知识产权行政执法改革，促进知识产权行政执法取得成效，规范知识产权行政执法行为，提高案件查办能力、质量和效率夯实基础，同时为提升河南省知识产权保护能力，构建"严保护、大保护、快保护、同保护"工作格局，营造营商环境和优化创新环境提供有力保障。

2021年5月，晋冀鲁豫四省跨地区知识产权保护协作暨业务培训会议在鹤壁召开，共十八地市参与会议，较上年度新增3个地市。会上指出，各协作城市要准确把握新时代知识产权事业发展新形势、新任务、新要求，把知识产权执法协作机制利用好、发挥好，齐心协力将晋冀鲁豫四省部分地市知识产权执法协作打造成为高效联动、深度融合的执法平台，互相交流、互相借鉴的学习平台，共建共享、互通有无的信息平台，大胆探索、勇于创新的试点平台，深入推进晋冀鲁豫四省知识产权执法协作，力争成为跨区域执法协作的标杆。会议审议通过河北省承德市市场监督管理局、河南省商丘市市场监督管理局及许昌市市场监督管理局3家新加入的成员单位，签署由鹤壁市市场监管局主持修订的《晋冀鲁豫四省跨地区知识产权保护合作协议》，现场调研考察鹤壁当地的知识产权示范企业——天海汽车电子集团股份有限公司。河南省市场监督管理局知识产权保护处、省知识产权局法律事务处工作人员出席会议，来自山西省、河北省、山东省、河南省等18个协作地市的知识产权执法骨干约150人参加会议。

2021年6月，河南省知识产权局在郑州举办知识产权战略实施工作培训班，就知识产权国际形势、知识产权战略实施、《专利法》修订、知识产权价值实现等内容进行专题培训。国家知识产权局国际合作司国际合作三处处长杨成睿，国家知识产权局条法司条法一处二级主任科员张熙，上海大学知识产权学院院长、复旦大学知识产权研究中心特邀研究员袁真富分别围绕知识产权国际形势、《专利法》第四次修改情况介绍、知识产权价值实现路径等内容进行授课交流。各省辖市、省直管县（市）知识产权管理部门主管知识产权工作的领导、科室负责人、工作人员，以及省市场监督管理局、原省知识产权局、知识产权中心的领导和工作人员共计120余人参加本次培训。

2021年6月，河南省知识产权局、省教育厅联合在郑州举办全省高校知识产权综合能力提升培训班，会上指出2020年全省高校发明专利授权3788件，同比增长46.3%，有效发明专利达10 881件，同比增长28.2%，全省有效发明专利拥有量超100件的高校达到25所。高校知识产权运营管理体系不断完善，省级高校运营管理中心累计达到13家，8家高校运营管理中心试点单位建设期内累计完善制度53项，产出发明专利2739件，知识产权转移转化5220万元，孵化企业17家，河南大学、河南科技大学、洛阳理工学院3所大学成功获批国家知识产权试点高校。培训课程结束后，河南省知识产权局组织13家运营管理中心建设高校和所在省辖市参会代表召开高校知识产权转化运用专题座谈会，围绕高质量专利供给、专利转化运用渠道拓展及校企需求精准对接等问题进行深入研讨。全省高校科研管理人员和各省辖市、济源示范区知识产权管理部门相关工作人员共200余人参加培训。

2021年7月，河南省知识产权局在郑州举办"2021年全省区域知识产权工作培训班"，会上指出河南省"十三五"期间9个试点示范城市的专利申请量增幅达到129%，专利授权量增幅达到142%，发明专利拥有量增幅达到69%，13个国家知识产权强县工程试点示范县（市、区）专利申请量和授权量，连续3年占全省专利申请量、授权量的22%左右。会议围绕"提高企业知识产权保护水平和运营能力""浙江省知识产权区域示范工作""专利导航的探索与标准化实践"等内容进行授课，国家知识产权运营公共服务平台交易运营（郑州）试点平台的同志简单介绍了平台的基本情况。来自各省辖市、济源示范区、省直管县（市）、国家知识产权强县工程试点示范县（市、区）、国家和省级专利导航产业发展实验区（培育对象）知识产权管理人员共70余人参加培训。2020—2021年共开展省级专家座谈会、研讨会、培训班、研究会等10余次。

五、知识产权培训基地布局更加完善

知识产权培训基地在加强知识产权人才队伍建设方面发挥着重要作用，每年就知识产权人才队伍建设和知识产权知识的传播做出大量卓有成效的工作。2020年，依据《河南省知识产权培训基地管理办法》，结合知识产权强省建设工作的实际需要，河南省知识产权局对河南省十家省级知识产权培训基地2018年11月1日—2020年7月30日之间的各项工作进行考核，确定平顶山教育学院、新乡职业技术学院和漯河食品职业学院三家培训基地考核等次为优秀，通过考核评审督促培训基地加强自身建设、提高工作水平。2021年河南省共拥有国家级知识产权培训基地1个，省级知识产权培训基地9个（见表1-6-1），知识产权学院6家，中小学知识产权普及教育实验基地269所、示范基地23所。

表1-6-1 河南省知识产权培训基地

序号	培训基地名称	备注
1	国家知识产权创意产业试点园区	国家级
2	河南财经政法大学	省级
3	郑州大学	省级
4	河南大学	省级
5	中原工学院	省级
6	河南科技大学	省级
7	新乡职业技术学院	省级
8	漯河食品职业学院	省级
9	平顶山职业技术教育学院	省级
10	河南师范大学	省级

第七章 知识产权文化宣传

为加强知识产权宣传普及，提高全社会知识产权意识，2020—2021年，河南省积极在全省组织开展"知识产权宣传周"活动，多途径、多渠道、多平台进行知识产权宣传，全方位、多角度展示河南省知识产权事业发展，扩大社会影响力，大力促进知识产权宣传进校园、进企业、进社区，不断扩大知识产权宣传巡讲规模和频次、持续推进中小学知识产权教育试点示范工作，努力在全省营造良好的知识产权强省建设文化氛围。

一、知识产权宣传规模和频次不断加大

河南省知识产权"十四五"规划提出，集聚构建知识产权大宣传格局，统筹传统媒体与新兴媒体，宣传知识产权法律法规、政策措施、典型案例。组织开展知识产权宣传周、商标品牌节等重大宣传活动，着力构建政府活动宣传、媒体传播报道、学术研究影响、国际文化交流相互促进的知识产权传播格局。把知识产权文化建设纳入普法宣传、道德教育、诚信建设、文明创建等全民思想文化宣教活动中，厚植知识产权文化理念。探索打造若干"知识产权小镇""知识产权公园"，促进知识产权融入游乐、走进城市乡村。

为严格遵守新冠肺炎疫情防控政策，2020年河南省知识产权宣传周主题日活动以提前录播、线上直播方式在郑州举行，围绕"知识产权与健康中国"主题，统筹推进新冠肺炎疫情防控和知识产权宣传工作，广泛宣传党和国家关于知识产权工作的决策部署，突出知识产权支撑健康中国建设，积极推进以"尊重知识、崇尚创新、诚信守法"为核心的知识产权文化建设，为加快知识产权强省建设营造良好的舆论氛围。活动中为河南省知识产权局与河南科技大学共建知识产权学院授牌，为第二批河南省中小学知识产权普及教育示范基地授牌，通报侵犯知识产权典型案例，就"数字经济泛式下的知识产

权引导区域创新发展的意义""知识产权在企业品牌、产品、营销方面的实操应用"等内容进行主题分享。宣传周期间，全省还举办《关于强化知识产权保护的意见》政策解读、系列网络培训、强省建设成果宣传、国家知识产权创意产业试点园区系列宣传、中小学知识产权普及教育系列宣传、线上巡访、产业集群商标品牌及地理标志宣传、知识产权助力精准扶贫等活动，发布2019年打击知识产权犯罪典型案例、知识产权十大典型案例、河南省知识产权保护状况社会满意度调查报告、知识产权专题专版等。同时，河南省知识产权局官方网站开设网络专题对活动进行全程报道，通过各地市知识产权网站、河南知识产权微信公众号等媒体发布即时信息，进行全程动态宣传，并邀请多家中央驻豫和省内主流媒体对活动作宣传报道。

河南省2020年知识产权巡讲走进焦作、济源、新乡，以"知识产权助推经济高质量发展"为主题，以商标与地理标志的协同保护、知识产权重要性与专利制度、知识产权发展历程、中美贸易战中的知识产权问题、国内外知识产权典型案例分析、国家和企业发展中知识产权的重要作用及专利制度基本知识为题进行现场授课，旨在强化知识产权意识、提升知识产权能力。通过此次巡讲，充分提升知识产权制度在促进经济社会发展中的支撑作用，加强对主导产业、区域特色和重点项目的培育扶持力度，大力实施商标战略和地理标志促进运用工程，深入推进专利运营工作，全面提升知识产权数量和质量，促进知识产权高质量创造、高效益运用，助推地区产业转型升级和经济高质量发展。2020年河南省中小学知识产权普及教育活动巡讲于9月下旬启动，历时近三个月，由20名优秀中小学知识产权教师组成巡讲团，到全省18个地市37所中小学校进行巡讲，其中包括叶县、嵩县、滑县、镇平、新县、淮滨县6个贫困县的中小学校，授课内容涵盖知识产权创造、运用、保护和管理等多个方面，通过理论讲解、实践教学等方式在学生中分层次授课，引导学生热爱科学、崇尚创新，养成运用知识产权知识和方法思考、解决问题的习惯，鼓励学生通过参与、体验、实践等方式认识知识产权，培养创新精神。活动覆盖全省37所学校，培训人次达万余人，累计向巡讲中小学校捐赠知识产权基础知识类书籍及宣传册万余本。该巡讲活动通过中国知识产权报、国家知识产权局官网、河南省知识产权局官网及微信公众号等媒体进行宣传报道。该巡讲活动旨在贯彻落实国家创新驱动战略，提升中小学生的创新精神和知识产权意识，提高河南省中小学义务教育阶段未成年人的综合素质，为知识产权强省建设储备创新型人才。

2020年河南省中小学知识产权教育巡讲活动中，河南省知识产权局联合金水区教育局、国家知识产权创意产业试点园区管委会向金水区艺术小学捐赠2600册知识产权普及教育书籍，帮助同学们了解和掌握知识产权相关知识，助力学校知识产权教育，为金水区实现"打造高品质现代化城区""'三个一'阅读工程"注入新的血液。审协河南中心资深审查员于娟老师以"尊重发明创新"为题为艺术小学学生代表们授课，进一步提高学生对知识产权的了解，助力学生们形成尊重知识产权、勇于创新的良好意识。

2021年4月20日，2021年河南省知识产权宣传周主题日活动在郑州举行，启动仪式中，举行河南省第二届专利奖颁奖仪式，洛阳银行、平安银行、中国银行为3家企业发放6200万元专利质押融资贷款；中原银行、民生银行、平安银行、郑州银行与国家知识产权运营公共服务平台交易运营（郑州）试点平台签订战略授信协议；河南省市场监管局党组成员、河南省知识产权局局长刘怀章发布河南省知识产权保护典型案例。宣传周活动围绕"全面加强知识产权保护、推动构建新发展格局"的主题，举办2021年河南省知识产权保护工作新闻发布会，"十四五开局之年谈知识产权保护"系列直播，国家知识产权运营公共服务平台交易运营（郑州）试点平台业务运营新模式与企业知识产权融资创新活动，全省法院系统知识产权纠纷案件巡回审判，"河南省知识产权'十三五'成果巡礼"主题宣传，专利质押融资巡讲及银企对接活动，专利审查协作河南中心开放日等一系列活动，河南省知识产权局官方网站开设宣传周网络专题进行全程跟踪报道，结合微信公众号、客户端等新媒体平台同步宣传，邀请中央驻豫及省内主流媒体围绕重要活动和重点工作进行采访报道，全方位、多层次、广角度展示河南省知识产权事业发展的重大进展和工作成就。

2021年4月22日，平顶山市开展知识产权"进社区""进企业"活动，通过宣传展板，陈列假冒伪劣商品，向群众发放知识产权宣传页，宣传知识产权相关知识，讲解全国知识产权周活动及知识产权法律知识；就知识产权质押融资、知识产权保护、优势企业申报等相关政策向企业工作人员进行讲解，交流知识产权工作经验，针对知识产权质押融资流程、企业贯标及当前企业在质押融资工作中存在的问题进行现场答疑；让更多的群众了解掌握知识产权知识，树立"知法、懂法、守法"知识产权意识，进一步引导企业树立知识产权保护意识，提高企业知识产权创造、运用、保护和管理能力，促进知识产权工作高质量发展。

2021年7月14日，河南省知识产权巡讲活动走进商丘市，就"知识产权政策与基本理论解读"，结合国内外知识产权典型案例，围绕知识产权"三法"修订重点内容举办讲座。围绕"新形势下的知识产权工作"，从不同的角度及理论和实务的层面，对专利、商标基本知识，知识产权质押融资，高价值专利和商标的培育，知识产权贯标等进行详细解读，对国家知识产权运营公共服务平台交易运营（郑州）试点平台的主要业务和实现的功能进行讲解，旨在进一步提升知识产权管理部门和企事业知识产权综合管理能力，提升企业知识产权创造、运用、保护、管理与服务能力，夯实知识产权工作基础。通过巡讲活动，努力探索知识产权高质量助推经济高质量发展的新思路和新方法，努力营造良好的营商环境。

二、知识产权宣传"互联网+"程度逐渐提升

近几年来，随着互联网和新媒体的迅速发展和普及，河南省在知识产权宣传工作上也不断提高"互联网+"程度，加大与媒体之间的合作宣传，重视多平台多渠道进行知识产权文化宣传，充分发挥网络的优势功能，扩大宣传的社会影响力。2020—2021年，河南省继续加强宣传平台建设，河南省知识产权局门户网站宣传取得良好效果；河南省知识产权局微信公众号关注人数取得新的突破，覆盖机关、高校、科研院所、服务机构、企业等受众群体，发挥新媒体及时准确的优势，覆盖面和影响力不断提升。除此之外，河南省还积极运用《河南日报》《大河报》《河南科技·知识产权》《河南科技报》等省内主流媒体，搭建权威高效的知识产权传播平台。2020年，河南省知识产权局门户网站总访问量达 4 030 000 人次，同比增长 100.75%，其中独立用户访问量达 1 120 000 人次；共发布信息 2009 条，其中政府动态信息 1189 条；新开设专栏 3 个，专栏总数达 21 个。网站充分发挥交流互动功能，收到留言 262 条，全部办结，平均办理时间 3.1 天，公开答复数量 138 条。此外，充分利用河南省知识产权局微信公众号，及时更新省局动态，加大重点信息公开，年度信息发布量为 138 条，订阅人数 3686 人。据国家知识产权局统计，2020 年河南省在国家局网站发稿 48 篇，居中部六省首位。2021 年，河南省知识产权局门户网站总访问量达 4 063 000 人次，其中独立用户访问量达 1 015 750 人次，共发布信息 3565 条，其中政府动态信息 1241 条；新开设专栏 3 个，专栏总数达 24 个；收到留言 224 条，全部办结，平均办理时间 2 天，公开答复 86 条。河南省知识产权局微信公众号年度信息发布量为 155 条，订

阅人数5314人。全省共在《中国知识产权报》刊登通讯、消息、图片84篇，获最佳通联站称号，收到中国知识产权报社的感谢信，对河南省宣传工作予以高度赞扬和肯定；在国家知识产权局网站发布稿件35篇、链接专题1个，位居全国第六名，《知识产权工作动态》发稿量21篇，全国排名第九位，在全国知识产权系统宣传展示了河南知识产权工作的良好风貌（见表1-7-1）。

表1-7-1　2020年与2021年国家知识产权局网站采集中部六省信息数量

单位：篇

地区	发稿量	
	2020年	2021年
河南省	48	36
湖北省	42	55
安徽省	31	13
湖南省	12	11
江西省	0	6
山西省	0	0

注：数据来源于国家知识产权局"信息量统计"。

三、中小学知识产权教育试点示范工作持续推进

为进一步培育河南省中小学生创新精神和知识产权意识，为创新型人才培养提供基础性支撑，按照《国务院关于新形势下加快知识产权强国建设的若干意见》和《"十三五"国家知识产权保护和运用规划》要求，河南省持续推进中小学知识产权教育试点示范工作。

2020年，河南省中小学知识产权普及教育巡讲活动走进濮阳、许昌、焦作等地，以《知识产权与创新》为题，从商标权是经营者的点金术、著作权是创作者的保护神、专利是发明家的竞争利器三个角度讲解知识产权基础知识，列举"加一加、减一减、扩一扩"等发明技法的运用方法。同时以口罩改造为例进行积极互动，为同学们上一堂别开生面的知识产权课，向学校师生赠送《创新思维与发明》《商品服务与商标》《作品与著作权》等知识产权科普书籍、宣传册。经学校自愿申报、省辖市知识产权管理部门推荐、专家评审等程序，确定河南省济源第一中学、濮阳市华龙区黄河路小学、开封市金明中学、新乡市第一中学、郑州市二七区淮河东路小学、信阳市平桥区第

三小学为第三批省中小学知识产权普及教育示范基地。截至2021年年底，河南省拥有国家级中小学知识产权教育示范学校1所、知识产权教育试点学校4所，位于中部六省第三位；省级中小学知识产权普及教育实验基地269所、省级知识产权普及教育示范基地23所（见表1-7-2）。

表1-7-2　中部六省全国中小学知识产权教育试点学校获批情况

单位：篇

地区	首批	第二批	第三批	第四批	合计
河南省	1	1	1	2	5
湖南省	1	2	1	2	6
湖北省	0	1	3	3	7
安徽省	0	1	2	2	5
江西省	0	1	1	2	4
山西省	0	1	1	1	3

第八章

知识产权交流与合作

随着科学技术的发展和社会知识产权意识的提高，不同地区、不同领域之间开展知识产权交流与合作已成为促进知识产权发展的有力手段。河南省知识产权"十四五"规划要求，着力构建政府活动宣传、媒体传播报道、学术研究影响、国际文化交流相互促进的知识产权传播格局，积极举办和参与知识产权国际研讨会、国际培训交流，讲好中原知识产权故事。健全与国内外权利人的信息交流渠道，增进国际互通互信。积极与"一带一路"沿线友好城市、地区，与发达省份、中西部地区，建立知识产权合作交流机制，推进知识产权优势互补和资源共享。

一、知识产权学术交流活动更加频繁

目前河南省正处在知识产权强省建设的关键时期，面临着一系列重大理论和实践问题，学术上的交流与探讨可以丰富知识产权强省建设的理论基础。2020—2021年，河南省鼓励更多专家学者积极承担河南省知识产权研究课题和有关项目，聚焦知识产权领域的重大理论和实践问题、热点难点问题及知识产权领域的国际前沿问题，积极开展学术交流活动，针对知识产权宣传、质押融资、专利执法、维权工作、政策研讨等相关主题开展一系列学术交流会、座谈会和研讨会。其中具有代表性的包括第五届知识产权中原论坛于2020年在郑州举办，来自政府、高校、企业、知识产权服务机构的300余名知识产权专家学者参加论坛，围绕"高校知识产权高质量发展"的主题建言献策。河南省知识产权研究会学术顾问委员会主任、中南财经政法大学原校长、著名法学家吴汉东教授就"知识产权制度的国际动向与中国应对"进行视频演讲。教育部科技发展中心张拥军副主任，河南省知识产权研究会副会长胡炜，中国科学院大学知识产权学院副院长宋河发教授等，先后进行精彩演讲。会议设置三个分论坛，与会专家学者分别围绕"高校科技创新与知识产权创造""高校科研管理与知识产权运营""高校科学研究与知识产权保护"主题开展热烈讨论，并给出意见和建议，为促进河南省高校知识产权工作高质量发展提供有益参考。论坛由河南省知识产权研究会、中原工学院联合主办，为搭建知识产权学术交流、合作发展平台，打造知识产权学术共同体，推动知识产权强省建设发挥重要作用。

2021年12月11日，2021河南省知识产权研究会年会暨第六届知识产权中原论坛在郑州召开，围绕"新发展阶段的知识产权变革"主题建言献策。应河南省疫情防控措施要求，论坛采取线上与线下相结合，线上设立直播平台，同步呈现会议内容；线下来自政府、高校、企业、知识产权服务机构的100余名知识产权专家学者参加论坛。中南财经政法大学原校长、校学术委员会主任、文澜资深教授吴汉东，河南省政协人口资源环境委员会副主任、二级研究员、博士生导师谷建全，中国科学院院士、中科院上海技术物理研究所研究员褚君浩先后进行题为"国家安全与知识产权""新格局下河南发展的优劣势及应对策略""高新技术创新与知识产权保护"的精彩演讲。会议设置三个分论坛，与会专家学者分别围绕"知识产权战略管理""营商环境与知识产权保护""新业态与知识产权融合"主题开展讨论，并给出意见和建议，为促进河南省知识产权工作高质量发展提供有益参考。本届论坛由河南省知识产权局指导，中原工学院、河南省知识产权研究会联合主办，郑州市市场监督管理局（知识产权局）与中原工学院知识产权学院承办，中得知识产权研究院（郑州）和河南国立知识产权代理服务有限公司协办，为搭建知识产权学术交流、合作发展平台，打造知识产权学术共同体，推动知识产权强省建设发挥重要作用。

二、国内交流合作不断加强

虽然不同区域间存在竞争关系，但是加强、深化地区间合作，促进相互学习借鉴，实现资源共享对知识产权的发展也至关重要。2020年，陕西省知识产权局一行来豫调研，双方互相交换工作情况及经验，就知识产权公共服务体系建设、知识产权强企、知识产权奖励等内容进行交流讨论，并于会后到郑州、洛阳两地的园区、企业、运营平台等单位考察调研。2020—2021年，河南省连续举办晋冀鲁豫四省知识产权交流会，2021年会议首次尝试利用"情景再现"的方式回顾部分知识产权典型案例，与会人员就典型案例案件办理、处罚依据、存在争议等方面进行学习讨论。会议审议通过河北省承德市市场监督管理局、河南省商丘市市场监督管理局及许昌市市场监督管理局3家新加入的成员单位，签署由鹤壁市市场监管局主持修订的《晋冀鲁豫四省跨地区知识产权保护合作协议》，现场考察鹤壁当地的知识产权示范企业——天海汽车电子集团股份有限公司。会议延续知识产权保护经验形式交流，采取保护企业知识产权的具体举措。在会议召开之前，鹤壁市市场监督管理局提前与协作城市部分维权企业进行沟通交流，邀请企业到会介绍企业知识产权保护方面的诉求，晋冀鲁豫四省协作城市结合企业具体情况，商讨决定在协作地市开展统一执法行动，并制定开展打击侵犯知识产权统一执法行动方案。河南省市场监督管理局知识产权保护处、省知识产权局法律事务处工作人员出席会议，来自山西省、河北省、山东省、河南省等十八个协作地市的知识产权执法骨干约150人参加会议。

三、省内层面交流活动情况

2020—2021年，河南省知识产权局多次通过自我开展、联合相关部门开展座谈会、交流会、培训会等形式来促进省内各市县、各部门、各行业领域之间的交流与互动，并鼓励辖区市县赴外市、外县考察学习，借鉴其成功经验，更好地开展本地区知识产权相关工作。两年来，河南省知识产权局多次到省内各地市调研知识产权工作，在企业调研中，深入了解企业需求、知识产权工作开展的问题，为企业解决困难给予指导和帮助，通过调研，为下一步企业知识产权工作的开展提供更多的一手资料。各地市知识产权局、市场监督局与省内其他地区，本地区不同部门之间多次开展经验交流、工作调研等活动，市县之间调研、考察交流活动频繁。另外，市县知识产权局多次联合科技局开展宣传、执法活动、"知识产权进社区"等活动，法院深入企业调研，知识产权相关部门和机构深入法院调研、河南省知识产权事务中心到高校、中学调研，不同部门不同行业之间互动协作持续开展。

第二部分

河南省知识产权专题研究
（2020—2021）

第一章 河南省战略性新兴产业知识产权高质量发展保障研究

王晓辉*

一、河南省战略性新兴产业知识产权发展总体情况

科学、精准梳理河南省战略性新兴产业知识产权存量，是开展"知识产权+河南战略性新兴产业"理论研究和实践论证的基础。根据国家知识产权局2021年2月7日发布的《战略性新兴产业分类与国际专利分类参照关系表（2021）（试行）》的内容设置，仅在战略性新兴产业（包括新一代信息技术产业、高端装备制造产业、新材料产业、生物产业、新能源汽车产业、新能源产业、节能环保产业、数字创意产业、相关服务业等9大战略性新兴产业领域以及脑科学、量子信息和区块链等关键核心技术领域）与国际专利分类的参照关系（共建立关系1872条）方面，就涉及国际专利分类表8个部、89个大类、317个小类、2893个大组、35 473个小组。这还没有计算战略性新兴产业涉及的著作权、商标、技术秘密、植物新品种等知识产权类型。因此，河南省战略性新兴产业知识产权存量的统计核算，是一个巨大的科研工程。虽然，目前缺乏河南省战略性新兴产业知识产权存量的细部数据和交叉分析结果的描述，但是，通过对国家知识产权局网站、河南省知识产权局网站、河南统计年鉴等公开文献资料，特别是战略性新兴产业专利发展信息的数据挖掘、聚类分析和对比分析，仍然可以推知河南省战略性新兴产业知

---

* 王晓辉，中原工学院法学院、知识产权学院教师，法学博士，硕士研究生导师。

识产权状况，为对其进一步研究应用奠定基础。

（一）战略性新兴产业和知识产权之间的对应关系

将知识产权助推战略性新兴产业的发展，与当前中美贸易争端联系起来，可以发现，虽然从表面上看，是中美之间贸易纠纷的争端，实质上却是科技创新实力、国家战略能力与主导权的竞争，贸易争端只是美国借以打击、遏制中国科技实力超越美国的一个抓手，本质上是下一次科技革命孕育能力的争夺。对此，我们必须保持清醒认识，并在科技创新的道路上精准发力，夯实我国经济持续、快速、健康发展的基础。美、日、欧等发达国家和地区不断强化战略性新兴产业的知识产权优势，积极开展在我国的专利布局，作为抢占未来科技竞争优势的制高点，正是对此的深刻诠释。

战略性新兴产业作为关键核心技术集成度最高、知识产权资源富集的产业领域，其发展决定着一个国家或地区的科技创新实力和国际科技站位的高低。说其既是"战略性"的又是"新兴"的，是指其代表着当代经济的发展前沿与科技进步的方向，是引领科技革命重大突破的先声，孕育着新技术、新产业、新业态、新模式的未来经济增长点。特别是在国家实力的博弈主要转向国家科技创新实力博弈的今天，可以说，谁占据国际科技创新的制高点，掌握领先其他国家一代甚至二代、三代的关键核心科技，其未来科技文明、经济发展形态、社会变迁样态、国家安全科技、通信保密技术等，就会大大领先、超前于其他国家或地区，谁就可以在未来的国家竞争与博弈中占有压倒性的优势。

战略性新兴产业代表了科技创新的前沿，孕育着未来科技革命的火种和新的经济增长点，是未来国家科技实力与战略博弈的关键领域和主战场，那么以法律形态存在的知识成果——知识产权，作为战略性新兴产业的核心资产，当知识产权的四大价值功能（技术价值、法律价值、商业价值、战略价值）被充分释放并彰显时，知识产权对战略性新兴产业的助推功能将会得到最大限度的发挥。可以说，知识产权是战略性新兴产业完善生产要素和创造市场竞争优势的基础，也是引领战略性新兴产业抢占科技制高点的制度化、规范化与体系化法律手段。同时，加快培育高质量知识产权，也是有效整合科技创新资源，推进创新型社会塑造、产业转型升级与经济结构性调整的重要举措。在这个过程中，专利特别是发明专利作为各类知识产权中技术含量最高、对科技创新支撑能力最显著、引领新的经济发展形态最直接的知识产权类型，代表了一个国家或地区的文明形态和科技先进程度，必须予以充分重视。

需明确的是，战略性新兴产业知识产权的类型主要是专利，也包括一部分著作权和商标、植物新品种等。专利是最能充分体现战略性新兴产业战略先导性、经济主导性、技术传导性的知识产权类型。专利特别是发明专利作为各类知识产权中技术含量最高、对科技创新支撑能力最显著、引领新的经济发展形态最直接的知识产权类型，代表了一个国家或地区的文明形态和科技先进程度。因此，本章所言的战略性新兴产业知识产权，主要以战略性新兴产业的专利发展情况，作为课题研究的关键技术指标与参考，以及考察河南省战略性新兴产业知识产权发展的样本载体。

国家知识产权局战略规划司司长葛树2021年7月14日透露，截至2021年6月底，中国国内（不含港澳台）有效发明专利中，战略性新兴产业领域发明专利达到73.1万件，较"十三五"期末增加5.3万件，成绩有目共睹，但是，如何以产业专利数量领先转变为专利质量、技术领先尚需时日。就年度而言，2020年，美国专利商标局授权各类专利总计388 851项，比2019年减少了0.6%。2020年，美国授权专利主要涉及计算机、通信、电子电气和一般物理四大方面，信息技术是美国专利研发的主要方向。美国的专利发明的优势主要汇聚在计算机、通信和医疗技术等方面，半导体技术是其劣势方面。美国在航空航天装备、新一代信息技术、电力装备、生物医药及高性能医疗器械、高档数控机床和机器人、节能与新能源汽车等六个领域占据全球优势。❶ 日本在美专利发明则在图像通信、电气元件和结构部件、材料化学与纳米、半导体组件与集成电路、半导体元件领域具有一定优势。❷

2010年10月10日国务院下发《国务院关于加快培育和发展战略性新兴产业的决定》（国发〔2010〕32号），将战略性新兴产业确定为以重大技术突破和重大发展需求为基础，对经济社会全局和长远发展具有重大引领带动作用，知识技术密集、物质资源消耗少、成长潜力大、综合效益好的产业，并把节能环保、信息、生物、高端装备制造、新能源、新材料、新能源汽车等作为现阶段重点发展的战略性新兴产业。通过对国家知识产权局知识产权发展研究中心编写的2018年、2019年、2020年《中国专利调查报告》进行分

---

❶ 陈立新，张琳，黄颖. 2020年美国发明专利统计分析报告［EB/OL］. ［2022-04-07］. https://blog.sciencenet.cn/blog-681765-1310928.html.

❷ 同❶。

析，可知，2018年、2020年《中国专利调查报告》对战略性新兴产业专利状况的着墨较少。其中，2018年《中国专利调查报告》仅是对"企业战略性新兴产业分布及数量"进行了将近1页的简单阐述。2020年《中国专利调查报告》也仅是对"战略性新兴产业创新产出提升显著"进行了半页的简单阐述。而2019年《中国专利调查报告》中则用了相当大的篇幅对战略性新兴产业专利情况进行了多维论述。通过检索可知，其共提到了353次"战略性新兴产业"。

河南省人民政府于2021年12月31日印发的《河南省"十四五"战略性新兴产业和未来产业发展规划》明确提到知识产权的内容有："创制具有自主知识产权的动植物新品种和新种质""培育发展知识产权培训、专利运营、分析评议、专利代理和专利预警等服务""加大原创知识产权开发和技术应用研究力度""提升中国（新乡）知识产权保护中心运行质效""布局建设一批区域性或行业性知识产权交易中心""深入实施知识产权强省战略""提升知识产权价值和成果转化效率""鼓励金融机构大力发展知识产权质押融资等信贷产品"。这说明知识产权作为制度支撑和机制保障，在战略性新兴产业高质量培育和发展中发挥着重大作用。《河南省"十四五"战略性新兴产业和未来产业发展规划》确定的具体产业体系包括新一代信息技术、生物技术、新材料、节能环保等4个主导产业，高端装备、新能源、新能源及智能网联汽车、航空航天、新兴服务业等5个高成长性产业，以及量子信息、氢能与新型储能、类脑智能、未来网络、生命健康科学、前沿新材料等6个未来产业。其中的4个主导产业和5个高成长性产业就属于河南省当前重点发展的战略性新兴产业的范围。

2021年2月7日，国家知识产权局印发《战略性新兴产业分类与国际专利分类参照关系表（2021）（试行）》，其中详细列明了战略性新兴产业（包括新一代信息技术产业、高端装备制造产业、新材料产业、生物产业、新能源汽车产业、新能源产业、节能环保产业、数字创意产业、相关服务业等9大战略性新兴产业领域以及脑科学、量子信息和区块链等关键核心技术领域）对应的国际专利分类，从而为本章的研究确立了"战略性新兴产业→专利"之间的对应标准。

（二）河南省战略性新兴产业的专利创造情况

根据河南省统计局、河南省第四次全国经济普查领导小组办公室2020年

2月13日公布的《河南省第四次全国经济普查公报（第六号）》的数据显示❶，2018年末，河南省从事战略性新兴产业生产的规模以上工业企业法人单位2983个，占规模以上工业企业法人单位的14.2%。其中，新材料产业864个，占工业战略性新兴产业企业法人单位的29.0%；生物产业668个，占22.4%；节能环保产业608个，占20.4%。2018年末，规模以上高技术制造业企业法人单位全年专利申请量4909件，其中发明专利申请1406件，分别比2013年末增长145.5%和100.8%；发明专利申请所占比重为28.6%，比规模以上制造业平均水平低3.1个百分点。这表明，河南省新材料、生物、节能环保产业发展较好，增速较快，但是，发明专利申请所占高技术制造业比重相对较低，技术创新能力不足。

2019年战略性新兴产业河南省有效发明专利申请量为128 602件，全国排名第10名，同比增速为1.8%，增速全国排名（不包括台湾地区、香港特区、澳门特区）第28名。2019年，国内战略性新兴产业发明专利授权数量排名前十的地区依次是江苏省（21.3万件）、广东省（20.6万件）、浙江省（19.1万件）、山东省（9.7万件）、北京市（6.1万件）、上海市（5.4万件）、河南省（5.3万件）、湖北省（5.0万件）、四川省（4.7万件）以及安徽省（4.5万件），其中同比增量最大的为江苏省，约为4.2万件。❷2019年，河南省战略性新兴产业发明专利授权数量排名全国第7名，有效发明专利申请量增速全国排名第28名的现实说明，河南省的科技创新正在遭遇瓶颈期，亟须新的发展思路和超常规推进措施。

对"知识产权助推战略性新兴产业发展的河南实践"进行深入研究的前提与基础，是河南省战略性新兴产业知识产权创造状况的整体性把握、数据化表达和科学化阐释。由于河南省战略性新兴产业知识产权创造翔实数据的获取涉及河南省科技厅、河南省知识产权局等诸多部门，搜集到的数据分类、统计、分析涉及数学、计算机科学、管理学、大数据技术等学科的深度参与与加持，再加之工作量大、需要专业设备、工作人员不足、资金缺乏等原因，笔者尚无法全面掌握2020—2021年河南省战略性新兴产业知识产权数据，有关国家机关和相关机构也没有对河南省战略性新兴产业知识产权状况进行相对详尽的整理和分析，因此，笔者只能依据国家知识产权局、河南省知识产

---

❶ 我国将于2023年开展第五次全国经济普查，因此，笔者尚无最新的河南省战略性新兴产业知识产权数据。

❷ 冯敏. 专利集聚与战略性新兴产业区域选择研究［D］. 兰州：兰州大学，2021：23.

权局网站和部分研究文献等可以公开获取的相关资料进行整合分析。2019年战略性新兴产业中国有效发明专利申请量及比重情况见表2-1-1所示。❶

表2-1-1　2019年战略性新兴产业中国有效发明专利申请量及比重情况

地区	战略性新兴产业发明专利拥有量/件	增速/%	地区	战略性新兴产业发明专利拥有量/件	增速/%	地区	战略性新兴产业发明专利拥有量/件	增速/%
广东	743 702	5.3	湖南	94 719	17.3	甘肃	22 655	13.5
江苏	566 310	13.1	天津	84 639	6.1	内蒙古	19 236	35.9
浙江	409 043	3.3	江西	80 077	15.7	台湾	15 240	-18.3
山东	245 987	25.2	陕西	75 314	12.1	新疆	13 670	20.2
北京	207 652	3.3	辽宁	65 298	12.6	宁夏	8 865	4.2
上海	168 753	20.8	重庆	61 907	4.2	海南	8 410	50.5
安徽	150 033	-19.2	贵州	38 942	3.1	青海	4 883	18.3
福建	144 395	5.0	广西	37 747	-3.4	香港	3 325	-31.5
湖北	133 628	21.5	黑龙江	34 181	20.7	西藏	1 914	44.2
河南	128 602	1.8	云南	31 991	5.1	澳门	282	4.1
四川	119 649	-6.9	山西	29 584	25.5			
河北	94 939	29.2	吉林	28 813	25.9			

需注意的是，广东省市场监督管理（知识产权局）于2020年4月23日组织召开的广东省战略性新兴产业专利导航系列成果视频发布会，集中发布了2019年新一代信息技术、高端装备制造、生物医药、节能环保、新能源、新能源汽车、海洋经济、现代农业、新材料、数字经济产业等产业专利导航系列成果❷，其中部分内容涉及了河南省战略性新兴产业专利数据的整理与分析，具有相当大的参考价值。具体内容如下：

新一代信息技术领域："下一代信息网络领域""电子核心行业领域"

---

❶ 冯敏. 专利集聚与战略性新兴产业区域选择研究［D］. 兰州：兰州大学，2021：23.
❷ 广东省市场监管局（知识产权局）. 广东省市场监管局（知识产权局）集中发布第二批战略性新兴产业专利导航成果［EB/OL］.［2022-04-07］. http：//amr. gd. gov. cn/ztzl/2020zscqbhr/gdxd/content/post_2981526. html.

"新兴软件和新型信息技术服务领域""互联网与云计算、大数据服务领域""人工智能领域",河南省的专利申请量、有效专利量都在全国前十名以后。❶

高端装备制造领域:河南省工业机器人领域专利申请量将近2000件,排名全国第14名,与拥有最多专利申请量的地区——广东省(专利申请总量达到27 536件)相差甚远;河南省陶瓷压机技术领域的专利布局申请量为769件,排名全国第6名,全国排名第1名是广东省,专利布局申请量为2441件,差距3倍有余;轨道交通领域专利申请量1900多件,河南省全国排名第13名,与第1名——北京市(专利申请总量达到7698件)差距较大。❷

生物医药领域:河南省生物医药专利申请量为19 095件,全国排名第7名,有效专利数量为8388件,全国排名第7名;化学药物专利申请量为3161件,全国排名第10名;生物制药专利申请量为8453件,全国排名第8名,生物制药专利授权有效量为1393件,全国排名第10名;中药专利申请量为11 098件,全国排名第4名,中药专利授权有效量为887件,全国排名第6名;诊断试剂专利申请量为940件,全国排名第10名;河南省干细胞医疗PCT专利产出排名全国第8名。❸

节能环保领域:河南省先进环保产业专利申请量为19 550件,全国排名第10名。江苏省是全国先进环保研发实力最强的地区,全省在全国的专利申请量为87 199件;河南省的高效节能领域、资源循环领域专利申请量没有进入全国前十名。❹

新能源领域:河南省风能产业专利申请量为6139件,全国排名第9名,第1名为广东省,其专利申请量为37 598件;生物质能及其他新能源产业专利申请量为7231件,全国排名第9名,第1名为广东省,其专利申请量为36 395件;智能电网产业专利申请量为4360件,全国排名第9名,第1名为

---

❶ 广东省市场监督管理局(知识产权局).广东省新一代信息技术产业创新发展专利导航研究报告[R/OL].2019[2022-04-07].http://amr.gd.gov.cn/gkmlpt/content/2/2981/post_2981503.html#2963.

❷ 广东省市场监督管理局(知识产权局)等.2019年广东省高端装备制造产业专利导航研究报告[R/OL].2020[2022-04-07].http://amr.gd.gov.cn/gkmlpt/content/2/2981/post_2981503.html#2963.

❸ 广东省市场监督管理局(知识产权局)等.广东省生物医药产业专利导航分析报告[R/OL].2019[2022-04-07].http://amr.gd.gov.cn/gkmlpt/content/2/2981/post_2981503.html#2963.

❹ 广东省市场监督管理局(知识产权局)等.广东省节能环保产业发展专利导航研究报告[R/OL].2019[2022-04-07].http://amr.gd.gov.cn/gkmlpt/content/2/2981/post_2981503.html#2963.

广东省，其专利申请量为 18 611 件。❶

新能源汽车领域：截至 2019 年 11 月 25 日，河南省新能源汽车产业专利申请量为 6598 件，全国排名第 8 名，第 1 名为江苏省（23 113 件）；技术分支领域中：新能源汽车整车制造领域 279 件（第 10 名），新能源汽车装置、配件制造领域 5739 件（第 8 名），新能源汽车相关设施制造领域 3726 件（第 8 名），新能源汽车相关服务 209 件（第 10 名），新能源汽车电机技术 636 件（第 8 名），新能源汽车电池技术 716 件（第 8 名），新能源汽车电控技术 144 件（第 9 名），新能源汽车充电技术 983 件（第 8 名）；在新能源汽车产业的中国创新主体专利申请中，河南省专利申请量排名为第 8 名。❷

现代农业领域：河南省现代农业领域专利申请量为 13 895 件，全国排名第 9 名，前 8 名为江苏省（38 662 件）、山东省、浙江省、安徽省、广东省、广西壮族自治区、北京市、四川省；技术分支领域中：现代种业领域的专利申请量为 1000~1700 件，处于第三梯队；育种技术领域专利申请量为全国第 6 名，种质资源技术领域中的专利申请量不在前十名；分子标记辅助育种领域专利申请量为 107 件，全国排名第 7 名；精准农业领域中的专利申请量为 3814 件，全国排名第 5 名。❸

河南省智能农业设备领域中的专利申请量为 3609 件，全国排名第 5 名；温室领域中的专利申请量为 2059 件；全国排名第 9 名；河南省土栽培领域中的专利申请量为 637 件，全国排名第 11 名；河南省无土栽培领域中的专利申请量在 350~1000 件，处于第三梯队，全国排名第 9 名。❹

稀土材料领域：河南省稀土储氢材料专利申请量为 24 件，全国排名第 13 名；稀土发光材料专利申请量为 188 件，全国排名第 17 名；稀土永磁材料专利申请量为 199 件，全国排名第 16 名；稀土陶瓷材料专利申请量为 155 件，全国排名第 14 名；稀土玻璃材料专利申请量为 42 件，全国排名第 15 名；稀

---

❶ 广东省市场监督管理局（知识产权局）等.广东省新能源产业发展专利导航研究报告［R/OL］.2019［2022-04-07］.http://amr.gd.gov.cn/gkmlpt/content/2/2981/post_2981503.html#2963.

❷ 同❶。

❸ 广东省市场监督管理局（知识产权局）等.广东省现代农业产业专利导航研究报告［R/OL］.2020［2022-04-07］.http://amr.gd.gov.cn/gkmlpt/content/2/2981/post_2981503.html#2963.

❹ 同❸。

土催化材料专利申请量为149件，全国排名第19名。❶

在对中国稀土新材料产业进行专利分析中，《2019年广东省新材料产业专利导航分析报告（稀土新材料产业方向）》较为详细地分析了稀土新材料产业专利申请类型及趋势、地域分布、中国各省（市）专利申请量对比情况、专利技术分支及构成、技术主题、专利法律状态、专利运营情况、专利申请人类型排名、主要申请人的技术构成等内容。但是，除了广东省以外，《2019年广东省新材料产业专利导航分析报告（稀土新材料产业方向）》没有对各省（直辖市、自治区）的有效专利量、专利技术构成、法律状态和省域核心专利进行深入的细部分析。

对河南省战略性新兴产业专利情况进行横向比较可知，虽然，河南省高端装备制造部分领域、生物医药、新能源、新能源汽车、现代农业产业、节能环保产业专利申请量全国排名相对靠前，但是，不管是专利绝对数量还是所体现的技术水平，与先进省市都存在较大差距，部分甚至达到十几倍之多。例如，2019年，河南省工业机器人领域专利申请量将近2000件，排名全国第14名，与拥有最多专利申请量的地区——广东省（专利申请总量达到27 536件）相差14倍。这表明，河南省战略性新兴产业的整体专利技术优势是非常微弱的，而且，河南省具有比较优势的战略性新兴产业——生物医药、新能源、新能源汽车、节能环保产业，相对其他省市的比较优势也不明显。同时，代表下一轮科技革命和产业变革的战略性技术与重要驱动力量的四大战略性新兴产业——新一代信息技术产业（人工智能、未来网络等）、高端装备制造、前沿新材料、航空航天等产业，河南省的发展也相对迟缓。由此凸显出的羸弱与不足，从另一个侧面，证明了健全、完善针对性的知识产权政策进而助推战略性新兴产业高质量发展的紧迫性与必要性。另外，河南省战略性新兴产业知识产权的运用政策、运用模式、运行机制以评价指标等方面也存在诸多问题，需要更进一步的研究。

（三）河南省战略性新兴产业的专利运用情况

2020年，河南省知识产权运用指数得分为56.9分，位于全国第14名，

---

❶ 横琴国际知识产权交易中心有限公司. 2019年广东省新材料产业专利导航分析报告（稀土新材料产业方向）［R/OL］. 2020［2022-04-07］. http://amr.gd.gov.cn/gkmlpt/content/2/2981/post_2981503.html#2963.

与其在全国知识产权综合发展指数中的得分和排名位次一致。❶ 2019年河南省技术市场成交总合同（包括技术开发合同、技术转让合同、技术咨询合同、技术服务合同）数量为9310个，总金额为2 340 686.23万元。2020年河南省技术市场成交总合同（包括技术开发合同、技术转让合同、技术咨询合同、技术服务合同）数量为11 751个，总金额为3 844 964.96万元。❷ 具体内容见表2-1-2所示：

表2-1-2　2020年河南省涉知识产权技术合同、战略性新兴产业技术市场成交合同

年度	划分标准	类别	数量/个	金额/万元
2020年河南省涉知识产权技术合同成交3 659个，金额为1 516 505.93万元	按照知识产权类型划分	技术秘密	1 466	676 014.87
		专利	1 165	705 837.04
		计算机软件著作权	808	86 721.64
		植物新品种权	127	13 138.55
		生物、医药新品种权	54	19 891.61
		设计著作权	28	11 260.92
		集成电路布图设计专有权	11	3 641.30
2020年河南省战略性新兴产业技术市场成交合同8 944个，金额为2 153 222.23万元	按照产业类别划分	电子信息	3 383	311 115.65
		先进制造	2 035	838 195.06
		环境保护与资源综合利用	1 107	212 639.00
		新能源与高效节能	1 005	277 034.31
		新材料及其应用	631	361 074.16
		生物、医药和医疗器械	552	108 315.44
		航空航天	222	44 181.05
		核应用	9	667.56

数据来源：河南省统计局发布的《河南统计年鉴2021》。

虽然《河南统计年鉴2021》分产业、分知识产权类型统计了相关数据，但是，却缺乏对上述数据的交叉分析，以致在战略性新兴产业技术市场成交

---

❶ 谢准，邓仪友，等. 2020年中国知识产权发展状况评价报告 [R/OL]. [2022-04-07]. http://www.cnipa-ipdrc.org.cn/article.aspx?id=669.

❷ 河南省统计局. 河南统计年鉴2021 [EB/OL]. [2022-04-07]. https://oss.henan.gov.cn/sbgtwztipt/attachment/hntjj/hntj/lib/tjnj/2021nj/zk/indexch.htm.

总合同中既包括知识产权数据,又包括非知识产权数据,在知识产权成交总合同中既包括战略性新兴产业知识产权合同又包括一般产业知识产权成交合同。尽管如此,从上述数据仍可以看出,诸多企业并没有将自己的技术创新成果申请知识产权保护,虽然,技术秘密属于广义知识产权的范畴,但是,技术秘密的保护力度明显弱于专利等知识产权类型的保护效果。2020年,全国专利申请权与专利权转让数量是31.6万件❶,河南省专利成交合同为1165个。2020年,仅37个重点城市专利运营次数就达到18.8万次,专利质押金额达到808.9亿元❷,河南省专利成交合同金额则仅有70.59亿元。可以看出,两者之间的数量和金额差异巨大,从一个侧面反映了河南省战略性新兴产业知识产权实力的孱弱。

(四) 河南省战略性新兴产业知识产权总体评价

正如前述所言,由于涉及政府有关部门、产业领域和企业数量众多,目前,河南省还没有对战略性新兴产业知识产权问题进行官方层面的详尽梳理与分析。同时,基于其涉及部门多、工作量大、需要专业设备、工作人员不足、资金缺乏等原因,对其展开实证研究缺乏相应的数据支撑,部分相关研究成果存在引用数据陈旧、细部数据不足、缺乏交叉分析等问题。由国家知识产权局战略规划司、国家知识产权局知识产权发展研究中心于2021年4月发布的《2020年中国专利调查报告》也没有对战略性新兴产业知识产权问题进行深入阐述,《2019年中国专利调查报告》(2019年12月发布)虽然用一定的篇幅对战略性新兴产业知识产权运用问题进行了相对详细的论述,却缺乏省域分组数据。由此,导致对河南省战略性新兴产业知识产权问题研究的科学性欠缺,无法全面、精确地反映河南省战略性新兴产业知识产权的全貌和深层逻辑。此种情况下,笔者只能依据《2020年中国知识产权发展状况评价报告》《2020年中国专利调查报告》《河南统计年鉴2021》《广东省市场监管局(知识产权局)战略性新兴产业专利导航报告》等可以公开获取的有限资料,进行相对精确的数据挖掘和数据分析。例如,《2019年中国专利调查报告》中调查的10 578个企业中,有44.3%的企业为战略性新兴产业企业,由

---

❶ 谢准,邓仪友,等. 2020年中国知识产权发展状况评价报告 [R/OL]. [2022-04-07]. http://www.cnipa-ipdrc.org.cn/article.aspx?id=669.

❷ 国家知识产权局. 迎难而上 全面发力——2020年知识产权运营服务体系建设回顾 [EB/OL]. [2022-04-07]. https://www.cnipa.gov.cn/art/2021/3/16/art_428_157844.html.

此，可以说，河南省战略性新兴产业知识产权数据可以类比适用报告中的内容。

近年来，河南省战略性新兴产业知识产权工作取得了显著成绩。高端装备制造部分领域、生物医药、新能源、新能源汽车、现代农业产业专利申请量进入全国前10名，节能环保产业专利申请量全国排名第10名左右。新一代信息技术、航空航天和新兴服务业等领域知识产权实力得到进一步增强，量子信息、氢能与储能、类脑智能、未来网络等未来产业知识产权事业发展势头良好。然而，从横向比较的视角观察，可知，2020年，河南省知识产权综合发展指数得分为56.9分，全国排名第14名；河南省知识产权创造指数及位次分别为52.1分、第22名；河南省知识产权运用指数及位次分别为56.9分、第14名；河南省知识产权保护指数及位次分别为55.8分、第15名；河南省知识产权环境指数及位次为62.9分、第10名。❶ 综上，虽然，河南省知识产权发展环境明显改善，但是，整体发展水平仍处于全国中游水平，特别是知识产权创造能力滞后，说明河南省的原始创新不足、核心技术竞争力不强的短板较为明显，部分指标处于全国倒数位次的现实境况，也从侧面反映了河南省战略性新兴产业知识产权实力孱弱的真实现状。例如，河南省专利助推战略性新兴产业发展的能力不强。主要表现为：一是河南省没有进行国别战略性新兴产业专利状况的全景式对比，缺乏较为详尽的中外战略性新兴产业专利优劣分析；二是没有对我国战略性新兴产业有效专利进行数量、质量、类别的分层"类型化"比较与展示，没有建立国家战略性新兴产业专利数据库；三是没有进行省域之间的战略性新兴产业专利状况的分省对比，各省的相对比较优劣势没有得到充分体现。由此，导致对战略性新兴产业专利的调查流于宽泛，无法为下一步战略性新兴产业分省、分类专利政策的制定与实施，提供切实、有效的指引。

二、知识产权助推河南省战略性新兴产业发展的政策保障

"十三五"期间，河南省战略性新兴产业获得了快速发展。知识产权在战略性新兴产业培育与发展过程中，已经演进成为促进产业技术创新、转变经济发展方式、调整产业结构、抢占未来科技制高点的决定性因素。当然，这些成绩的取得都离不开知识产权公共政策的保障和支撑。综观河南省战略性

---

❶ 谢准，邓仪友，等. 2020年中国知识产权发展状况评价报告［R/OL］.［2022-04-07］. http://www.cnipa-ipdrc.org.cn/article.aspx?id=669.

新兴产业知识产权的政策实践，可以发现，其还存在政策法规界限不清、政策精准度不高、政策工具不足和政策实施不力等问题。基于战略性新兴产业在贯彻、落实河南省创新驱动、科教兴省、人才强省战略中的重要作用，有必要总结和反思现行河南省战略性新兴产业知识产权政策实践中存在的问题，并以"战略性"和"新兴"为出发点和落脚点，重整促进河南省战略性新兴产业高质量发展的知识产权政策。

（一）知识产权与战略性新兴产业深度融合的范畴界定与政策对接

知识产权与战略性新兴产业政策深度融合的基础与前提，是知识产权助推河南省战略性新兴产业高质量发展范畴的科学界定，以及两者在政策维度的联结。

1. 知识产权与战略性新兴产业深度融合的范畴界定

战略性新兴产业是以重大技术突破和重大发展需求为基础，对经济社会全局和长远发展具有重大引领带动作用，知识技术密集、物质资源消耗少、成长潜力大、综合效益好的产业。我国现阶段重点培育和发展节能环保、新一代信息技术、生物、高端装备制造、新能源、新材料、新能源汽车等新兴产业。❶ 实践过程中，部分地方政府结合自身的资源禀赋、科技创新实力、经济比较优势和经济发展规划，将其他产业如半导体照明（广东省）、人工智能（广东省）、数字创意（河南省）等划入战略性新兴产业的范围内，以实现国家战略与地方经济发展战略的契合。这说明，各地对于战略性新兴产业的内涵与发展重点的认识，呈现出明显的差异化特点。知识产权，是指人们对智力创造成果和工商业标记依法享有的权利。根据 2021 年 1 月 1 日实施的《民法典》中第一百二十三条规定：知识产权是权利人依法就下列客体享有的专有的权利，主要包括：（1）作品；（2）发明、实用新型、外观设计；（3）商标；（4）地理标志；（5）商业秘密；（6）集成电路布图设计；（7）植物新品种；（8）法律规定的其他客体。

根据知识产权与战略性新兴产业的融合领域与发展实践来看，本章所言的知识产权与战略性新兴产业政策的深度融合，主要是指专利、商标、著作权、地理标志、商业秘密、集成电路布图设计、植物新品种等知识产权类型

---

❶ 国务院. 关于加快培育和发展战略性新兴产业的决定（国发〔2010〕32号）[EB/OL]. [2022-04-10]. http://www.gov.cn/zhengce/content/2010-10/18/content_1274.htm.

与节能环保、新一代信息技术、生物、高端装备制造、新能源、新材料、新能源汽车、数字创意等战略性新兴产业发展政策的深度融合。之所以这样界定，是由于：（1）专利、商业秘密中的技术秘密、集成电路布图设计、植物新品种等知识产权类型中蕴含的工业技术创新方案，是推动战略性新兴产业发展的深层次变革力量，也是本章研究的焦点与重点所在，因此，本章所言的知识产权，主要以我国及河南省战略性新兴产业的专利发展情况，作为课题研究的关键技术指标与参考。（2）数字技术与文化创意、设计服务深度融合，推动数字创意产业逐渐成为促进优质产品和服务有效供给的智力密集型产业，也为著作权深度介入数字创意产业的发展奠定了现实基础。（3）商标、地理标志等知识产权类型作为商业标记权，在树立品牌战略性新思维，培育自主知识产权，构建战略性新兴产业集群品牌生态系统，推进品牌经济高质量发展，具有极为重大的战略价值。

从学理角度来说，战略性新兴产业知识产权政策主要包括战略性新兴产业知识产权技术创新促进政策、市场培育政策、导航政策、投融资政策、便利化审查政策、财税激励政策、金融支持政策、国际合作政策、人才政策等。中共中央、国务院印发的《知识产权强国建设纲要（2021—2035年）》指出，要构建公正合理、评估科学的政策体系。对其进行深入的细部分析，可知，知识产权政策主要包括（见表2-1-3）。

表2-1-3 战略性新兴产业知识产权政策类型

政策类型	政策具体内容							
知识产权创造政策	新兴产业和特定领域知识产权创造政策	专利密集型产业调查政策	产业投资专利导航政策	知识产权创造预警与审查政策	知识产权资助、奖励政策	财政资助科研项目知识产权声明制度	产业集群品牌和区域品牌推进政策	商标品牌战略和地理标志运用政策
知识产权运用政策	知识产权权属、权益分配政策	知识产权转移转化政策	专利导航政策	知识产权资产评估政策	知识产权交易、托管政策	知识产权金融政策	知识产权保险政策	知识产权信息加工服务政策

续表

政策类型	政策具体内容							
知识产权管理政策	知识产权审查、注册登记政策	知识产权考核评价体系	知识产权交易价格统计发布制度	知识产权数据标准制定和数据资源供给制度	知识产权服务业分级分类评价	知识产权公共服务智能化、标准化、规范化、网络化政策	知识产权公证鉴定政策	知识产权信用监管政策
知识产权保护政策	知识产权政策合法性和公平竞争审查政策	知识产权行政执法监管政策	知识产权侵权纠纷检验鉴定制度	知识产权纠纷行政调解及协议司法确认制度	跨区域（跨国）、跨部门知识产权执法保护协作政策	自创区、自贸区等产业、经济功能区知识产权保护政策	知识产权侵权赔偿与涉外风险防控政策	知识产权仲裁和维权援助政策

战略性新兴产业知识产权政策的政策功能主要表现为：知识产权对战略性新兴产业的创新引领、资产增值、价值激励、资源重整与权利保护功能。其涵盖了知识产权全生命周期的专利技术方案挖掘、专利撰写、查新检索、专利申请、专利管理、专利运用、专利保护七个方面。按照政策工具的目的，也可将战略性新兴产业知识产权政策分为管制类政策、激励类政策、信息传递类政策三种。作为公共政策工具，其又可分为战略性新兴产业知识产权创造类、运用类、保护类和管理类政策工具。知识产权创造、运用、管理和保护和河南省战略性新兴产业政策所设定的发展目标、遵循的行动计划、实行的工作方式、采取的一般步骤和具体措施的深度融合，就是本章研究的主要内容所在。

2. 知识产权与战略性新兴产业的参照关系与政策对接

知识产权与战略性新兴产业之间的关系，主要表现为专利与战略性新兴产业之间的参照关系。2021年2月7日，国家知识产权局首次对外发布《战略性新兴产业分类与国际专利分类参照关系表（2021）（试行）》，其针对新一代信息技术产业、高端装备制造产业、新材料产业、生物产业、新能源汽车产业、新能源产业、节能环保产业、数字创意产业、相关服务业等九大战略性新兴产业领域以及脑科学、量子信息和区块链等关键核心技术领域，建立了战略性新兴产业与国际专利分类的参照关系。其经合并去重，共建立关系 1872 条，涉及国际专利分类表 8 个部、89 个大类、317 个小类、2893 个大组、35 473 个小组。以此，加强战略性新兴产业专利分析及动向监测，为实现战略性新兴产业专利与经济活动的关联分析提供统计依据。❶ 同时，国家发展和改革委员会 2017 年 1 月 25 日公布的《战略性新兴产业重点产品和服务指导目录（2016 版）》也将"知识产权服务"纳入了"战略性新兴产业重点产品和服务"之"高技术服务业"类别之中，这表明，知识产权与战略性新兴产业之间的关系，既表现为专利与战略性新兴产业之间的参照关系，又表现为知识产权服务业与战略性新兴产业之间的包含关系。

对于知识产权管理政策、知识产权保护政策的范围界定，学界争议不大，对于知识产权创造、知识产权运用政策之间的范围划分，可能存在不同意见。例如，专利导航政策既可以作为产业投资之前的产业规划类的知识产权创造政策，也可以将其视为通过许可交易获取的知识产权微观企业运营类政策运用；知识产权预警、知识产权评议政策的情形与此类似。又如，基于知识产权文化政策、人才政策作为知识产权创造的理念指引和人才支撑，既可以将其划分为知识产权创造政策，又可以将其视为促进知识产权发展的文化、人才资源管理政策。但是，这并不影响后续对战略性新兴产业知识产权政策的科学与规范的分析。总的来说，知识产权与战略性新兴产业政策的融合点，就是前述表中诸多政策维度与政策重点。特别是知识产权创造政策，与战略性新兴产业之间的联结非常紧密。可以说，知识产权政策，实质上就是战略性新兴产业技术创新之"产权化"推进、机制化运用与制度化保护的规范途径，而且是能够最大程度激发战略性新兴产业技术创新的最有效手段。针对上述知识产权的类型，我们可以找准其精准对接、强力推进河南省战略新兴产业高质量发展的政策施力点，以此，健全、完善河南省战略性新兴产业知识产权政策体系。

（二）河南省战略性新兴产业知识产权政策实践

随着国家《"十四五"国家知识产权保护和运用规划》、"十四五"战略性新兴产业发展规划，以及其他各领域专项规划的陆续出台，知识产权助推战略性新兴产业高质量发展的实践必将迈上一个新台阶，而且，知识产权作为创新成果产权化、产业化和市场化的关键，推动了产业链再造和价值链提

---

❶ 国家知识产权局. 战略性新兴产业分类与国际专利分类参照关系表（2021）（试行）[EB/OL]. [2022-04-07]. https://www.cnipa.gov.cn/art/2021/2/10/art_2073_156808.html.

升,是战略性新兴产业高质量发展的重要智识支撑与法治保障。河南省战略性新兴产业知识产权政策,主要体现在以下几个方面:

第一,体现在国家制定的适用于所有产业并覆盖知识产权创造、管理、运用与保护各阶段的相关政策。例如,《国民经济和社会发展第十四个五年规划和2035年远景目标纲要》中的"知识产权专项"、《"十三五"国家战略性新兴产业发展规划》❶《"十四五"国家知识产权保护和运用规划》《知识产权强国建设纲要(2021—2035年)》《关于强化知识产权保护的意见》《关于新形势下加快建设知识产权信息公共服务体系的若干意见》《"十三五"国家知识产权保护和运用规划》等文件中对于战略性新兴产业的专门规定,这是河南省战略性新兴产业知识产权政策渊源的主要部分。

第二,体现在各省市的战略性新兴产业"十四五"规划中。2021年12月31日河南省公布《河南省"十四五"战略性新兴产业和未来产业发展规划》,其他部分省市则制定了专项的战略性新兴产业知识产权政策。❷据笔者统计,这些省市的战略性新兴产业"十四五"规划中,都明确提出或者蕴含知识产权理念、制度与措施,即以知识产权为牵引,以战略性高精尖产业技术为核心,掌握一批具有自主知识产权的关键核心技术,构筑高质量发展的新高地。

第三,体现在河南省政府、省知识产权局等机关制定的适用于所有产业的知识产权政策。例如,《关于强化知识产权保护的实施意见》《关于新形势下加快知识产权强省建设的若干意见》《河南省专利事业发展"十三五"规划》《河南省建设支撑型知识产权强省试点省实施方案》《河南省人民政府关于新形势下加快知识产权强省建设的若干意见》《河南省推动知识产权高质量发展年度实施方案(2021)》《河南省人民政府关于加快实施知识产权战略的意见》等省域知识产权政策(见表2-1-4)。

---

❶ 通过公开渠道还无法搜集到完整的《"十四五"国家战略性新兴产业发展规划》官方文件。
❷ 根据笔者的统计,其主要包括《上海市战略性新兴产业和先导产业发展"十四五"规划》《山东省"十四五"战略性新兴产业发展规划》《湖南省"十四五"战略性新兴产业发展规划》《贵州省"十四五"战略性新兴产业集群发展规划》《云南省"十四五"战略性新兴产业发展规划》《山西省"十四五"14个战略性新兴产业规划》《青岛市"十四五"战略性新兴产业发展规划》《厦门市"十四五"战略性新兴产业发展专项规划》《广州市战略性新兴产业发展"十四五"规划》《宁波市战略性新兴产业"十四五"规划》《郑州市"十四五"战略性新兴产业发展规划》等。

表2-1-4　河南省知识产权政策（部分）

政策文件名称	政策文件主要内容
《河南省人民政府关于加快实施知识产权战略的意见》（2013年9月26日发布）	（1）在"（五）构建知识产权创造运用推进体系"第三部分中提出专门的"实施战略性新兴产业知识产权引领计划"； （2）在"（五）构建知识产权创造运用推进体系"第五部分中提出"实施全省名优产品培育计划，做大做强我省战略性新兴产业"； （3）在"（七）构建知识产权支撑服务体系"第一部分提出"以我省优势主导产业和战略性新兴产业为突破口，创建若干重大行业专利专题数据库，建立覆盖全省、面向全国的知识产权信息服务平台"
《河南省建设支撑型知识产权强省试点省实施方案》（2016年10月14日印发）	（1）在"试点任务"之（三）"强化战略布局，增强高价值、高质量核心知识产权创造能力"中提出"选择传统产业、战略性新兴产业和现代农业开展专利导航工作"； （2）在"试点任务"之（五）"发展知识产权密集型产业，提高知识产权经济发展贡献度"中提出"以电子信息产业、装备制造业等高成长性产业集群和生物与制药产业、新材料产业等战略性新兴产业为重点，在特色产业基础较好的产业集聚区建立36个专利导航产业发展实验区"
《河南省"十三五"战略性新兴产业发展规划》（2017年1月6日发布）	（1）在"保障措施"之（三）"强化资金和要素支持"中提出"大力发展知识产权质押融资"； （2）在"保障措施"之（四）"营造良好发展环境"中提出"大力发展知识产权质押融资、科技保险、绿色金融等创新产品""加快信用体系建设，强化知识产权保护"
《河南省人民政府关于新形势下加快知识产权强省建设的若干意见》（2017年5月11日发布）	（1）在"（八）培育知识产权密集型产业"中提出"围绕战略性新兴产业链超前部署创新链、导航布局专利链"； （2）在"（十七）加强重点产业知识产权海外布局和风险防控"中提出"围绕战略性新兴产业等重点领域，探索绘制服务我省产业发展的相关国家和地区专利导航图，推动我省产业深度融入全球产业链、价值链和创新链"； （3）在"（二十）加大财税和金融支持力度"中提出"省级科技计划、战略性新兴产业发展、产业转型升级引导等专项资金要加强对知识产权创造、运用、保护和管理的支持"

续表

政策文件名称	政策文件主要内容
《河南省推动知识产权高质量发展年度实施方案（2021）》（2021年5月27日印发）	在"（十二）推动知识产权公共服务统筹发展"中提出"面向我省生物医药等十大战略性新兴产业开展知识产权分析评议"
《关于强化知识产权保护的实施意见》（2021年9月14日审议通过）	没有专门提到"战略性新兴产业"
《河南省"十四五"战略性新兴产业和未来产业发展规划》（2021年12月31日发布）	(1) 在"提升产业基础能力，做优做强优势主导产业"之（二）"生物技术产业"中提出"创制具有自主知识产权的动植物新品种和新种质"； (2) 在"加强创新突破和融合应用，培育壮大高成长产业"之（五）"新兴服务业"中提出"培育发展知识产权培训、专利运营、分析评议、专利代理和专利预警等服务""强化科技型文旅产品体验，加大原创知识产权开发和技术应用研究力度"； (3) 在"推动战略性新兴产业跨越发展，培育壮大新动能"之（二）"创新平台构建工程"中提出"提升国家技术转移郑州中心、中国（新乡）知识产权保护中心运行质效""布局建设一批区域性或行业性技术转移中心和知识产权交易中心"； (4) 在"推动战略性新兴产业跨越发展，培育壮大新动能"之（三）"产业生态优化工程"中提出："深入实施知识产权强省战略，提升知识产权价值和成果转化效率"； (5) 在"健全规划保障机制，营造良好发展环境"之（二）"创新财政金融支持体系"中提出"鼓励金融机构大力发展股债联动、供应链金融和知识产权质押融资等信贷产品"

笔者统计的上述7个文件中，对战略性新兴产业知识产权问题论述较多的是《河南省人民政府关于加快实施知识产权战略的意见》和《河南省"十四五"战略性新兴产业和未来产业发展规划》。《河南省人民政府关于加快实施知识产权战略的意见》在"（五）构建知识产权创造运用推进体系"第三部分中提出一个自然段的"实施战略性新兴产业知识产权引领计划"，《河南

省"十四五"战略性新兴产业和未来产业发展规划》共 8 次提到"知识产权"、5 次提到"专利",其他 5 个文件则只是一般性地泛泛提到战略性新兴产业知识产权问题。总体来说,河南省对于"战略性新兴产业知识产权"工作是比较重视的,然而,基于各种原因,后续对于此项工作的深入推进较为缓慢。这从推进河南省"十四五"战略性新兴产业高质量发展的路径中,没有对战略性新兴产业知识产权融合发展问题进行专门强调和深入阐释就可以得出初步判断。同时,河南省战略性新兴产业政策(包括知识产权政策)的信息公开也不够充分。遍寻官方信息,河南省战略性新兴产业政策(包括知识产权政策)文件与相关数据的公开化不足,在河南省知识产权公共服务平台中,也仅具有"专题数据库"的相关标识,点开后却无实质内容,这在一定程度上影响了知识产权与战略性新兴产业政策深度融合工作的深入开展。

(三)知识产权与河南省战略性新兴产业政策深度融合分析

目前,河南省知识产权助推战略性新兴产业发展的能力还不强,具有比较优势的战略性新兴产业有生物医药、新能源、新能源汽车、现代农业、节能环保产业,相对其他省市的比较优势也不明显,河南省部分政府机关、企业、科研机构战略性新兴产业发展的政策方向与工作重点,还没有将知识产权作为战略性新兴产业发展的核心驱动力和决定性力量加以重视和应用。主要表现在:

1. 家底不清引发的政策失准

目前,河南省有关部门还没有对战略性新兴产业知识产权情况进行精确分类统计,由此,导致针对河南省战略性新兴产业高质量发展不足的问题的知识产权对策无法得到有效制定与精准对接。由于河南省战略性新兴产业知识产权创造翔实数据的获取涉及河南省科技厅、河南省市场监督管理局和河南省知识产权局等诸多部门,搜集的数据分类、统计、分析涉及数学、统计学、计算机科学、知识产权管理学、大数据技术等学科的深度参与与加持,以及工作量大、需要专业设备、工作人员不足、资金缺乏等原因,笔者尚无法全面掌握 2020—2021 年河南省战略性新兴产业知识产权数据,这些国家机关和相关机构也没有对河南省战略性新兴产业知识产权状况进行相对详尽的整理和分析。因此,笔者只能依据国家知识产权局、河南省知识产权局网站和部分研究文献等可以公开获取的相关资料,得出河南省战略性新兴产业知识产权家底不清的初步结论。

2. 总括性"战略性新兴产业+知识产权"政策缺失

战略性新兴产业知识产权政策作为建设创新型社会的重要抓手和关键路径，需要有一个涵括知识产权顶层规划、权属划分、成果奖励、应用与转化，以及知识产权资金支持、人才支撑等各方面的系统化的政策法规体系为其提供制度保障，这其中尤其需要一个居于龙头地位的河南省战略性新兴产业知识产权高质量发展政策体系发挥统率作用。然而，在现有的河南省知识产权政策体系中，类似于《河南省战略性新兴产业知识产权高质量发展政策总纲》的纲领性文件以及其他具体配套实施的专门战略性新兴产业知识产权高质量发展政策措施，仍然相对缺失，由此，导致知识产权作为创新驱动引领的基础地位与新的经济动能，无法在战略性新兴产业的高质量发展中得到充分释放。例如，产业领域共性技术研发模式单一，"产学研用介"主体间协同创新的耦合度不高；战略性新兴产业领域专利质量有待提高，专利联盟实力偏弱；战略性新兴产业领域知识产权高端服务需求与能力欠缺，部分政策领域仍然存在覆盖面较小、与有关法规对接不畅、施策精准度不高或差异化不强等问题。

3. 政策导向与施策重点存在偏差与缺位

（1）政府、相关企业关于战略性新兴产业发展的政策方向与工作重点，还没将知识产权作为推动战略性新兴产业发展的核心驱动力和决定性力量。知识产权引领战略性新兴产业抢占发展制高点的关键作用，还没有得到各经济主体的根本重视。虽然河南省知识产权局已经对河南省战略性新兴产业专利状况进行了部分统计，但是，其他知识产权管理部门（著作权管理部门、林业和草原局等）对于战略性新兴产业知识产权工作的全面开展深化、区域均衡发展、错位发展知识产权政策体系的制度性优化等，还没有形成一致认识。重点领域和关键环节（如芯片制造、人工智能、航空发动机等）知识产权的创造、运营、保护合力，与此相关的技术支撑与辅助系统，还没有完全形成与建立。

（2）知识产权创新政策战略及优先领域的确定，过于关注高新技术而相对忽视服务创新、科技生态的绿色创新。对政策体系如何与产业端、需求端对接考虑不足，对创新管理的认知也尚未达成共识。政策实施过程的跟踪、监督与惩罚机制没有得到应有的重视，使得政策的实施效果不能得到充分保证。

（3）企业尚未成为高新技术创新与知识产权产出的真正主体，"产学研用介"的结合机制还没有完整建立。目前，河南省高校和科研机构是知识产权创造的主要力量，但是，高校、科研院所的知识产权交易转化机制，仍不完善。因为这些主体的项目来源是各级政府部门的纵向科研项目，横向项目较少，这些项目成果无须直接对市场负责，科技创新、知识产权与经济需求、实践应用之间存在的脱节问题，仍然较为突出。再加之，高端的创新成果产业化、商业化的风险基金相对不足，更加剧了"产学研用介"结合的难度。

（4）政策差异化不足。河南省战略性新兴产业的发展质量在全国的排位比较靠后，八大战略性新兴产业发展不平衡。河南省知识产权优势产业为生物医药、新能源、新能源汽车、现代农业产业（其专利申请量进入全国前10名），节能环保产业专利申请量全国排名第10名左右，新一代信息技术、航空航天和新兴服务业等领域知识产权实力比之稍逊，数字创意产业的整体实力不强、资源开发利用不够、科技含量和附加值偏低。可以看到，河南省战略性信息产业知识产权呈现出明显的两大梯队，并可以概括为"强者不强、弱者仍弱"的发展态势。在《河南省"十四五"战略性新兴产业和未来产业发展规划》及知识产权支持政策之间的错位配置、优势互补的格局没有形成，针对性却不强，代表下一轮科技革命和产业变革的战略性技术与重要驱动力量的类脑智能、量子信息、基因技术、未来网络、深海空天开发、氢能与储能等前沿科技和产业变革领域的知识产权促进和保护政策的前瞻布局不够，河南省的发展相对迟缓，解决上述问题的战略性新兴产业知识产权差异化政策不足。

4. 政策兜底与保障功能发挥不充分

知识产权助推河南省战略性新兴产业高质量发展的支撑与保障功能没有得到充分发挥，主要表现在：❶

（1）知识产权助推战略性新兴产业发展的具体支撑或辅助机制不完善。具体表现为：符合知识产权助推战略性新兴产业发展特点和要求的资本市场不完善，融资体系不健全；缺乏知识产权支撑战略性新兴产业发展的有效机制；知识产权价值评估机制的科学性欠佳；知识产权服务机构提供特色专题专利分析、知识产权挖掘、知识产权预警评议、跨国知识产权法律服务等高端服务的能力不足；知识产权助推战略性新兴产业发展的保障制度与保障机

---

❶ 国家改革和发展委员会.《国务院关于加快培育和发展战略性新兴产业的决定》解读［EB/OL］.［2022-04-07］. http://www.gov.cn/gzdt/2010-10/21/content_1727316.htm.

制仍不完善等。

（2）助推河南省战略性新兴产业发展的知识产权潜力，还没有得到最大限度地挖掘与发挥，各个产业专利活动态势日益分化。虽然，河南省高端装备制造部分领域、生物医药、新能源、新能源汽车、现代农业产业、节能环保产业专利申请量全国排名相对靠前，但是，不管是专利绝对数量还是所体现的技术水平，与先进省市都存在较大差距，部分差距甚至达到十几倍之多。

（3）河南省战略性新兴产业知识产权运营平台还没有完全建立，平台运营的"智能化"支撑不足。战略性新兴产业专利资源数据库的整合还没有完成，专题性的特定产业专利分析仍然缺失，高端运营服务能力欠缺，知识产权融资工具设计仍存在一定缺陷，融资渠道与规模偏少、偏小，知识产权价值评估、许可转化的技术支撑和规模仍然不足。同时，随着大数据技术、云计算技术、现代通信技术、深度学习技术的深入发展，知识产权运营的"智能化"建设日益兴起。在战略性新兴产业知识产权运营的诸环节或阶段中，知识产权融资系统的设计与构建、知识产权平台与数据库的建设、重点项目的知识产权评议与风险预警、知识产权价值评估等，都有适用人工智能、大数据、区块链等"智能化"技术的需求与空间。然而，河南省知识产权运营服务体系"智能化"运行的程度和深度不够，无法为知识产权的全方位运营，提供完善的技术支撑与保障。

（4）缺乏河南省战略性新兴产业知识产权信息的精准统计与发布机制。目前，河南省有关部门还没有对战略性新兴产业专利的具体情况进行分类统计，笔者只能依据国家知识产权局知识产权发展研究中心《2020年中国知识产权发展状况评价报告》《2019年中国专利调查报告》，以及广东省市场监管局（知识产权局）于2020年4月23日发布的《第二批战略性新兴产业专利导航成果》，间接整理出河南省战略性新兴产业专利总量统计数据。

（四）知识产权与河南省战略性新兴产业政策深度融合的路径优化

对标河南省打造全国重要的战略性新兴产业基地和现代服务业基地，河南省可以在现有知识产权资源存量与未来增量的基础上，针对知识产权与河南省战略性新兴产业政策融合发展中的不足，通过内涵提升、政策创新、法治保障等政策措施，走出一条符合河南省情、具有河南"创新"特色的知识产权与河南省战略性新兴产业政策高质量融合发展的新路。

1. 强化政策顶层设计与施策重点布局

建议尽快组织专门力量，对河南省战略性新兴产业知识产权资源存量与可能的未来增量进行调查，明晰存量家底和真实情况，明确短板和长板，按照战略定位、产业类别、应用领域等维度进行分类、分项整理，并在此基础上，建议在河南省科技创新委员会的领导、监督与协调下，成立"河南省战略性新兴产业知识产权战略实施工作联席会议"，研究制定《河南省战略性新兴产业知识产权战略实施计划》与《实施方案》，健全知识产权与战略性新兴产业关键环节政策融合体系，坚持创新链、产业链、人才链、政策链和制度链"五链"融合发展，聚焦产业链、供应链安全的重点方向和关键领域，将专利、商标、著作权、植物新品种等不同知识产权类型与不同战略性新兴产业进行排列组合式的对接与整合。例如，通过河南省人大常委会授权河南省知识产权局，分项拟订新一代信息技术、生物、高端装备、先进材料、新能源、新能源汽车、节能环保技术专利协同创新计划，细化工作推进进程、责任措施与奖励规定；建议成立河南省数字创意产业推进工作领导小组，制定《河南省数字创意"十四五"行动计划》，整合战略性新兴产业工业设计创意、品牌创意与文娱创意等资源，实施文旅文创知识产权融合战略，加强对域内外知识产权战略变动与调整动态的系统研究，探讨规律，掌握其侧重点，以便对河南省战略性新兴产业的发展采取有针对性的应对措施。除此之外，还要考虑到河南省战略性新兴产业区域布局问题，在坚持差异化定位、错位发展的基础上，完成战略性新兴产业优势与知识产权优势在空间和行业上实现融合与匹配的目标。

2. 推动知识产权创新政策的"法律化"

在河南省战略性新兴产业知识产权政策法规体系中，政策的数量与覆盖面明显大于知识产权法规。通过战略性新兴产业知识产权政策的"法律化"转换，可以增强知识产权与战略性新兴产业政策融合的法律保障力，夯实河南省战略性新兴产业知识产权高质量发展的长效法治基础。具体来说，就是将河南省战略性新兴产业知识产权战略实施推进计划、战略性新兴产业科技创新能力提升政策、战略性新兴产业与实验室体系融合发展政策、战略性新兴产业知识产权市场培育政策、战略性新兴产业与知识产权金融资本对接政策、战略性新兴产业核心技术专利审查便利化政策、知识产权登记（鉴定、评估、认证、咨询、检索）规范和完善政策、战略性新兴产业跨区域行政执法政策等进行"法律化"转换，通过河南省人民代表大会及其常务委员会、有权地方立法机关制定行政法规或地方政府规章。例如，制定《河南省战略性新兴产业知识产权促进条例》或者《河南省战略性新兴产业知识产权培育发展实施办法》等地方性法规或地方政府规章，推进知识产权与战略性新兴产业政策的"机制与制度"的融合，建立战略性新兴产业知识产权行政保护工作方案和保护规则，完善知识产权二元保护工作格局，为河南省战略性新兴产业的高质量发展提供强有力的知识产权法治保障。知识产权与河南省战略性新兴产业核心技术政策融合"法律化"要遵循一定的程序。这主要包括技术政策评价程序、技术法律制度建议程序和法律制度正当程序（即技术政策法律化的听取意见制度、论证与协商制度、公开与说明理由制度、避免偏私制度等）。这表明，战略性新兴产业知识产权创新政策的法律化应兼顾社会的法律需求、知识产权前瞻布局、科技创新的技术需求、政策功能实现的可能性、科学创新的法制程序保障要求，不遵守法制程序、不符合河南产业发展实践且没有民意汇集与整合基础的战略性新兴产业知识产权政策法规是不可取的。

3. 健全前瞻性制度储备

近年来，河南省陆续获得了建设郑洛新自主创新示范区、郑州国家新一代人工智能创新发展试验区、国家知识产权服务业集聚发展示范区、河南文化创意产业集聚区等政策利好。在完善、优化已有的知识产权政策法规体系的基础上，推进契合现代科技特点、符合河南省情的知识产权与战略性新兴产业政策融合发展的前瞻性制度、机制创新必不可少。

（1）推动知识产权与战略性新兴产业政策融合的"先行先试"。河南省可在保持与国家战略性新兴产业知识产权政策一致性的同时，科学运用技术预见预测、政策绩效评估、政策效应分析等政策工具，聚焦重点领域的科技创新需求与创新潜力，突破旧有的科技创新政策壁垒进行知识产权与战略性新兴产业融合发展政策法规的"先行先试"。例如，在战略性新兴产业核心技术突破中优化"创新容错豁免与激励"规则；走好战略性新兴产业知识产权"引才、育才、用才"三步棋；完善战略性新兴产业"五快"（知识产权快速审查、快速登记、快速确权、快速监测预警、快速维权）机制；强化跨区域知识产权保护协作机制；全力构建河南省战略性新兴产业"自主创新"新格局，加快"知识产权+新一代信息技术"的融合运用；在郑洛新国家自主创新示范区、郑州航空港经济综合实验区、中国（河南）自由贸易试验区等主体（经济）功能区中试行局域战略性新兴产业知识产权创造、运用、管理、保护全生命周期实验；培育和规范专利保险市场；尝试发行战略性新兴产业知识产权证券等，并结合河南省战略性新兴产业的技术创新实力、科研潜力、知识产权资源存量，制定并落实配套政策措施，用好用足国家和河南省的战略性新兴产业知识产权政策助力，构建覆盖创新创业全生命周期的战略性新兴产业科创体系和高质量的新兴产业知识产权生态，重塑河南知识产权驱动创新发展新格局。

（2）推动知识产权与战略性新兴产业政策融合制度创新。①在河南省创新委员会框架下设立河南省战略性新兴产业知识产权创新委员会，为知识产权制度创新的常态化提供体制保障。②建立战略性新兴产业知识产权政策的技术预见和预测制度。政府知识产权政策要注重战略选择与技术领先，技术预见可以帮助确定哪些领域应当"有所为"，技术预见要着眼于强化区域各创新主体之间的互动与交流，通过系统化、多元性的科技战略与政策，制订具有前瞻性与创意思考的战略规划，促进形成高效公平的资源分配机制，建立具有公信力与客观资讯基础的知识产权决策体制。同时，充分利用现有已发展成熟的科学计量学和知识图谱分析工具支撑科学预测与预见。③建立战略性新兴产业知识产权景气指数制度。战略性新兴产业知识产权创新景气预警信号灯的设计，能够及时反映科技创新景气的变化和转折，具有较强的动态性和时效性。对战略性新兴产业知识产权景气指数走势的监测与分析，可以为战略性新兴产业知识产权政策的制定和调整发挥决策咨询作用。④实施柔性的人才流动制度。河南省应改变以往单纯由河南省科技厅、河南省知识产权局制定知识产权创新人才政策的做法，提高战略性新兴产业知识产权人才政策的制定层级，通过特殊的政策倾斜优惠措施，加大知识产权人才引进的激励力度，实施"拔尖人才"计划，采取"候鸟型""两栖式"等多种柔性的人才流动政策，例如，设立科技人员学术休假制度，鼓励科学家和技术人员在此期间开展商业冒险实践或者专心提炼创意，以此，吸引国内外知识产权创新人才向河南集聚。

4. 加强"精明专业化"政策建构力度

"精明专业化"概念是欧盟"知识驱动增长"报告的专家小组在2009年提出的，其主要内容包括：（1）对欧盟各个区域进行基于本地条件（特有的产业优势）的创新潜力评估；（2）各个区域拟定出优先扶持的产业、知识或者技术等，最后将产业或技术发展的具体方案上报给欧盟委员会；（3）欧盟审议后，根据方案的可行性进行针对性的资助和扶持。通过"精明专业化"政策的实施，欧盟可以帮助成员国培育和发展新产业、新技术、新市场、新业态、新模式，以推进供给型创新、需求型创新与精准创新的深度融合。"精明专业化"政策主要强调创新方式的多样性和区域经济结构的专有性。

"精明专业化"政策倡导的创新包括科技创新、管理创新与制度创新等多方面的创新，而且其本质上也是一种允许试错、基于各地实情的本土、自主与互动式创新。具体做法是：（1）重视"基于实践"的本土创新。河南省可以在进行精准技术预见的基础上，科学评估河南省域范围内各县市、高校、科研机构的科技创新潜力与知识产权资源存量实力，确定优先发展的战略性产业集群与重点领域，瞄准科技前沿，提出既符合市场需求又切实可行的"知识产权订单"，跳脱产学研刚性联合创新模式的局限，找到更符合本地实际的可行性创新发展方案。（2）组建河南省知识产权创新综合体。河南省可以积极利用各项政策利好，整合已经揭牌运行的嵩山实验室、神农种业实验室、黄河实验室，10家省产业研究院和8家中试基地，组建高层次河南省域知识产权创新综合体。促进创新要素向企业集聚，利用科技创新先进地市（郑州市、洛阳市、新乡市、许昌市等）特有的知识产权资源，挖掘地方优势产业或技术来增强区域竞争力，积极推动电子信息、新能源汽车、新材料、食品科学、航空管理与制造等本地优质科技资源与错位发展的有机结合，实施知识产权"精准创新"工程，探索出符合本土制度、社会、文化土壤的区域战略性新兴产业创新发展路径和模式。

5. 创新知识产权政策的技术实施模式

党的十九届四中全会强调的"推进国家治理体系和治理能力现代化"的一个重要内容，就是加强技术治理在国家治理中的运用。具体到知识产权领域，就是基于市场失灵和政府失灵现象的存在以及数字科技的发展，传统的知识产权管理模式已不能适应社会发展，因此，可以将技术治理范式作为推进知识产权高质量发展问题的政策工具。知识产权政策的实施除了依凭传统的依靠政治组织体系和行政管理系统强制实施外，还可以采取技术治理作为政策实施方式，创新知识产权治理范式。

知识产权技术治理作为一种政策工具和技术实施模式，可以利用技术的强制作用和规范效力，优化、强化知识产权政策的运行方式和实施力度。当前的知识产权政策的技术实施模式，就是运用新一代信息技术即大数据、云计算、物联网技术，基于神经网络和机器学习技术，图像识别、算法判断、机器决策等人工智能技术，通过技术手段、技术协议、技术标准三个治理工具的科学适用，以及技治理性、数据驱动和算法强制的制度化融合，保障知识产权政策目标的实现。具体来说就是：第一，在知识产权政策制定过程中注意纳入技术治理的相关内容。例如，可以在《关于强化知识产权保护的实施方案》中的知识产权行政保护中规定"通过源头追溯、实时监测、在线识别等手段强化知识产权保护，提高执法效率和精准度""建设侵权假冒线索智能检测系统"，强化知识产权保护的技术支撑专项内容。第二，在知识产权政策中明确提出技术治理的具体实施方式。例如，在知识产权政策之"重点工作"中规定：利用区块链不易篡改性、加密云计算存储的安全性、人工智能的机器学习能力、人机工作平台的互动性特点，辅以可信时间戳、GPS 定位、原子钟、数字身份认证等技术，固定知识产权侵权证据，为知识产权行政执法、仲裁调解、司法审判提供技术保障；❶ 构建"至信链"版权保护平台，重点解决移动互联网时代权利人确权难、监测难、取证难、维权难的痛点。第三，以技术协议和技术标准作为政策工具推进知识产权治理的规范化、标准化。即结合具体案情，通过分析网络技术协议的兼容性、合规性，分析不正当竞争、窃取商业秘密等知识产权侵权行为的具体样态，以及取证行为是否侵害他人隐私或构成非法破解技术措施，以此，保证技术措施的规范适用。同时，将实践中运用的合法有效的技术方案、操作流程、取证步骤等加以"标准化"❷，将其推广应用至类似场景之中，以此，实现知识产权政策技术实施方式的标准化、有序化，为类似场景的知识产权治理提供典型经验，提高治理效率。

6. 提高知识产权政策保障水平

（1）提高河南省战略性新兴产业知识产权政策制定与实施的科学水平。河南省可在认真梳理现有的知识产权资源、科研实力的基础上，选取智能终端、轨道交通装备、精密机械制造、超硬材料、北斗导航、大数据、物联网、新能源汽车、新材料、信息安全等关键领域，以及服务创新、包容性创新、草根创新等多个领域，进行相对精确的技术预见，识别科技最新发展动态及趋向，通过项目招标、协同创新、知识成果采购等多种形式，为河南省战略性新兴产业知识产权政策的制定与适用提供知识资源与实践储备，并对知识产权政策法规制定与实施的实证调研、数据支撑、绩效评估等量化研究指标，以及研究方法、政策工具的选定、逻辑模型的构建等，提出特别的政策要求与需遵循的规范准则，提高科技政策法规制定、实施、考评的体系化、科学

---

❶ 李雨峰，马玄. 互联网领域知识产权治理的构造与路径 [J]. 知识产权，2021（11）：29.
❷ 同❶.

化、规范化水平。

（2）科学选择政策工具，精准定位政策导向。特别要改变偏重"总结性评估"的做法，加强"形成性评估"，以便动态调控科技政策；在创新周期理论的基础上构建新兴产业知识产权景气指数，对河南省战略性新兴产业创造能力进行准确的预警和预测；从偏重供给政策向环境政策转换；知识产权运用政策开始从前期注重研发转向更加注重其成果在生产中的应用、市场化以及创新技术的扩散，更加注重河南省战略性新兴产业高质量发展过程中的知识产权的支撑、保障功能。

（3）建立战略性新兴产业知识产权政策法规规划与审查制度。从构建覆盖创新创业全生命周期的新科创体系和高质量的创新生态，重塑知识产权驱动河南创新发展新格局的战略高度，统筹谋划知识产权与战略性新兴产业融合发展政策法规体系的总原则、工作任务，以及具体政策法规体系的结构铺排、具体的制度设计，强化战略性新兴产业知识产权政策法规制定程序的科学性，对现有的政策法规体系进行动态的预测、审查与完善，随时保持知识产权政策法规的鲜活度。

三、知识产权助推河南省战略性新兴产业发展的机制保障

知识产权助推河南省战略性新兴产业的高质量发展，必须通过规范化、制度化和机制化的创新路径予以贯彻。知识产权机制作为促进、保障技术进步和经济发展的重要法律机制，以及管理知识资产、改进社会治理模式的作用机制和创新驱动新路径，可以承担此项制度使命和学术使命。知识产权机制，简单来说，就是指知识产权各要素之间的结构关系和运行方式。知识产权机制的建立、完善和作用的发挥，一靠体制，二靠制度，就是依据归属清晰、权责明确、决策科学、保护严格、流转顺畅、廉洁高效的知识产权体制实施知识产权法律制度（专利制度、著作权制度、商标制度等），以此发挥好知识产权制度激发市场主体活力和社会创造力的支撑保障效能。从知识产权作为一种治理模式和法律机制来看，知识产权机制的内容和作用形式主要表现为激励机制、调节机制、规范与保障机制，大致对应知识产权创造、运用、保护、管理和服务五个方面，因此，也可以将知识产权机制划分为知识产权创造机制、知识产权运用机制、知识产权管理机制和知识产权保护机制。需要注意的是，不能忽视政府在知识产权机制运行中的作用。有为政府作用的积极发挥，可以使知识产权从"私权自治"逐步发展到"社会共治"，即政

府确定知识产权治理的基本规则、运行框架、实施方式,并通过知识产权信息机制、激励机制、教育机制、引导机制维护市场秩序、提供公共服务等方式引导产业升级。

(一)知识产权机制的基本内涵

从本源上说,知识产权是法治概念,是"对知识的财产权"或者说是知识的法律产权化,因此,知识产权本质上是一个法律制度体系,可以说,知识产权机制是创造成果和工商标记的法律发展机制或者法律促进机制,是知识产权制度的作用机制。随着科技创新与实体经济深度融合,创新驱动发展作用的发挥,知识产权涵括的范围不断扩张,知识产权制度逐渐突破其狭窄的知识保护机能,向科技创新的前端即知识创造、知识运用环节迈进,从创新的源头和知识价值的实现两方面扩展知识产权的引领、支撑功能。因此,知识产权制度的作用机制深度融入科技创新、经济活动、社会发展等领域,成为驱动我国创新高地建设,经济社会高质量发展的核心动能。

知识产权制度为发明创新活动注入了一个优良的功效机制,是创新活动的赔偿机制和商业利益机制,是优秀技术性产业发展与科研成果产品化的推动和保护机制,是产品和技术性交易的保护和推动机制,其在科技创造阶段发挥激励和引领作用,在科技成果产业化阶段发挥知识评价和价值实现作用,在知识权利受侵害时发挥预防和保护作用。具体来说,知识产权机制的类别正是知识产权制度功能的实践展现。笔者认为,按照知识产权的组成架构,可以将知识产权机制分为知识产权创造机制、知识产权运用机制、知识产权管理机制、知识产权保护机制;按照知识产权的功能内容,可以将知识产权机制分为知识产权激励机制、知识产权导航机制、知识产权转让机制、知识产权质押融资机制、知识产权预警机制、知识产权评议机制、知识产权平台建设机制、知识产权信用评价机制、知识产权协调机制、知识产权托管机制、知识产权审判机制、知识产权诉讼中技术问题查证机制等。

从上述知识产权机制的类别划分可知,知识产权机制大部分集中于知识产权运用环节,其数量占知识产权机制的70%以上,但是,在体现科技创新实力和国家竞争优势的知识产权创造环节的作用力不足,引领和激励功效不强。同时,可以看到,我国的知识产权机制主要在具体的科技创新、经济社会发展领域发挥特定作用,而不是将知识产权制度作为国家整体科技、经济、社会发展的治理机制,从国家治理体系和治理能力现代化的宏观战略视角审视知识产权创新激励保护之制度效能的发挥。

2021年11月30日,习近平总书记在中央政治局第二十五次集体学习时的重要讲话的要旨在于新时代推进国家知识产权治理现代化。因此,我们要充分认识到知识产权在现代国家基本制度以及创新发展中的重要作用,以知识产权机制创新为着力点和突破口,在国家治理现代化、省域经济高质量发展、产业发展知识产权引领等方面,全面发力,重点突破,健全高质量创造支持政策,聚焦关键领域,重点加强关键核心技术和重点领域、新兴产业的知识产权创造和保护,引导市场主体发挥专利、商标、版权等多种类型知识产权合力作用,更好地促进"创新链—产业链—价值链—人才链"的深度融合,发挥好知识产权制度激发市场主体活力和社会创造力的效能。

(二)知识产权助推河南省战略性新兴产业发展中存在的机制性问题

通过对现有文献资料与其他省市知识产权助推战略性新兴产业发展的情况的分析,可知,河南省知识产权助推战略性新兴产业发展的作用机制,还存在诸多问题。主要表现在:❶

(1)政府、有关企业关于战略性新兴产业发展的工作重点与机制建设,还没有将知识产权制度、机制作为推动战略性新兴产业发展的核心驱动力和决定性力量。知识产权引领战略性新兴产业抢占发展制高点的关键作用,还没有得到各经济主体的根本重视。虽然,知识产权局已经从2013年以来(中间存在断层现象),一直在进行战略性新兴产业专利的统计工作,但是,其他知识产权管理部门(著作权管理部门、林业和草原局等)对于战略性新兴产业知识产权工作的开展与深化,还没有形成一致认识。重点领域和关键环节(如芯片制造、人工智能、航空发动机等)知识产权的创造、运营、保护合力,以及与此相关的技术支撑与辅助机制,还没有完全形成与建立。

(2)企业尚未成为技术创新与知识产权产出的真正主体,"产学研用介"的协同机制还没有完整建立。目前,我国的高校和科研机构才是知识产权创造的主要力量,高校、科研院所的知识产权交易转化机制仍不完善。因为这些主体的项目来源一般是来自于各级政府部门的纵向科研项目,横向项目较少,这些项目成果无须直接对市场负责,科技创新、知识产权与经济需求、实践应用之间存在的脱节问题,仍然较为突出。再加之,高端的创新成果产

---

❶ 国家发展和改革委员会. 国务院关于加快培育和发展战略性新兴产业的决定解读[EB/OL]. [2022-04-07]. http://www.gov.cn/gzdt/2010-10/21/content_1727316.htm.

业化、商业化的中介机构缺失，更加剧了"产学研用介"协同机制完善的难度。

（3）知识产权助推战略性新兴产业发展的具体支撑或辅助机制还不完善。具体表现为：符合知识产权助推战略性新兴产业发展特点和要求的资本市场不完善，融资机制不健全；缺乏知识产权支撑战略性新兴产业发展的有效机制；知识产权价值评估机制的科学性欠佳；知识产权服务机构提供特色专题专利分析、知识产权挖掘、知识产权预警评议、跨国知识产权法律服务等高端服务的支撑机制不健全；知识产权助推战略性新兴产业发展的保障制度与保障机制仍不完善等。

（4）缺乏创新共同体知识产权集群管理机制。这里所说的创新共同体，既包括基于政策指导、商业目的共同组建的知识产权创新联盟，也包括发挥经济地理功能的高新技术产业开发区、经济技术开发区、郑洛新自主创新示范区、郑州航空港经济综合实验区、中国（河南）自由贸易试验区等经济集聚区。在这些经济功能区中，主要是实现经济上下游、链条的地理集聚，行政管理体制和经济管理制度的适应性调整，相对忽视了知识产权治理机制对经济功能区科技创新模式、经济发展范式的重塑性作用。

（5）知识产权创造环节的机制创新不够。基于河南省战略性新兴产业知识产权数量少、质量不高的现实境况，河南省现有的知识产权机制主要在科技创新成果的转化运用阶段发挥作用，但是，在科技创新创造源头的引领作用的存在感不足，特别是在技术发明专利创造方面，知识产权激励、保护创新的机能弱化，由此，不仅无法增加知识产权的省域存量，而且，也无法实现知识产权特别是发明专利推进产业高质量发展的引领、导航作用。

（6）层次化、差异化、精准化的机制建构不足。目前，河南省知识产权机制建设与创新主要是通过政府出台相应的政策措施加以实现，官方有组织的机制建构居多，企业根据自身科技创新水平、商业需要自发形成的机制创新较少，适应不同规模、不同领域企业发展实际的层次化、差异化知识产权机制不足。同时，河南省对接特定新兴产业、具体技术领域的知识产权机制的精准度欠佳，针对性不足，无法为新兴产业发展路径提供精确的机制创新支撑。

（三）知识产权助推河南省战略性新兴产业的作用机制优化

知识产权助推机制的健全和完善，是知识产权制度有效发挥，促进及保障技术创新和经济高质量发展的重要路径。针对前述中指出的河南省战略性新兴产业知识机制运行中出现的问题，可以从"政府—企业"两个层次，知识产权创造机制、运用机制、管理机制和保护机制四个维度，以及激励、调节、规范、保障四个功能方面优化现行的河南省战略性新兴产业知识运作机制。

1. 河南省战略性新兴产业发展的知识产权创造机制优化

战略性新兴产业的技术创新与知识产权创造机制的核心环节是相关战略专利研发及专利导航引领作用的发挥。战略性新兴产业知识产权创造机制的优化，可以从政府和企业两个层面着手。

（1）政府层面。

政府可以在知识产权助推战略性新兴产发展的进程中发挥积极功能。即对企业技术研发进行知识产权辅导，提供技术成果产权化的法律服务，通过专利导航引导战略性新兴产业发展的方向，在技术标准化过程中履行规划组织、支撑服务和有效监管等职能。特别是技术标准化和专利导航，对于河南省自主创新能力的塑造、产业国际竞争力的形成以及产业的转型升级等方面，具有重大的战略意义。

①技术标准化助推河南省战略性新兴产业发展的整合机制。

技术标准化发轫于企业解决产品零部件通用和互换问题的动力机制，由此衍生出加速技术应用，提高微观经济主体的生产经营效率，规范产业发展秩序，促进知识产权转化甚至构筑贸易非关税技术壁垒等诸多制度功能。构成技术标准的专利技术，如果已经获得知识产权授权，那么，技术的标准化就可视为知识产权的标准化。

在技术标准化过程中，河南省各级政府可以发挥的功能，主要是整合标准资源，进行技术标准框架体系的科学规划与组织，对技术标准的制定提出重点、方向与具体要求，并授权技术标准管理组织对标准化活动进行组织、管理、指导；通过科技计划的编制和实施，引导标准化主体和知识产权等资源的合理分布、高效匹配和有机衔接；协调技术标准化牵涉的各方主体利益，组织知识产权优势企业形成合力，将国家标准发展成为国际技术标准，引导建立技术标准化网络，争夺国际标准制定的主导权和话语权；实现技术标准产业链条上各知识产权环节资源的合理布局，防止标准实控方抑制竞争；为标准化活动提供知识产权信息服务、资源共享服务、成果转化与对接服务，建立标准化知识产权服务平台；对技术标准建立与实施过程中的知识产权运

营、合规性等问题，进行管理和监督等。❶

②河南省战略性新兴产业发展的专利导航机制优化。

在我国进入经济新常态，创新型社会仍未完全形成，中美贸易争端仍未平息的今天，大力加强战略性新兴产业的发展，必须以知识产权构筑产业核心竞争力。专利导航是产业决策、产业发展的引导工具，其运用专利制度的信息指引功能和专利分析技术，科学规划产业未来发展方向，精确分析和把握产业发展现状，引导企业科学配置创新资源，优化产业、企业运行决策机制，防范和规避知识产权管理与运营风险。❷

专利导航可分为区域创新质量类、产业规划类、企业运营类三种。❸ 实践中，河南省各级政府及企业适用的主要是后两种。河南省各级政府应抓牢战略性新兴产业和重点企业，围绕比较优势领域和发展短板，通过对战略性新兴产业技术研发、专利信息与专利竞争格局的国际、国内比较分析，尝试制定具体产业专利技术路线图和科技行动计划，对重点项目进行知识产权评议，实施重大关键技术、关键零部件、重点企业的专利布局，有重点地进行关键技术专利创造、战略性专利收储，建立知识产权联盟，将专利导航纳入产业发展规划决策和重大项目决策之中，引导省内专利资源向关键核心技术领域、战略性发展环节聚集和倾斜，深入研究省内现有专利资产在特定产业发展中所起的规律性作用，引导企业采用合理的专利运营模式和专利运营路径，提高专利资产价值评估、专利政策绩效评价和专利风险预警的科学性、规范性与制度化水平，促进专利导航机制常态化。政府还可以通过政策激励、典型试点、购买专利服务等形式，引导企业实施专利"微导航"，精准研判技术发展趋向，为企业提供路径解决建议，帮助企业排查专利风险，从提高技术先进性程度、完善专利组合、深入挖掘专利经济价值等方面，进行高质量专利培育，为企业技术研发与经营管理提供知识产权公共服务。❹

（2）企业层面。

从企业层面来看，战略性新兴产业知识产权创造可以分为三个阶段，分

---

❶ 王珊珊，刘雪松，林艳. 技术标准化的政府功能定位与行为模式 [J]. 科技管理研究，2016 (19): 42-44.

❷ 国家知识产权局办公室. 关于推广实施产业规划类专利导航项目的通知（国知办发管字〔2015〕18号）[EB/OL]. [2022-04-07]. http://www.std.cas.cn/zcfg/gjfg/201509/t20150901_4418986.html.

❸ 刘仁. "大导航体系"为创新发展精准导航 [N]. 中国知识产权报，2018-05-16 (7).

❹ 贺化. 科学开展专利导航，有效服务产业转型升级 [N]. 中国知识产权报，2013-10-23 (3).

别是创新技术研发、技术成果的产权化、知识产权的标准化。

创新技术研发阶段知识产权的介入方式，主要是在具备技术需求时，预先进行技术产出可行性的论证，接着进行知识产权查新，据此确定技术创新的技术路线，以及将来企业可能采取的知识产权获取策略，包括自主研发、购买他人知识产权、接受赠与、并购、知识产权交叉许可等。企业如果自己确定自研，一定要注意，对相关知识产权的技术先进性、成熟度、发展前景，进行科学评价，并采取必要的知识产权保密措施。企业还可以在企业日常管理中，推行《企业知识产权管理规范》，以保证创新技术的研发在知识产权的指引下进行，以此发挥知识产权的"微导航"功能。

在技术成果的产权化阶段，企业可以根据所研发的技术创新度、技术特征点，未来技术成果转化的市场前景，以及企业自身的发展策略与市场定位等因素，据此申请适当的知识产权类型授权，或者采取商业秘密的方式进行技术成果保护。知识产权资源富集企业，可以成立专门的知识产权管理或转化办公室，对自主研发或从他方获取（或购买、或交叉许可）的知识产权资源自行使用，或进行市场价值开发，以为下一步知识产权潜力的最大限度的发挥，奠定知识产权基础。

在产权的标准化阶段，当企业创造的某些知识产权资源在其产业领域具备引领性的基础性地位时，就可以组成知识产权联盟，建立知识产权技术标准体系（主要是专利技术）。当然，这个过程可能要经历企业标准、行业标准、国家标准甚至是国际标准等多个阶段，才能确立企业的技术竞争优势。知识产权联盟的运作机制，可以签订联盟协议，依据内部交叉许可、外部统一授权的方式进行。在战略性新兴产业发展过程中，知识产权联盟可以控制相关技术标准和掌控技术发展方向，并为深层次的技术革新和新技术标准的拟定，设定具有前瞻性的技术路线与发展框架。可以说，国家科技实力的竞争，主要就表现为各产业技术标准的竞争。当前，美国政府对华为公司5G专利技术产业化及研发布局的打压，就很好地说明了技术创新及其拥有的技术标准的引领，在国家竞争中的重要作用。

2. 河南省战略性新兴产业发展的知识产权运营机制优化

知识产权的运用和环境状况构成了知识产权机制的主要内容。2020年河南省知识产权运用指数得分及位次分别为56.9分，第14名，位于全国31个省（自治区、直辖市）的中游位置。2020年河南省全国知识产权环境指数得分及位次分别为62.9分，第10名。❶ 河南省战略性新兴产业知识产权的运用和环境情况也大体与之类似。总的来说，虽然，近年来河南省的知识产权环境改善很大，知识产权服务体系日渐完善，但是，河南省战略性新兴产业发展的知识产权运营规模和效益仍处于全国中游位置，其高质量发明专利数量不多、核心技术较少的现实境况，表明推进河南省战略性新兴产业发展的知识产权创造机制、运营机制可以发挥的促进和支撑功能有限。

知识产权运用主要强调对于知识产权技术价值、商业价值的开发、使用，知识产权运营主要是将知识产权资源附加了资本化、市场化的运行机制的强调，可以说，知识产权运营是更高层次、更宽领域、多元维度的知识产权运用。目前，河南省各级政府和部分企业已经在战略性新兴产业开展了知识产权运营工作，取得了一定成效，但是还存在一定的完善空间。

（1）积极探索"平台化"的知识产权整合共享机制。

近年来，我国知识产权运营载体及运营环境的建设与塑造，呈现出明显的"平台化"趋向。知识产权运营平台，超出了其本来的对各知识产权要素的联结功能，进而演变成为整合各方知识产权资源，涵盖知识产权运营硬体设备、运营制度建设、运营技术支撑体系（包括知识产权价值评估、产业与特色数据库建设、融资工具设计等）的综合性知识产权运营环境体系。一切知识产权运营活动，都可以在平台上找到其存在的空间，大幅提升了知识产权运营的便利性与效率。我国部分地方政府、知识产权管理机关和知识产权运营企业建设了区域知识产权信息平台、特色专题性专利数据库和交易转化、融资等各种类型的平台，有些知识产权运营平台（如华发七弦琴国家知识产权运营平台、阿里巴巴知识产权服务市场等）的业务范围囊括了资产交易、融资服务、数据服务、专利拍卖等内容，大致涵盖了宏观知识产权运营体系的主要业务范围。河南省战略性新兴产业知识产权运营体系的建设，应当顺应知识产权运营的"平台化"趋向，以"平台"为核心构建四位一体（"平台+机构+资本+产业"）的知识产权运营服务体系。

经过笔者的实证调研，可以发现，河南省战略性新兴产业知识产权运营平台还没有完全建立，战略性新兴产业专利资源数据库的整合还没有完成，专题性的特定产业专利分析仍然缺失，高端运营服务能力欠缺，知识产权融资工具设计仍存在一定缺陷，融资渠道与规模偏少、偏小，知识产权价值评

---

❶ 谢准，邓仪友，等. 2020年中国知识产权发展状况评价报告［R/OL］. 2021［2022-04-07］. 北京：国家知识产权局知识产权发展研究中心，http://www.cnipa-ipdrc.org.cn/article.aspx?id=669.

估、许可转化的技术支撑和规模仍然不足。对此，河南省可以通过政策激励、财政补贴、购买服务等形式，建设省级战略性新兴产业知识产权运营综合平台，将平台打造成一个集知识产权信息（包括数据库建设、专利分析等）、交易、融资、信托等功能为一体的综合性运营载体，并在平台中嵌入能够精准匹配与有效对接的知识产权供需管理系统和知识产权分析预警系统，强化知识产权分析能力，为高端、定制化的知识产权运营服务，提供技术支撑。同时，尝试在知识产权运营综合平台上开设知识产权超市，建设战略性新兴产业特色数据库，以此构建融合技术支撑、制度创新、机制优化等集成内容的知识产权运营平台生态链。

（2）科学打造"智能化"知识产权运营技术支撑机制。

随着大数据技术、云计算技术、现代通信技术、深度学习技术的深入发展，知识产权运营的"智能化"建设日益兴起。在战略性新兴产业知识产权运营的诸环节或阶段中，知识产权融资系统的设计与构建、知识产权平台与数据库的建设、重点项目的知识产权评议与风险预警、知识产权价值评估等，都有适用上述数据自动分析技术、新一代信息技术等"智能化"技术的需求与空间。然而，河南省知识产权运营服务体系"智能化"运行的程度和深度不够，无法为知识产权的全方位运营，提供完善的技术支撑与保障。

为应对河南省战略性新兴产业知识产权运营"智能化"羸弱的现实，河南省各级政府和有需求的企业可以设计基于云计算、大数据分析技术和智能互联网技术的知识产权运营软件和管理系统，绘制 S 形曲线，预测竞争对手的未来技术战略趋势，组织高校、科研机构、企业的技术研发力量，进行技术攻关，设计、建设内嵌人工智能技术，能够实现知识产权风险预警、分析评议、融资审核、价值评估等功能的自动生成系统。同时，还要注重研发能够将知识产权运营平台与其他产业企业、金融机构、行业协会、知识产权中介服务机构等实体进行"智能"联结的协同运营系统。

3. 河南省战略性新兴产业发展的知识产权保护机制优化

知识产权本身具备制度供给和技术供给的双重属性。[1] 其落实新型产权安排、激励科技创新与技术竞争的制度功能，不仅是知识产权被侵犯后的单纯事后救济，又是反推、反哺知识产权创造升级的引导性力量。美方对中国产品采取贸易限制措施，虽然是对我国科技创新能力的不信任与刻意贬低，但

---

[1] 申长雨. 知识产权是推进供给侧结构性改革的重要支撑 [N]. 中国知识产权报，2016-09-21（2）.

是从某种程度上说，又是倒逼我国发挥知识产权的牵引作用，在战略性新兴产业的技术供给侧进行结构性调整的重要契机。此时，知识产权法律保护手段的新探索，作为推动我国战略性新兴产业自主创新能力提升的制度安排，将发挥重大的保障作用。

2019年7月24日，中国共产党中央全面深化改革委员会会议审议通过《关于强化知识产权保护的意见》并正式印发。2020年10月，河南省委办公厅、河南省人民政府办公厅也出台了《关于强化知识产权保护的实施意见》。笔者注意到，《关于强化知识产权保护的意见》中特别提到了7个"探索"的表述。《关于强化知识产权保护的意见》中的新"探索"是在"知识产权已成为中国加快转变经济发展方式、保障和推动创新型国家建设的重要驱动力"，以及专利战略价值保护被忽视、侵权线索发现难、维权成本高、技术治理手段不成熟"的背景下做出的理论表达与法治回应。主要表现在：探索"侵权假冒线索智能检测系统"发现机制，完善药品专利申请授权的侵权查询机制，合理延伸药品专利有效保护期限，优化知识产权犯罪侦查与民事维权机制，科学认定知识产权侵权证据，拓展知识产权的保护范围，加大知识产权保护的国际能见度，借以展现我国加强保护科技创新的坚定决心，提升我国知识产权法律保护的效能，同时回击美方对我国知识产权保护不力的不实指控。这些知识产权保护措施的探索，可为河南省战略性新兴产业知识产权事业的发展，提供坚强的法律保障。为此，可以健全、优化以下知识产权保护机制，以保障这些"探索"取得实效。

（1）创制法治化的商业秘密保护机制。

从前述信息可以看出，河南省技术交易合同的第一大知识产权类型是"技术秘密"。对于不适合申请专利或企业另有考虑的创新技术成果，施以商业秘密（对于战略性新兴产业来说，主要是技术秘密）的保护，就可以在一定程度上，规避技术公开的相关风险。对此，河南省可以先行制定省级层面的《河南省商业秘密保护条例》，对不适合申请专利或企业另有考虑的战略性新兴产业商业秘密、保密商务信息及其源代码等，实行商业秘密保护。具体内容可以从商业秘密的范围、类型及其构成、商业秘密的"秘密性"与经济价值鉴定、举证责任的特殊规则、竞业禁止与择业自由的平衡、商业秘密案件审理的"保密"问题、侵权认定的程序、赔偿责任的例外和加重规则等方面，予以详细规定。同时，还要注意《河南省商业秘密保护条例》中的具体条款与知识产权相关法律法规的规范冲突与体系整合问题，以此，减少创新成本，优化企业特别是知识产权资源富集企业的营商环境，推动河南省战略性新兴产业提升自身科技创新国际地位。

(2) 构建"智能化"的知识产权侵权认定机制。

针对《关于强化知识产权保护的实施意见》中关于知识产权侵权认定的内容，河南省各级政府可以采取政策授权、财政补贴、典型试点、服务购买等形式，引导有关部门、企业加大资金和技术投入，探索完善数据化打假情报导侦工作机制，建立侵权行为公证悬赏取证制度，并尝试运用大数据、云计算、人工智能技术、知识挖掘技术、数据可视化技术、图像识别技术，从纷繁复杂的涉案信息中搜寻有价值的知识产权"情报"。以知识产权"情报"的精准导引，确定知识产权犯罪的技术流向、犯罪事实与涉及的规范适用范围，推动知识产权犯罪侦查工作向精准化、集约化方向发展。在知识产权侵权的认定方面，建议河南省内知识产权行政执法机关与高校、科研院所合作，整合知识产权侵权案件信息库、专利技术特征信息比对技术、智能监控与自动鉴识技术，深度学习技术等，以侵权信息悬赏提供和公证悬赏取证制度为侵权信息的基本发现机制，构建基于上述技术与侵权法律判断规则的一站式侵权认定自动智能系统，以此，为河南省知识产权管理人员和司法工作人员，提供侵权技术认定以及其与法律规范对接的一揽子技术或法律解决方案。

(3) 优化专利保护的"时间激励"与侵权"早发现"机制。

知识产权，其原意为"知识（财产）所有权"或者"智慧（财产）所有权"。其是通过知识产权激励创新主体为获取智力成果的"经济"对价而被保护的专有权利。然而，基于知识产权制度的特殊程序设计，或不同法域知识产权法律制度存在的衔接断点，专利权申请可能面临侵犯在先权利等侵权风险，以及专利实际有效期限实质缩短的情况。作为战略性新兴产业之一的生物制药专利，这方面表现尤为明显。对此，河南省可以进行先行探索、试点，建立、完善药品专利链接制度和药品专利期限补偿制度，为药品专利申请授权，预留充足的侵权查询机会，加强药品专利失效与新专利申请之间的程序衔接与有效协调，拓展知识产权激励创新的时间链条，为知识产权创造者提供更多风险防范的"时间激励"。

(4) 完善知识产权宣传与纠纷处理机制。

毋庸讳言，当前国际话语权与国际事务发展进程主要还是由欧美发达国家掌控，作为科技创新、制度创新的追赶者与重建者，以战略性新兴产业的崛起为代表的河南省知识产权创造、运营与保护的成就，宣传得还非常不够，其中存在的困难，还不被国际社会所完全理解。对此，河南省可以在政府层面，与国外地方政府签订国际知识产权互助协议，促进双方知识产权管理部门间的工作交流与合作，条件成熟的，可以互设知识产权服务办事处，积极支持国内企业应对海外知识产权诉讼，宣传知识产权政策与发展成就，增信释疑。企业层面，各知识产权资源富集或优势企业可定期组织知识产权供需交流会，通过行业协会或产业国际组织，建立规范化、制度化的沟通管道，督促有权机关或国际组织，制定科学合理的战略性新兴产业知识产权纠纷处理程序规则与运行机制，不怯不躁，勇于打"国际官司"，积极运用法律手段维护自身的合法权益。

第二章

河南省战略性新兴产业知识产权运营模式研究

王晓辉*

一、河南省战略性新兴产业知识产权运营的模式选择

知识产权运营模式，是指对知识产权运营的主体、种类、服务内容、人才需求和运行环境等要素优化资源配置，实施科学的组合调配，从而实现知识产权最大价值的标准样式。知识产权运营模式助推战略性新兴产业知识产权高质量发展的内在机制，在于其通过对新兴产业知识产权创造的战略性引领、价值实现和效益的增加，以及各种知识资源的调配、整合，推进战略性新兴产业发展模式向知识增程式、内涵提升式转变。这里的知识产权价值不仅包括我们通常认为的知识产权商业价值或市场价值，同时，也指战略性新兴产业（企业）拥有的关键核心、颠覆性专利技术所形成的国家竞争优势、企业核心竞争力等战略价值。知识产权运营模式特别是战略性新兴产业专利运营模式的塑造和创新，对于激活知识产权市场，促进知识产权高效运用，提升和实现知识产权价值，围绕产业链布局创新链，塑造价值链，具有重大实践意义。加强并深化河南省战略性新兴产业知识产权模式的研究，是非常重要和必要的。

（一）河南省战略性新兴产业知识产权运营的实践现状

据笔者对河南省知识产权局、郑州市知识产权局、郑州市高新区知识产

---

* 王晓辉，中原工学院法学院、知识产权学院教师，法学博士，硕士研究生导师。

权服务中心、部分企业的实地调研,以及对相关文献资料的搜集、分析、整理可知,河南省官方层面的政策引导与战略性新兴产业企业的运营实践,目前还没有形成系统性、制度化、成熟的战略性新兴产业知识产权运营模式,知识产权运营政策与措施的碎片化严重。在省级政府及其以下层面,还没有制定系统化、制度化的战略性新兴产业知识产权运营模式引导计划和确定构建要点,笔者考察的样本企业对于自己拥有的知识产权资源,也没有建立体系化、规范化的知识产权运营模式。不过,知识产权运营的关涉主体——各级战略性新兴产业管理部门、知识产权管理部门、高新技术企业、知识产权资源富集的高校、科研院所、知识产权商业化公司等,都在自身的职责权限、业务范围、服务内容等方面,进行了战略性新兴产业知识产权运营模式构建上的尝试与实践。综合公开数据,2021年河南省知识产权运用(包括战略性新兴产业知识产权运用情况)的总体状况主要表现为以下方面。

1. 知识产权运营服务体系建设方面

河南省积极推动平台、机构、资本、产业"四位一体"的知识产权运营服务体系建设,知识产权运营服务体系初步建成。截至2021年年底,国家知识产权运营公共服务平台交易运营(郑州)试点平台投入运行,郑州、洛阳获批国家知识产权运营服务体系建设重点城市;设立7亿元的重点产业知识产权运营基金,已投资项目6项,投资额超1亿元,范围涵盖新材料、信息技术等行业领域;加快河南省重点产业知识产权运营基金投资运营,目前,该股权投资基金募集总资金为3亿元,已投资项目5项,投资额超7000万元,涵盖新材料、信息技术、知识产权运营等行业领域。

2. 专利导航方面

河南省建设了20家省级专利导航产业发展实验区,2021年遴选确定7家省级首批专利导航服务基地,备案导航服务基地23家;围绕河南省主导产业、高新技术产业和战略性新兴产业发展需求,河南省布局建设1个国家知识产权导航试验区、20个省级专利导航实验区和60个产业集聚区商标品牌培育基地;通过专利导航,全省各专利导航产业发展实验区培育国家级、省级知识产权优势、示范企业达200余家,相关企业获得国家级、省级专利奖40余项;全省导航实验区2021年实现导航产业产值和导航产业产品销售收入分别达到了3193亿元和3072亿元。2021年,河南省知识产权局组织开展第二批专利导航实验区评估考核工作,完成导航实验区建设情况报告10个,专利导航项目评价报告34个;完成省级专利导航实验区40余个专利导航和分析评议政策、20 余个专利导航和分析评议项目梳理上报等相关工作。

3. 重点产业知识产权运营基金建设运营

目前该基金共募集资金 3 亿元，已投资项目 6 项，投资额超 1 亿元，范围涵盖新材料、信息技术等行业领域。重点提升河南省以超硬材料为主的重点产业知识产权运营水平，用于支持河南省境内未上市的知识产权企业，包括以超硬材料为主的新材料、电子信息、装备制造等重点产业领域，拥有或控制核心专利的市场前景良好、高成长性的初创期或成长期企业，具有相应产业领域特色的知识产权运营机构。

4. 知识产权转化运用效益方面

2021 年，国家知识产权运营公共服务平台交易运营（郑州）试点平台顺利通过验收，全年实现交易额近 2 亿元，日均交易额 200 万元左右；河南省首支 3 亿元重点产业知识产权运营基金已投资项目 7 项，投资额超 1.4 亿元；专利质押融资额达到 29.54 亿元，商标质押融资额 7 亿元，惠及企业近 200 家；2021 全省新备案省级知识产权强企 175 家，省级强企累计达到 490 家；全省高校运营管理中心试点达 18 家，各中心建设期内服务中小企业 680 家，专利转移转化 867 项，收益额近 1.1 亿元。

5. 知识产权运营试点方面

2021 年，河南省知识产权局指导郑州市开展知识产权运营城市试点中央财政资金绩效评价工作，并会同河南省财政厅赴洛阳开展运营工作督导调研，指导洛阳加快知识产权运营试点城市建设。河南省知识产权局还指导国家知识产权运营公共服务平台交易运营（郑州）试点平台顺利通过验收，该平台现有创新服务、知识产权服务、知识产权工具、知识产权交易、知识产权金融、知识产权教育、政府公共服务等七大功能。目前试点平台正在对交易运营业务进行全流程公开测试，2020 年实现交易额近 2 亿元，日均交易额 200 万元左右。

6. 知识产权运营中心建设方面

2021 年，河南省知识产权局向国家知识产权局推荐并获批支持建设河南新能源汽车零部件产业知识产权运营中心。试点建设高校知识产权运营管理中心。高校知识产权运营管理中心将按照"政府引导、市场参与、自主建设、试点探索"的原则，重点依托高校负责科技成果和知识产权管理、转移转化的机构实施，整合政府、高校、企业、服务机构、金融资本等多方资源，探

索建设一批"制度、人员、场所、经费、任务"落实到位的、各具特色的高校知识产权运营管理中心。❶

由于文献资料、实证数据缺乏等原因，笔者无法给出河南省战略性新兴产业、企业知识产权运营模式的全景内容，只能根据公开数据资料，间接推导出河南省战略性新兴产业、企业知识产权运营模式的部分实践情况。依据国家知识产权局知识产权发展研究中心的统计，笔者整理了河南省知识产权运用的"大致情况"❷，以此，间接反映河南省战略性新兴产业知识产权的现状。之所以说是"大致情况"，主要是由于国家知识产权局知识产权发展研究中心发布的《2020 年中国知识产权发展状况评价报告》和《河南统计年鉴名 2021》，都没有对河南省知识产权运用整体状况和知识产权成交合同情况进行深入的交叉分析，无法精准确定河南省战略性新兴产业知识产权运用的详细情况。❸

根据现有文献资料可知，2020 年，河南省知识产权运用指数及位次分别为 56.9 分、第 14 名。❹ 位于我国知识产权运用指数排名的第二梯队。比 2019 年的运用发展指数——60.29 分（全国排名第 15 位）前进了一个位次。❺ (1) 知识产权运用规模方面。2020 年，河南省知识产权运用规模指数得分及全国位次为 59.1 分、第 13 名。从运用规模指标来看，河南省专利实施许可合同备案数（件）、专利申请权与专利权转让数量（件）、商标使用许可备案数（件）、技术市场成交合同数（项）在全国的位次都在中游及以下位置。(2) 知识产权运用效益方面。2020 年，河南省知识产权运用效益指数得分及全国位次分别为 54.8 分、第 15 名。从运用效益指标来看，河南省专利实施许可合同备案金额在全国的位次也在中游及以下位置。2019 年，河南省软件业务收入和技术市场成交合同金额在全国处于下游位置。(3) 知识产权运用贡献度方面。2020 年，河南省知识产权运用规模贡献度及全国位次为 105%、

---

❶ 孙静. 河南试点建设高校知识产权运营管理中心 [N]. 河南日报, 2019-08-05 (3).

❷ 梁心新, 邓仪友, 等. 2018 年中国知识产权发展状况评价报告 [R/OL]. [2022-05-06]. http://www.cnipa-ipdrc.org.cn/article.aspx?id=519.

❸ 虽然知识产权"运用"与知识产权"运营"的涵义不完全相同，但是为了行文方便，在文中，笔者在同一涵义上使用两种表述。

❹ 谢准, 邓仪友, 等. 2020 年中国知识产权发展状况评价报告 [R/OL]. [2022-05-06]. http://www.cnipa-ipdrc.org.cn/article.aspx?id=669.

❺ 梁心新, 邓仪友, 等. 2019 年中国知识产权发展状况评价报告 [R/OL]. [2022-05-06]. http://www.cnipa-ipdrc.org.cn/article.aspx?id=606.

第 4 名。河南省知识产权运用效益贡献度及位次为 95%、第 28 名。❶

综上可知，河南省知识产权运用的整体状况位于全国中后位置。知识产权运用规模的全国排名（第 13 名）稍微高于知识产权运用效益（第 15 名），说明河南省知识产权运用的内涵式发展不足。同时，河南省知识产权运用规模贡献度及全国位次弱于知识产权运用效益贡献度及其全国位次的现实境况表明，知识产权推动河南省经济社会发展的引领和支撑作用不强、力度不够。由此，可以推知，河南省战略性新兴产业知识产权的内涵式运用和引领支撑功能发挥存在较大的问题。

(二) 战略性新兴产业知识产权运营模式的涵义界定及现有模式考察

1. 战略性新兴产业知识产权运营模式的涵义界定

国务院《关于加快培育和发展战略性新兴产业的决定》确定高端装备制造、新一代信息技术、生物、节能环保、新能源、新材料、新能源汽车七大产业为战略性新兴产业，并对其涵义进行了界定。即战略性新兴产业是我国转变经济发展方式、调整产业结构的重要力量，其是以重大技术突破为目标，致力于满足重大发展需求，对国家全局发展具有重大引领作用，能够体现知识价值，节能环保、综合效益佳、最具增长潜力的产业。《河南省"十四五"战略性新兴产业和未来产业发展规划》将战略性新兴产业为分为新一代信息技术、生物技术、新材料、节能环保 4 个主导产业和高端装备、新能源、新能源及智能网联汽车、航空航天、新兴服务业等 5 个高成长性产业，还重点提到了量子信息、氢能与新型储能、类脑智能、未来网络、生命健康科学、前沿新材料等 6 个未来产业。战略性新兴产业的核心技术优势体现为高质量的知识产权，其对知识产权创造和运用的依赖性较强。战略性新兴产业知识产权创造、运用的制度支撑、战略调控及策略运筹，已经成为我国战略性新兴产业对外科技实力竞争和对内经济增长方式转变、经济结构调整的重要支撑。加强战略性新兴产业知识产权工作，对于河南省这样的科技创新弱省，具有重大的战略价值与实践意义。

依据管理学的观点，知识产权运营模式，是运营主体为实现战略性新兴产业知识产权的经济价值、战略价值，对知识产权的构成要素及其衍生形态，

---

❶ 谢准，邓仪友，等. 2020 年中国知识产权发展状况评价报告 [R/OL]. [2022-05-06]. http://www.cnipa-ipdrc.org.cn/article.aspx?id=669.

进行系统化的计划、组织、实施和控制的标准样式。战略性新兴产业知识产权运营模式，则是上述知识产权运营模式在战略性新兴产业的具体表现和应用。进行细部分析，可以将战略性新兴知识产权运营模式区分为战略目标型运营模式、要素运营模式、管理创新型运营模式、机制优化型运营模式、资本化运营模式等。运营内容主要包括许可交易、质押融资、技术孵化、管理咨询、法律诉讼等各种知识产权服务。

战略性新兴产业知识产权运营模式的构成要素，包括内部资源要素和外部环境要素。内部资源要素包括运营关涉主体、运筹策略、技术支撑与评价系统、商业开发系统、组织架构、存量资源、运行平台、运作机制、服务组织、运营人才、实施资金等，外部环境要素包括产业政策导向、知识产权促进政策、协同创新机制、运营市场需求、法治保障等。战略性新兴产业知识产权运营模式的改良与创新，可以通过优化上述内部资源要素与外部环境要素两方面进行。

2. 战略性新兴产业知识产权运营现行模式考察

知识产权资源富集企业，一般会选择适合企业自身实际与发展需要的知识产权运营模式，首要的是知识产权的自我实施。除此之外，笔者通过对搜集的文献资料以及部分战略性新兴产业知识产权运营关涉方的实地调研，归结出了我国现有政府、企业层面的知识产权运营模式类型体系。❶ 主要包括：

（1）产业安全型专利运营模式。❷ 这种专利运营模式，是基于我国战略性新兴产业知识产权资源存量和技术先进度落后于西方国家，以及企业知识产权创造、运营能力不足的不利态势，有效应对专利流氓、专利间谍、专利掠夺、恶意专利诉讼对战略性新兴产业的冲击及侵袭而特别提出来的，其更关注战略层面的知识产权运营。这种模式主张通过知识产权布局、专利池和知识产权联盟构建、专利标准发起与制定、整合知识产权运营生态链等战略行动，抢占技术制高点，维护产业安全，发挥比较优势。

（2）发明投资基金运营模式。在这种模式中，运营主体在建立发明家网络和市场开发网络的基础上，设立专门的发明投资基金，通过先期的市场需求调研和技术预见，利用入股或者风险投资，先行进入知识产权的创造环节，

---

❶ 何耀琴. 北京市知识产权运营模式分析［J］. 北京市经济管理干部学院学报，2013（3）：21-25.

❷ 杨晨，刘谦，戴凤燕. 产业安全型专利运营探析：模式、结构与机理——基于扎根理论的多案例研究［J］. 科技进步与对策，2018（7）：18，24-25.

以此掌握具有技术优势、市场潜力的知识产权，后期通过科学的知识产权配置，将知识产权进行转让。

（3）"技术+资本"的创业投资基金运营模式。这种模式主要集中于投资科技初创企业。运营主体通过对拟选企业专利技术质量与市场价值的科学评估，利用公司自身的孵化器为企业提供信息深度分析、技术支持、投资咨询等增值服务。同时，这种运营模式还提供海外企业与中国企业知识产权合作配对服务。

（4）"标准（专利池）售卖"模式。在这种模式中，运营主体先期研制、收购能够引领某个具体产业领域的先进技术，并对其进行专利组合形成专利池，通过"企业自主实施→企业技术标准→行业技术标准→国家技术标准→国际技术标准"的递升进路，演进成为诸多后续企业使用该专利技术的基础专利，以此抢占高技术制高点，获取长期利润。

（5）"发明投资基金+交易平台"并存的运营模式。在这种模式中，运营主体除了运用前述"发明投资基金"知识产权运营模式外，还发挥知识产权运营平台的资源整合与生态圈构建的功能，选择适用以信息管理系统和"网站+数据库系统"形态存在的运营平台，实现前端投资、中端"点对点"服务对接、后端运营规则保障的全链条服务。

（6）"会员服务+股权投资"模式。在这种模式中，运营主体对自研、收购等方式获取的知识产权资源，进行不同技术、商业考量的专利组合，将其授权给不同等级的付费会员，以此发挥专利防御、专利进攻等功能。如果发现具有成长潜力的未来绩优企业，可以考虑股权直接入股或股权互换等方式，进行股权投资。

（7）知识产权运营一站式服务模式。这种模式将"运营"思维和思路融入知识产权的创造、管理与保护各环节中，通过组建能够支撑不同类型企业，能够满足不同企业知识产权需求的知识产权运营团队，为有需求的企业提供商业化的全链条知识产权运营方案，特别是为目标企业提供技术预见、价值评估、风险预警、专利诉讼、专利导航等增值或技术支撑服务。

（8）交易中介型运营模式。在这种模式中，运营主体主要扮演"交易中介"角色，其通过制定能够适应不同知识产权交易类型的规则与运行机制，经由专利经纪商、在线（合同式）交易平台、线上线下拍卖、招投标式专利交易、电子竞价式专利交易、债务承担式专利交易、期货式或期权式专利交易等形式❶，在知识产权提供者与需求者之间建立对接服务。

（9）知识产权资本化（证券化）运营模式。这种运营模式主要是将知识产权存量资源或者知识产权债权作为资本化、证券化的基础，通过资本运作、融资质押、发行股票（债券）等方式，提升知识产权自身的资本价值，获取知识产权运营资金。

除此之外，城市专利运营的典型模式还可以分为三个类型：一是面向创新源头的培育运营模式；二是面向存量专利的资本化运营模式；三是面向产业发展的知识产权联盟运营模式。❷ 具体到河南省各级知识产权管理部门与战略性新兴产业企业来说，对管辖范围内与企业自身的知识产权资源，除了实施上述发明投资基金运营模式、"会员服务+股权投资"模式、交易中介型运营模式、"技术+资本"的创业投资基金运营模式等微观运营模式外，还要特别注意推行产业安全型专利运营模式、知识产权运营联盟、专利资本化运营模式等战略性、金融辐射能力强的知识产权运营模式，以此与战略性新兴产业的"战略"地位与技术"新兴"相匹配。

（三）河南省战略性新兴产业现行知识产权运营模式存在的问题

专利作为科技集成度、创新程度与战略价值最高的知识产权类型，很大程度上代表着战略性新兴产业的整体实力。相应地，通过对专利运营的整体状况，进行统计学、经济学与管理学的科学分析，可以间接推知河南省战略性新兴产业知识产权运营的全貌。同时，也可通过河南省专利运营的发展态势与存在问题，管窥河南省战略性新兴产业现行知识产权运营模式存在的问题。❸

1. 缺乏知识产权运营整体战略

如前述笔者对河南省知识产权局、郑州市知识产权局、郑州市高新区知识产权服务中心、部分企业的实地调研，以及对相关文献资料的搜集、分析、整理，可以初步得出结论，河南省政府及战略性新兴产业企业目前还没有形成系统性、制度化、成熟的战略性新兴产业知识产权运营模式，

---

❶ 林小爱. 专利交易特殊性及运营模式研究 [J]. 知识产权，2013（3）：71-72.

❷ 李昶，唐恒. 城市专利运营体系的构建 [J]. 知识产权，2016（2）：100.

❸ 国家知识产权局对全国知识产权运营工作的统计研究，也主要是以专利运营和商标运营为考察对象。梁心新，邓仪友，等. 2018年中国知识产权发展状况评价报告 [R/OL]. 2019 [2022-05-06]. http://www.cnipa-ipdrc.org.cn/article.aspx?id=519.

知识产权运营政策与措施的碎片化严重。至少是在省级政府及其以下层面，还没有建立系统性的战略性新兴产业知识产权运营模式引导计划与构建要点，笔者考察的样本企业对于自己拥有的知识产权资产的运营，也没有建立体系化、规范化的知识产权运营模式体系。虽然，2021年12月31日，河南省人民政府发布了《河南省"十四五"战略性新兴产业和未来产业发展规划》，但是，其并不是一个专门聚焦河南省战略性新兴产业知识产权问题的专项规划，而且，预期配套的专门政策的成熟与完善，也需要一个相对漫长的过程，一定程度上影响了河南省战略性新兴产业知识产权工作的深入开展。

2. 知识产权运营模式较为单一

以河南省专利运营模式为例，可以看出，河南省专利运营模式较为单一，专利运营潜力的开发尚待深化。❶ 通过对河南省战略性新兴产业知识产权运营现状的分析可知，河南省战略性新兴产业知识产权运营模式是"政府主导、市场推动、平台整合、资金激励、政策保障"，同时，战略性新兴产业企业选择的知识产权运营模式主要是传统的交易许可、质押融资等，知识产权证券化、知识产权众筹、知识产权投资增值、专利标准化等高端运用能力不足，知识产权运营联盟的运作也部分流于形式。这属于"自上而下"的由政府主导、聚焦企业运用、激发市场活力的碎片化、点状布排、被动应对式的知识产权运营模式。这种模式选择，既有河南省战略性新兴产业企业知识产权资源存量较少、知识产权创造能力不强、战略性新兴产业知识产权运营体系没有完整构建等客观原因，又有知识产权运营政策激励不够、机制不活，知识产权高端运营机构、人才匮乏等主观原因。

3. 优势产业与专利运营主要技术领域存在错置现象

目前，河南省具有比较优势的发明专利主要分布在部分新一代信息技术、生物技术、新材料、节能环保等优势主导产业。河南省专利运营的技术领域主要发生在传统的化学、机械、食品等领域。经过比较分析可知，河南省战略性新兴优势产业与专利运营的技术领域存在错位现象。例如，2020年河南省先进制造产业的技术合同成交额为838 195.06万元，是所有技术领域中最多的，但是，先进制造产业的专利申请量在全国仅处于中游位置；又如，河

---

❶ 由于难于搜集到官方的准确数据，因此，笔者以《2019年中国专利调查报告》中的数据为参照，间接推知河南省战略性新兴产业知识产权运用的发展现状。

南省电子信息产业的技术合同成交额为 311 115.65 万元，但是，其在全国的专利申请量排名却相对较低，属于典型的"大而不强"产业；再如，航空航天产业是具有更强创新力、更高附加值的特色产业，但是，2020 年河南省航空航天产业的技术合同成交量和成交额仅为 222 个、44 181.05 万元，排在所有 11 个技术领域的第 10 名。《河南省"十四五"战略性新兴产业和未来产业发展规划》将重点培育壮大智能网联汽车、航空航天等高成长产业，谋篇布局量子信息、氢能与储能、类脑智能、未来网络等未来产业。这间接表明，河南省战略性新兴产业的专利规模和质量不高导致运营能力不足，深层次、高段位的专利挖掘能力滞后，还无法充分支撑河南省经济的高质量发展与知识产权强省建设的深入推进。

4. 特色运营平台内容缺失，高端运营服务供给不足

河南省域范围内的知识产权运营服务平台包括具有公益性的公共服务平台和商业化的服务平台。❶ 从服务内容上看，这些平台可以提供战略性新兴产业知识产权运营的各种服务。例如，河南省知识产权云服务平台建立了高端装备制造业、先进材料产业、生物质资源与新能源、食品技术与装备、新一代信息技术知识产权服务平台，然而打开相关链接，可以发现，其仅能提供基本的信息检索功能，平台中的河南经济统计大数据公共服务子平台，只能链接到中国知网数据，缺乏河南省战略性新兴产业知识产权运营的相关统计数据及对其的深度分析；河南省知识产权创意产业公共服务平台上的知识产权服务之技术信息服务的网络链接则根本打不开，点击其数据中心则链接到了其他网站；河南省知识产权公共服务平台上的河南省主导行业专利数据库也无法打开网络链接。商业化的知识产权运营服务平台，如知壮壮知识产权一站式服务平台，也缺乏知识产权价值评估、知识产权融资、数据挖掘分析、决策支持研究等知识产权高端运营服务内容。服务平台开展战略性新兴产业知识产权资源整合、交易流转、投资融资（包括知识产权股权投资、证券化等）、收购托管、导航评议等高端服务的能力不足。

---

❶ 前者主要是国家知识产权运营公共服务平台交易运营（郑州）试点平台、河南省知识产权云服务平台、河南省知识产权公共服务平台、河南省知识产权创意产业公共服务平台、国家知识产权局知识产权出版社郑州原创认证保护中心等。商业化的知识产权运营服务平台主要有知壮壮知识产权一站式服务平台、河南智汇元知识产权运营服务平台、河南行知专利服务平台等知识产权中介服务组织建设的服务平台。

5. 高质量专利的运营规模与动能不足

企业自用和许可他人使用知识产权，是推动知识产权价值实现和战略性新兴产业发展的重要途径。一般认为，同层次的发明专利的技术价值、经济价值与战略价值高于实用新型专利。河南省发明专利运营规模偏小的客观事实，表明河南省高校、科研院所等专利资源富集主体的运营规模与动能不足，尚有较大挖掘潜力。发明专利运营的数量较少，说明高质量专利的运营规模与动能不足。

2021 年，河南省专利授权量 158 038 件。其中，发明专利授权 13 536 件，实用新型专利授权 126 477 件，外观设计专利授权 18 025 件，发明专利仅为专利授权量总量的 8.57%。2019 年，全国战略性新兴产业企业有效专利实施率为 69.2%，明显高于非战略性新兴产业企业，但是其有效发明专利有效实施率、有效专利产业化率仍低于有效实用新型和外观设计专利。战略性新兴产业企业有效发明专利许可率为 6.7%，战略性新兴产业的企业有效发明专利转让率为 3.7%，战略性新兴产业企业有效发明专利作价入股比例为 3.4%❶，三者的比例相对较低，不利于高新技术的传播和知识产权激励功能的实现。上述数据也在一定程度上反映了河南省战略性新兴产业的专利状况。同时，河南省高校、科研院所、机关团体知识产权资源市场转化的对接机制不畅，数量偏少，民营企业还没有发展成为专利运营的真正主体。河南省知识产权成果转化机制与配套激励措施不完善，无法为专利技术成果与企业等技术需求方之间建立科学、有效的对接机制。

此外，河南省还存在政策体系不完善，技术支撑与高端能力不强（例如，知识产权价值评估体系不完善，知识产权质押融资风险防范机制不健全，知识产权预警分析与基金资本运作管理能力不足等），专利运营团队和人才匮乏等"短板"，使河南省科技创新和知识产权运营工作受到严重制约。❷ 产生这些问题的原因，主要有系统性的战略性新兴产业知识产权运营体系缺失；知识产权运营市场发展不充分；战略性新兴产业企业知识产权运营意识不强；特色、专题型的战略性新兴产业知识产权运营平台缺乏；科技创新、知识产权创造实力羸弱，高质量知识产权偏少；知识产权中介服务能力不高；知识

---

❶ 贺化，等. 2019 年中国专利调查报告 [R/OL]. 2019 [2022-05-06]. https://www.cnipa.gov.cn/module/download/down.jsp?i_ID=40213&colID=88.

❷ 李建伟，吴瑞格. 手握"利刃" 河南省知识产权运营蓄势发力 [EB/OL]. [2022-05-06]. http://henan.people.com.cn/n2/2018/0606/c380476-31674578.html.

产权金融服务支撑不足等原因。这要求河南省各级政府、知识产权管理部门、战略性新兴产业企业、科研院所、知识产权中介服务机构等运营关涉各方共同发力，协同解决上述问题。

（四）河南省战略性新兴产业知识产权运营模式的多元立体构建

针对前述河南省战略性新兴产业知识产权运营模式中存在的诸多问题，河南省除了制定政府及企业层面的知识产权运营战略，培育战略性新兴产业知识产权创造能力之外，河南省各地还可以根据各自的资源禀赋、产业发展比较优势、知识产权创造情况等，建立一个涵盖各战略性新兴产业、企业，适应不同层次、不同主体发展需求的多元化、立体式知识产权运营模式。

1. 构建战略性新兴产业知识产权运营多元模式体系

河南省战略性新兴产业知识产权运营模式的多元立体构建，应从两个层面进行，一是政府层面，特别是省级政府的宏观层面，即秉持全省知识产权运营发展一盘棋的思路，在省内构建"政府主导、市场推动、平台整合、资金激励、政策保障"的战略性新兴产业知识产权运营模式。具体做法，就是先于企业推出知识产权投融资增值服务、知识产权证券化、知识产权融资、知识产权共享等运营新政策、新模式，并通过技术引进、资金支持、法治保障等措施予以落实，以政府为主导，推进全省战略性新兴产业知识产权运营工作的深入开展。二是河南省域范围内的战略性新兴产业企业的微观层面。河南省域范围内的战略性新兴产业企业，应"用好、用足"知识产权运营促进政策利好，建立符合企业自身发展需要的知识产权运营模式，在运行知识产权交易许可、质押融资、保险托管等传统知识产权运营模式以外，在河南省具有比较优势的节能环保、生物和新能源汽车产业，探索推行产业安全型专利运营模式、知识产权运营联盟、专利资本化运营模式等战略性、金融辐射能力强的知识产权运营模式。

2. 尝试推行产业安全型专利运营模式

传统的知识产权运营模式，主要聚焦于微观层面的交易许可、质押融资等经济增值业务，关注战略层面知识产权运营模式的政府政策与企业较少。在中美贸易争端愈演愈烈，国内战略性产业竞争日趋激烈的当下，只有产业安全得到保障，企业的经济利益才能随之确保。产业安全型专利运营模式的具体做法，是借鉴主权专利基金模式组建运营国家队；整合政府、社会资本和知识产权资源以实现产业安全；通过知识产权众筹、知识产权证券化获取产业资金多样化；确立并推进"专利标准化"以抢占科技发展制高点等。有学者基于扎根理论，以系统论"要素—模块—结构"模型解析产业安全型专利运营模式的运行结构及其培育路径，为确保产业安全，企业发展优势，进行了深入研究。❶ 也就是说，产业安全型专利运营模式的实施目的，主要是为了整体战略性产业或骨干企业的安全与发展为考量，而不仅仅是为追求一时、一地的经济利益，这是河南省实施知识产权供给侧改革的重要抓手，以此，应对国外专利流氓对河南省高质量知识产权资源的掠夺。

3. 健全多层次知识产权资本化市场

目前，河南省战略性新兴产业知识产权融资仍主要以质押融资为主，高端的知识产权融资手段与途径匮乏。企业拥有的高质量知识产权资源无法充分实现其经济价值，其中的一个重要原因就是知识产权资本化市场不健全。对此，可借鉴学者现有的研究成果，探索建立多层次知识产权资本化市场体系。

即支持河南省战略性新兴产业企业的高质量知识产权资源，在资本市场发行资产支持证券，顺利进入代办股份转让系统、全国性电子市场、区域性柜台市场、股票交易市场、场外交易市场产权市场、债券市场（战略性新兴产业企业债券）、私募基金市场、大区域产权市场—技术产权交易市场地方性产权市场—技术产权交易市场等❷，通过资本市场的优胜劣汰功能，激发知识产权中的经济价值释放，拓宽知识产权融资渠道。同时，河南省还可建立政府主导型的知识产权金融风险补偿机制，以政策性银行或保险机构为基础，成立知识产权运营风险基金❸，为多层次知识产权资本化市场的建设，提供资金安全保障。

4. 建设一站式知识产权运营服务平台

如前所述，河南省现在还没有专门的战略性新兴产业知识产权运营平台，已有的知识产权服务平台（如河南知识产权云服务平台、河南省知识产权公

---

❶ 杨晨，刘谦，戴凤燕. 产业安全型专利运营探析：模式、结构与机理——基于扎根理论的多案例研究[J]. 科技进步与对策，2018（7）：19.

❷ 昝东海. 战略性新兴产业知识产权的金融支持[J]. 重庆社会科学，2012（8）：78-79.

❸ 黄莎，代江龙. 供给侧改革视域下中小企业知识产权服务模式变革[J]. 理论视野，2018（5）：56.

共服务平台）虽然设置了部分战略新兴产业知识产权的网站点击链接，但是还没有建立完整的数据库，内容也不完善，有关知识产权运营的深度分析与高端服务能力不足。对此，河南省级政府可建立具有公益性质的河南省一站式知识产权运营服务平台。具体由战略性新兴产业知识产权运营总平台、分平台、服务站点和终点用户群有机构成，包括计算机信息、设备信息管理软件系统与服务平台网站，以及知识产权运营规则、运营团队等。平台主要通过技术评价网络、商业开发系统、运营模式设计等，提供知识产权信息检索、代理、交易许可、研发设计、科技金融、法律和运营定制服务❶，以此为河南省战略性新兴产业知识产权运营工作的深入开展，提供专门化、系统化、特色型的知识产权运行平台支撑。

5. 完善以客户需求为导向的知识产权运营模式

知识产权运营的需求方，主要是知识产权权利人、战略性新兴产业企业与知识产权中介服务机构等。建立、完善以客户需求为导向的知识产权运营模式，契合了战略性新兴产业知识产权运营对于知识产权之战略价值、经济价值和市场价值的追求。具体来说，就是运营主体根据对知识产权运营市场与客户需求的实证调研，确定目标客户群和合理的价值评估体系，建立客户信息数据管理系统，制定差异化的运营模式，为不同层次、不同产业、不同需求的需求方提供个性化、定制化的"服务商品"。这些知识产权"商品"可以满足客户不同阶段的知识产权运营服务需求。例如，有的企业希望购买专利技术自己生产，那么高校、科研院所运营主体就可以采取孵化经营和深度服务策略，自研或对已有专利技术进行技术先进性、经济价值与市场前景的计量分析，为企业推荐符合其需求的专利技术；如果企业客户是为了维护自有知识产权的技术领先地位，运营主体如知识产权中介服务机构就可以推荐客户采用产业安全型专利运营模式，帮助企业组建专利池与专利联盟，实施防御型的知识产权运营策略。❷ 当然，这里提供的知识产权运营服务既可以是单一知识产权运营方案，也可以是一揽子、一站式知识产权运营组合服务。具体如图2-2-1所示。

---

❶ 陈薛孝，段焕强. 知识产权一站式服务平台 [J]. 高科技与产业化，2013（5）：30-34.

❷ 唐恒，朱伟伟. 高校专利运营模式的构建——基于客户价值的视角 [J]. 研究与发展管理，2013（1）：90.

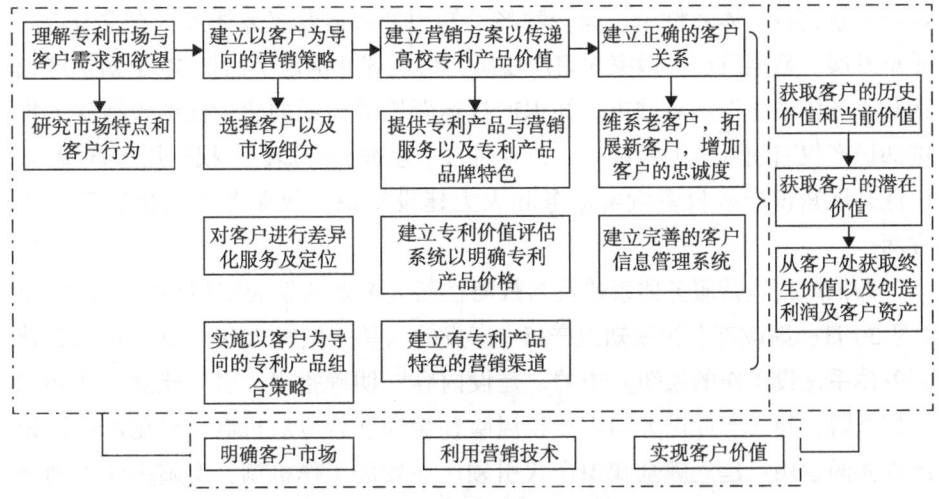

图2-2-1 以客户需求为导向的专利运营模式[1]

除了上述河南省战略性新兴产业知识产权运营模式的多元立体构建措施以外，河南省各级政府和战略性新兴产业企业还可以通过对战略性新兴产业知识产权能力与竞争优势培育，夯实其知识产权运营的资源基础；构建科学的高校知识产权运营驱动模式；建立依托大学科技园、行业协同发展与区域协同发展的知识产权运营模式；重点发展一批代表性的运营机构；培养复合型高层次知识产权运营人才等措施，完善现行河南省战略性新兴产业知识产权运营模式。需注意的是，知识经济背景下，河南省战略性新兴产业知识产权运营模式的多元立体构建，不仅是对知识产权运营方式方法的简单、孤立的完善和优化，更是对战略性新兴产业发展模式的彻底变革，因此，应从运营的战略考量和促进新兴技术发展的视角，科学推进战略性新兴产业知识产权运营模式的重整与重塑。

二、河南省知识产权运营服务体系建设绩效的指标构建

2017年，国家知识产权局公布首批知识产权运营服务体系建设重点城市名单，即苏州、宁波、厦门、青岛、郑州、长沙、成都、西安8个城市，中央财政分别下拨专项资金2亿元，要求用三年左右时间，在重点城市基本构

---

[1] 唐恒，朱伟伟. 高校专利运营模式的构建——基于客户价值的视角 [J]. 研究与发展管理，2013（1）：92.

建起要素完备、体系健全、运行顺畅的知识产权运营服务体系，支撑城市高质量发展。截至目前，国家知识产权局、财政部共确定了四批37个知识产权运营服务体系建设重点城市。知识产权运营服务体系的建设任务包括深入推进知识产权引领（战略性新兴）产业发展、全面提升知识产权运用运营能力、广泛开展知识产权投资融资服务和大力建设知识产权服务业集聚区等四个方面。

知识产权运营服务体系建设与战略性新兴产业的发展密切相关。2020年4月30日，财政部、国家知识产权局印发的《关于做好2020年知识产权运营服务体系建设工作的通知》中的"建设内容"明确指出：引导建立产业知识产权联盟，建立产业重大知识产权风险预警和联合应对机制，深化产业知识产权协同运用；建立健全知识产权引领产业发展工作机制，实施产业规划类和企业运营类专利导航项目，指导产业规划决策和企业运营活动，发挥商标品牌助推产业发展作用；设立新兴产业知识产权运营中心、重点产业知识产权运营基金、战略性新兴产业统计核算机制。这些内容无不体现出知识产权运营服务体系在促进战略性新兴产业知识产权与创新资源、金融资本、产业发展的深度融合，构建"创新+运营+产业+金融"的知识产权生态系统中的重要作用。虽然，目前河南省仅有郑州市、洛阳市两个城市，但是，结合知识产权运营服务体系建设重点城市产业特色、经济现状和知识产权资源存量，对知识产权运营服务体系建设绩效评价指标进行深入研究和科学评价，可以为河南省战略性新兴产业知识产权的高质量发展，提供决策参考与实证支撑。

（一）知识产权运营服务的涵义界定、构成要素及模式选择

1. 知识产权运营服务的涵义界定

2014年12月16日，为完善知识产权运营公共服务机制，推动知识产权资产的流通和利用，财政部和国家知识产权局启动了以市场化方式促进知识产权运营服务工作，开展平台建设、机构培育、运营基金和风险补偿基金等一系列试点。经过8年来的不断探索与实践，我国知识产权运营服务政策引导效果日益显现，有效促进了知识产权与创新资源、产业发展、金融资本融合，为知识产权的转移转化、收购托管、交易流转、质押融资等提供了技术金融保障与平台支撑。

在对战略性新兴产业知识产权运营进行深入研究之前，必须科学区分知识产权运营与知识产权运用两者之间的关系。笔者认为，知识产权的运用更加侧重于对知识产权本身的"使用价值"的"功能性"运用,而知识产权运营更加强调对于知识产权之"经济价值"最大化的"获取"。因此,知识产权使用价值的"使用"主要表现为对知识产权"资源"本身蕴含的技术、功能属性的"利用"或者说"使用"。当然,其既包括创造者的自行运用,又包括授权他人运用。例如,知识产权的许可与转让等。知识产权运营则是将知识产权作为经济"资产"进行价值挖掘、追求经济利益最大化的过程。其新兴运营业态主要表现为新型知识产权的投融资(包括技术入股、知识产权质押、知识产权信托),以及近年来新兴的知识产权质押众筹、知识产权证券化、知识产权保险、专利标准化、知识产权投资增值(包括战略性投资、重点领域投资、特定市场的投资)、知识产权众筹等。同时,随着中美贸易争端蔓延至科技领域,核心技术专利、关键技术专利、颠覆性技术专利的战略价值被深入挖掘,由此,导致战略性新兴产业高质量专利布局和导航得到政府和企业的重视。鉴于本章主要是研究知识产权存量资产的价值增值和价值实现问题,知识产权运用当然涵括知识产权运营的内涵,因此,本章也不再对两者做进一步的区分。

关于知识产权运营或者知识产权运营服务的涵义,学界与实务界均对其进行了研究与探索。学界有观点指出,知识产权运营是通过知识产权转让许可、知识产权作价投资、生产销售知识产权产品及直接相关技术服务等实现知识产权直接经济收益的商业性运行和经营活动,也包括支撑获取直接经济收益的质押融资、托管和诉讼等间接活动。❶ 实务界以国家知识产权局的涵义界定为代表。2017年国家知识产权局专利管理司负责人员指出,知识产权运营是指以实现知识产权经济价值为直接目的的、促成知识产权流通和利用的商业活动行为。具体模式包括知识产权的许可、转让、融资、产业化、作价入股、专利池集成运作、专利标准化等,涵盖知识产权价值评估和交易经纪,以及基于特定专利运用目标的专利分析服务。另外,2018年9月13日印发的《厦门市知识产权运营服务体系建设专项资金管理办法》第三条对知识产权运营的涵义界定与此相似,其第三条指出,该办法所称"知识产权运营服务",是指为知识产权运营活动提供的各类支持或保障服务,主要类型包括专利导航、专利分析评议、价值评估、质量提升、转移转化中介,高价值知识产权组合培育、知识产权托管、风险防范、纠纷应对等。

---

❶ 宋河发. 我国知识产权运营政策体系建设与运营政策发展研究 [J]. 知识产权, 2018 (6): 76.

上述对于知识产权运营涵义的界定虽然不尽相同，但是他们具有一个共同的目标特征，就是都提出将产权化的知识变现为可以计量的经济价值，或者实现其经济功能。同时，知识产权运营主体及所追求的运营目的的区别，使得知识产权运营呈现出不同面向的价值表征。对于知识产权管理机关来说，其追求的价值目标主要是为知识产权的市场化、商业化、资本化运营提供政策激励和环境保障；对于知识产权权利人来说，其除了自行运用外，最为重要的运营目的就是追求经济利益的最大化；对于生产性企业来说，不管是自有知识产权还是被授权运用的知识产权，其运营目的也是将知识产权变现为可以用数额衡量的经济价值；对于纯粹的知识产权生产企业（如高智公司）来说，其对于知识的生产不是为了自用，而是通过对知识生产的投融资、知识资产的组合、产权的证券化等商业化、资本化手段和途径，获取最大的商业利益；对于知识产权中介服务机构来说，其围绕知识产权的创造和价值增值、资产变现提供技术、信息、金融、法律支撑，以此分享知识收益；对于各类知识产权运营平台来说，其是通过平台的主体聚拢、资源整合、信用保证等机制，为知识产权运营提供资产评估、交易信息、交易信用、交易撮合等构成的虚拟知识产权运营市场体系。当然，知识产权运营主体还涉及高校、科研机构、银行、技术服务公司、证券机构、基金公司等不同的关涉主体，他们在知识产权运营过程中分别发挥相应的辅助、支撑作用。

另外，对于国家知识产权局指出的我国已经初步形成"1+2+20+N"知识产权运营服务体系的表述，可以看出，知识产权运营服务体系的官方权威定义，主要是从国家支持基础上建设的各具特色的知识产权运营平台和运营机构组成的。也就是说，知识产权运营服务体系的建设，是以作为政府代表的知识产权管理机关为主体并辅之以商业化、市场化的知识产权中介服务机构共同实施的，企业仅是知识产权运营服务体系的服务对象或者说是服务需求主体。由此，可以得出知识产权运营服务体系就是政府为知识产权的保值、增值与价值的最大实现提供技术、信息、代理、金融（包括投融资、价值评估等）和运营平台的政策、资金支撑的中介服务体系，其依托的物质载体主要是各类知识产权运营服务平台和知识产权中介服务机构。

笔者认为，知识产权运营是指为"反哺"技术创新、实现知识经济价值、为产业发展提供技术、金融支持的权力运行机制。知识产权运营服务是指为知识产权的产业化、商业化、资本化提供技术、信息、金融、政策等支撑的新型服务业。对于知识产权运营服务体系，则可以从其实践定位及结构表现的"两个层次、三个维度、多元构成"进行理解。两个层次是指知识产权运营是知识产权创造的第二个层次,因为创造是源头,运用才是目的;三个维度是指知识产权运营的制度管理、商业化和资本化;多元构成是指知识产权运营类型包括知识产权的许可转让、知识产权质押、知识产权信托、知识产权联盟、知识产权证券化、知识产权保险、专利标准化、知识产权投资增值模式、知识产权投资增值(众筹)模式、知识产权众筹等。

需要特别指出的是,对于知识产权运营定位之"两个层次"的理解:第一,因为可以将知识产权管理理解为:对自然科学的知识生产、知识"产权化"后的价值实现、产权生命周期内权利人的权利保护,进行有效的计划、组织、领导和控制过程。从这个意义上说,知识产权运营是知识产权管理的重要组成部分。归结起来,知识产权运营结构的双层次,就是指知识产权发挥作用的第二个阶段,以及其作为知识产权管理的二级概念的包含性。❶ 第二,可以将知识产权运营看作是知识产权运行周期的四个阶段——知识产权创造、运营、管理、保护的第二个阶段,即将知识产权运营看作是知识产权的"用权、维权"两环节之一。这种理解正好与国家知识产权局的要求及获批建设城市设计的知识产权运营服务体系建设绩效评价指标的范围相一致,因此,也是本章支持的观点。

2. 知识产权运营服务的构成要素

(1)知识产权运营的客体。知识产权运营的客体就是指知识产权本身的法律形态,其类型包括专利权、著作权和邻接权、商标牌、商号权、商业秘密权、植物新品种权、集成电路布图设计权。对于科技成果奖励权、域名权、反不正当竞争权、数据库特别权利、商品化权等能否成为独立的知识产权,在理论界及实务界还存在较大分歧。笔者认为,这些知识产权类型虽然存在创新驱动能力、表现样态、资产变现能力、市场前景等方面的差异,但是,他们具有一个共同的特征,就是本身具有经济价值,对其运营也就具备了坚实的物质基础。

(2)知识产权运营的主体。知识产权运营的主体既包括权利人,也包括被委托的知识产权运营机构。这些运营机构主要包括企业、高等院校、科研院所、政府和中介机构等,中介机构包括知识产权运营的专业组织、运营平台和服务机构三部分。其中,知识产权运营的专业组织是指由政府资金引导、

---

❶ 谢旭辉,郑自群. 知识产权运营之触摸未来 [M]. 北京:电子工业出版社,2016:前言.

社会资本参与的运营基金（如北京市重点产业知识产权运营基金）和主要由企业出资主导的市场化运营基金（如七星天海外专利运营基金）两种殊途同归的专业化非实施知识产权运营主体。设立运营基金的实质是通过知识产权的股权融资，解决中小科技企业融资难问题以及促进国内知识产权的国际化。知识产权运营平台主要是为知识产权供需双方提供便利的交易信息、交易场所等在内的一站式服务组织。例如，中国技术交易所、珠海横琴国际知识产权交易中心、北方技术交易所市场和浙江网上技术市场等。知识产权运营服务机构主要是为企业、高等院校和科研场所等主体提供知识产权运营服务的中介组织。❶ 如知识产权评估机构、专利代理事务所、技术成果交易服务公司、知识产权质押融资公司、知识产权托管服务机构等。近年来，我国知识产权运营出现了新的发展形态，即知识产权运营的综合化全方位、平台化、互联网化和联盟化。企业、高等院校、科研院所、政府和中介机构等运营主体都在这些综合性的知识产权运营平台的建设或运行中发挥各自的功能和作用。

当然，知识产权运营的主体还包括非实施知识产权运营实体。从理论上说，所有类型知识产权的运营都存在有非实施主体实施的可能性，但是，鉴于不同知识产权类型的特别法律规定，以及它们本身具有的部分投机属性，各个国家都会采用一定的立法规范和司法措施，控制这类主体的权利滥用而导致的对知识产权正常实施的负面影响，如在商标领域即是如此。❷ 这类主体主要是指拥有知识产权却不将其投入实际的生产销售活动或发挥知识产权本身制度功能的组织体。这类实体不是以知识产权转化而来的产品或附着于商品或服务上获得衍生收益，而是将知识产权本身作为可以交易的对象（商品），通过投入流通或侵权诉讼等手段，发挥知识产权本身形成的制度优势或垄断地位（如标准专利和基础专利）获取收益。这种现象首先发生在专利领域，在这类行为发展的初期，由于当时的标准许可制度尚不完善，被认为具有投机性质，因此，被发源地的美国冠以专利流氓（Patent Troll，也称专利蟑螂、专利地痞）的称呼。但是，随着专利规模的增加与其运营增值功能的逐渐凸显，对非专利实施主体作用的认识趋于理性，对这种现象的描述也经历了专利流氓→专利主张实体→专利货币化实体的转换。

（3）知识产权运营的环境。《2020年中国知识产权发展状况评价报告》

---

❶ 王悦，张丽瑛. 知识产权运营融资与评估［M］. 北京：知识产权出版社，2017：15.

❷ 季境. 破除商标领域非实施主体困扰［N］. 法制日报，2016-02-02（7）.

提出了知识产权环境指数。其指出，知识产权环境包括知识产权的制度环境、服务环境和意识环境三个方面。其中，制度环境主要评价法规、规章、战略、规划的制定情况；服务环境主要考察知识产权服务机构和人员分布情况，以及知识产权质押融资笔数和金额反映出的服务体系的运转情况；环境意识主要评价社会公众的知识产权意识，通过主要类型知识产权的人均申请量来评价。2020年全国知识产权环境指数达到315.3，较上年增长6.0%，实现持续增长。2020年河南省知识产权环境指数得分及全国位次为62.9分，第10名；2020年河南省知识产权制度环境指数得分及全国位次为74.3分，第6名；2020年河南省知识产权服务环境指数得分及全国位次为60.1分（其中，知识产权服务机构数量位次为全国第7名；知识产权服务业人员数量位次为全国第8名；专利质押融资项目数为全国第11名；专利质押融资总额为全国第12名），第10名；2020年河南省知识产权环境意识指数得分及全国排名为54.4分，第16名。❶ 总体来说，河南省知识产权环境位于全国第二梯队，知识产权发展环境相对较好。由于，知识产权环境所涵括的要素与知识产权运营大致相近，由此，可以推知，河南省知识产权运营的全国位次，稍好于河南省知识产权创造状况，大致处于全国第二梯队，特别是郑州市于2017年7月作为首批国家知识产权运营服务体系建设重点城市并顺利通过验收，洛阳市于2020年5月获批为知识产权运营服务体系建设重点城市，就很好地说明了这一点。

将知识产权服务体系与知识产权运营环境的含义进行比较，可知，知识产权运营环境是一个交叉型、整合型的概念，包括知识产权运营的制度环境、服务环境和意识环境。笔者认为，知识产权环境主要包括知识产权制度环境、市场运行环境（现状）和知识产权运营意识。具体来说，就是知识产权运营的环境包括法律环境（如知识产权许可转让有关的法律规定）、市场环境（知识产权交易所）、行业环境（专利联盟的发展）、金融环境（知识产权投融资）、人力环境、知识产权运营意识等多个方面。❷

知识产权的运营环境：（1）政府方面，包括法律、制度和政策等环境。知识产权制度属于法律环境的一种。我国在制度环境方面做的工作主要包括建立了统一的知识产权登记制度，以及风险控制、资产评估、处置等制度和

---

❶ 谢准，邓仪友，等. 2020年中国知识产权发展状况评价报告［R/OL］. 2021［2022-05-06］. http://www.cnipa-ipdrc.org.cn/article.aspx?id=669.

❷ 谢旭辉，郑自群. 知识产权运营之触摸未来［M］. 北京：电子工业出版社，2016：56-58.

知识产权管理制度等；政策环境，包括《国家知识产权战略纲要》《国家知识产权战略实施推进计划》等。（2）社会方面，包括意识形态和市场环境等。意识形态指的是知识产权权利人、企业实施知识产权运营时需具备的法律素养和法律意识；市场环境是指影响知识产权权利人、企业实施知识产权运营，实现战略价值和经济价值的各种主客观因素。（3）企业方面，包括人力环境和企业战略等环境。人才环境是指具备专业知识和熟悉投融资模式并有一定法律基础的复合型人才培养、成长的各种主客观因素的综合。企业战略环境是指企业制定、实施知识产权运营战略需要考虑的各种主客观因素的总和。我国现阶段，已经初步形成了以企业、高等院校、科研院所、政府和中介结构为主的知识产权运营主体群，拥有庞大的专利数量、商标数量和著作权数量为主的知识产权运营客体群，以法律环境、制度环境、政策环境、意识形态环境、市场环境、人力环境和企业战略环境为主的知识产权运营环境。❶

对知识产权运营服务体系之构成要素的探讨，主要是为了厘清能够影响知识产权运营服务体系建设的因素，并将这些因素转化为知识产权运营服务体系的绩效评价指标，进而在其体系优化、完善的策略选择上做到有的放矢。当然，知识产权运营服务体系的建设的目的还有激励科技创新、优化产权资源配置、促进产权保护的功能，所以，知识产权运营服务体系绩效的评价指标还要反映其对于知识产权创造、管理和保护的效能和效用。

3. 知识产权运营服务的模式选择

依据管理学的观点，知识产权运营模式，是运营主体为实现战略性新兴产业知识产权的战略价值和经济价值，对知识产权的构成要素及其衍生形态，进行系统化的计划、组织、实施和控制的方式方法的总和。战略性新兴产业知识产权运营模式，则是上述知识产权运营模式在战略性新兴产业的具体表现和应用。进行细部分析，可将战略性新兴知识产权运营模式区分为要素模式、管理创新模式、机制优化模式等。战略性新兴产业知识产权运营内容主要包括许可交易、质押融资、技术孵化、管理咨询、法律诉讼等各种知识产权服务等。这些运营子模式涉及知识产权战略、知识产权金融、知识产权代理、知识产权存量和技术创新水平，与知识产权运营的主体、运营的对象——知识产权类型、知识产权法律服务、知识产权环境等要素共同构成了完整的战略性新兴产业知识产权运营生态。

---

❶ 王丽，张丽瑛. 知识产权运营融资与评估［M］. 北京：知识产权出版社，2017：17-19.

正如前述，知识产权富集企业、知识产权优势企业或者知识产权特色企业，都会根据自身的知识产权类型、技术先进程度、市场价值和所在区域的科技、经济、社会发展基础，选择适合自身发展实际、能够凸显自身竞争实力或者能够补足发展短板的知识产权运营模式。例如，科技创新实力较强地区（城市）可以选择的"技术+资本"的创业投资基金运营模式和"标准（专利池）售卖"模式，较为适合专利技术水平高、创新创业发展良好的企业；金融实力较强地区（城市）可以选择的发明投资基金运营模式和知识产权资本化（证券化）运营模式，可以发挥金融资本的资源杠杆撬动作用和支撑实体经济发展功能；知识产权发展较为成熟的地区（城市）可以选择的知识产权运营一站式服务模式和交易中介型运营模式，可以制定适应不同知识产权交易类型的规则与运行机制，为企业发展提供全链条知识产权增值增信和平台整合功能。另外，具备颠覆性专利技术、核心专利技术的企业可以采取产业安全型专利运营模式和"标准（专利池）售卖"模式，以此，有效应对专利流氓、专利间谍、专利掠夺、恶意专利诉讼对战略性新兴产业的冲击及侵袭，维护产业安全，发挥核心竞争力。当然，河南省各级政府及有关部门应为企业选择、实施符合产业环境和自身发展实际的知识产权运营模式提供政策法治、资金融通与公共服务平台等保障和支持，以此，健全河南省内外双循环的知识产权运营新生态。

从理论上说，采用哪种知识产权运营模式，并不必然决定知识产权运营服务体系的绩效好坏与否。因为不同的城市，都具有自己独有的科技创新实力、知识产权资源存增量、政府治理特色、知识产权战略和推进政策、知识产权意识和知识产权人才队伍等影响知识产权运营服务体系建设绩效的因素和条件，所以"适合自己就是最好的"。但是，如果一个区域如果选择了不适合自身发展实际且不具有前瞻性的知识产权运营模式，对于知识产权运营服务体系的效能，就会产生很大的负价值。因此，各地应根据自己的独特优势，扬长避短，构建适合自身的知识产权运营服务体系。

（二）知识产权运营服务体系建设实践与绩效考察

截至 2020 年 7 月，我国已经有 37 个市（区）都制定了为期 3 年的《知识产权运营服务体系建设实施方案》，并进行了积极的贯彻落实并取得了一定的成效。然而，在建设过程中也出现了部分问题与不足。

1. 知识产权运营服务体系建设实践

根据财政部办公厅和国家知识产权局办公室联合印发的 2017—2020 年度

的《开展知识产权运营服务体系建设工作的通知》的内容，可以看出，4个通知都明确地对被确定为知识产权运营服务体系建设的重点城市提出了工作目标或者绩效目标的要求，相应地，各地制定的《知识产权运营服务体系建设实施方案》中也在工作目标、重点任务或以专门附表的方式对此进行了明确规定。据笔者统计，在已经公布的37个《知识产权运营服务体系建设实施方案》中，有9个市（区）进行了更为精确的绩效评价指标列表设定，其中的7个城市将建设绩效评价指标进行了分年度列表设定，而且，部分城市还将其设定的绩效指标与国家知识产权局的通知要求进行了对比式的设计。这说明，只有少数城市对知识产权服务体系建设绩效评价目标进行了更为细化、具体的设定，大多数获批建设城市的《知识产权运营服务体系建设实施方案》仅是对三年内的绩效目标进行了较为宽泛的期限、内容设定。

部分城市的《知识产权运营服务体系建设实施方案》中没有设置具体的知识产权运营服务体系建设绩效指标表，只是在工作目标、主要任务或者重点工作中描述了建设周期内的绩效目标。这些城市（区）有上海市徐汇区、山东省青岛市、浙江省宁波市、山西省太原市、辽宁省沈阳市、吉林省长春市、安徽省合肥市、山东省烟台市、湖北省宜昌市、云南省昆明市等，甚至济南市人民政府办公厅12月19日公布的《关于印发济南市知识产权运营服务体系建设实施方案（2019—2021年）的通知》（济政办字〔2019〕64号）中明确表示，此件正文公开发布，附件——"济南市建设知识产权运营服务体系指标对照表"不予公开。即其已经设置了绩效指标表，但是，不向公众公布，只是在《知识产权运营服务体系建设实施方案》中的"主要目标"进行了部分规定。经过笔者的甄别分析，发现上述分散式的绩效指标规定，相对来说，并不比专门的建设绩效指标表更为简略。

37个已经制定《知识产权运营服务体系建设实施方案》的获批建设市（区）设计的绩效评价指标，大致可分为知识产权创造指标（如有效发明拥有量）、知识产权运营指标（如专利质押融资金额）、知识产权管理指标（如行业专利特色库）、知识产权保护指标（如专利商标行政执法办案数量年均增幅），还有知识产权环境指标（包括知识产权运营平台、专业人才和各种知识产权交易会议等）。由此看来，这些衡量建设绩效的指标并不单纯是狭义的知识产权运营方面的指标，而是涵括了知识产权创造、运营、管理和保护的整个发展周期。这些城市政府的"知识产权运营服务体系建设"是其对建设创新型社会、提高当地科技创新实力、构筑知识产权竞争优势的整体把握与推进，而不仅将其局限于运营主体对于知识产权创造的技术、信息、金融等的"软实力"支撑上。根据笔者的初步统计，现有《知识产权运营服务体系建设实施方案》中设定的知识产权运营服务体系绩效评价指标体系见表2-2-1所示。❶

表2-2-1 现有知识产权运营服务体系绩效评价指标体系

类型	建设城市设定的绩效评价指标	国家知识产权局要求指标
创造指标	万人发明专利拥有量（累计）	发明专利数量
	自主发明专利或核心发明专利数量	
	商标发展增速	
	国际商标注册增速	PCT申请数量
	地理标志商标增速	
	每万户市场主体注册商标申请密度	
	国内有效注册商标数量	PCT申请数量
	版权登记数量	
	软件登记数量	
运营指标	重点产业知识产权产业联盟数量	高价值专利组合数量
	重点产业专利池数量	知识产权许可量年均增幅
	专利实施产业化项目（累计）数量	知识产权交易量年均增幅
	知识产权运营机构年主营业务收入金额	专利技术合同成交额年均增幅
	知识产权运营机构持有的可运营专利数量	成功转化高校院所专利技术的中小企业数量
	地理标志产品产业化促进工程项目（累计）数量	专业化、综合性的知识产权运营机构数量
	知识产权运营引导基金规模	专业知识产权托管服务累计覆盖小微企业数
	是否建立知识产权价格评估系统	知识产权质押融资金额年均增幅
	发行IPS（知识产权证券化）产品数量	知识产权质押次数年均增幅
	IPS（知识产权证券化）年度融资额及交易金额	知识产权质押项目数年均增幅
	专利商标混合质押金额	产业规划类专利导航项目数量

---

❶ 需要特别说明的是，国家知识产权局在相关文件中已经要求的绩效评价指标，本章在建设城市设定的绩效评价指标中不再显示。

续表

类型	建设城市设定的绩效评价指标	国家知识产权局要求指标
运营指标	知识产权质押融资风险补偿资金额	企业运营类专利导航项目数量
	科技型企业知识价值信用贷款风险补偿基金额（重庆市江北区）	知识产权保险金额年均增幅
	知识产权产业城市经济贡献度	
	引进国内外优质知识产权数量	
管理指标	是否建立知识产权转让登记系统	知识产权管理规范贯标企事业单位数量
	累计认定知识产权产业化试点示范单位数量	
	累积培育骨干知识产权运营机构数量	
	培育知识产权密集型企业数量	
	累积培育国家级知识产权优势、示范企业数量	
	高校院所科技创新改革试点单位数量	
	企业专利特色库数量	
	行业专利特色库数量	
保护指标	知识产权诉调对接案件数量	专利商标行政执法办案量年均增幅
	知识产权执法案件年结案率	知识产权（年度）维权援助服务的企业数量
	专利行政执法结案时间缩短率	知识产权保护社会满意度
	商标侵权、假冒案件线索处置率	
环境指标	线上、线下知识产权运营服务平台（中心）数量	区域性知识产权运营服务平台数
	召开专交会次数	
	知识产权保护中心数量	
	引进或培育知识产权投资运作团队数量	
	选拔、培养知识产权运营高层次人才数量	产业知识产权运营中心数
	每年新增培养专利代理人数量	
	全社会知识产权认知度	

2. 建设绩效及存在问题分析

（1）建设绩效。

经过近6年的建设，获批建设城市知识产权服务体系建设取得了积极成效。然而，笔者在公开渠道还不能搜集到足够的获批建设城市的知识产权运营体系建设绩效的目标完成情况。从有限的公开渠道搜集的信息可知，这些城市对自己的成绩的总结的主要表述就是"知识产权创造、保护、服务、运用能力获得了全面的提升"。例如，石家庄市、广州市、东莞市、苏州市等。有的城市在其绩效完成情况中提出实施了知识产权运营服务体系建设的诸多新措施。例如，广州2019年成功发行3亿元的全国首支纯专利知识产权证券化产品，连续3年举办知识产权交易博览会；东莞市设立镇街（园区）商标品牌指导站；武汉市建立了知识产权运营的"银行+保证保险+第三方评估+风险补偿+财政贴息"模式等。大多数获批建设城市的一个共同点，就是他们对于知识产权创造绩效的介绍，都是以专利的创造产出作为首要建设成果予以引介，接着是商标的注册数，之后才是其他类型的知识产权注册数量的增加等。再有，他们对于知识产权运营绩效的介绍是从专利许可交易、质押融资的金额上进行介绍，然后，才是运营机构、法律保护等方面的指标落实情况的介绍。这说明，知识产权运营服务体系建设的首要绩效评价指标，就是最具有科技创新实力蕴含的高价值专利创造实力。

2020年3月16日，国家知识产权局发布了国家知识产权局和财政部委托第三方机构对首批8个知识产权运营服务体系建设重点城市进行中期绩效评价结果，全部城市都顺利通过评价并获得剩余资金支持。其中，长沙市为优秀等次，青岛市、宁波市、苏州市为良好等次，郑州市为合格等次。也就是说，经过将近2年的建设，首批8个获批建设城市全部完成了预期中期绩效目标。

（2）存在问题。

当然，现有的知识产权运营服务体系建设过程中也表现出部分问题与不足，主要表现在：

①知识产权运营的诸多新形态、新模式没有在绩效评价指标中得到充分体现。现有的知识产权运营服务体系绩效指标主要是传统知识产权运营模式的反映。例如，知识产权许可、转让、技术入股、知识产权质押、知识产权信托和知识产权联盟等。虽然，部分城市对知识产权金融形态进行了初步探索，例如，四川省推出的"一次评估、一次授信，循环使用、随用随还"便民利民高效的"天府知来贷"专利质押融资新模式。但是，这种小范围的专利质押融资模式创新，无法从根本上改变知识产权运营模式滞后的现实境况。这说明，我国知识产权多模态运营还存在思想保守、机制僵化的问题。对于

知识产权质押众筹、知识产权证券化、知识产权保险、专利标准化、知识产权投资增值等新兴知识产权运营模式，仅有部分城市对此有所涉及，例如，海口市、北京市朝阳区、天津滨海新区、山西省太原市提出推动发行知识产权证券化产品、泉州市进行了知识产权保险的推广等，但是，截至目前，对于知识产权质押众筹、专利标准化、知识产权投资增值模式，还没有城市将这方面的工作的成效作为绩效评价指标予以体现。

②绩效指标的设定缺乏横向比较。已经开始建设的37个市（区）在其《知识产权运营服务体系建设实施方案》中设定的绩效评价指标都是纵向对比指标，除了与国家知识产权局要求的指标进行对比式规定外（进行对比式规定的城市不多），缺乏与兄弟城市的横向对比指标的设计，这样就无法衡量获批建设城市相对的知识产权发展速度。而且，从部分获批建设城市的绩效考核结果来看，有的城市的纵向绩效评价指标所对应的目标任务也存在完成效果不佳的情况。

③各绩效评价指标的重要性排序或者说权重比设计还付之阙如。根据笔者对37个市（区）《知识产权运营服务体系建设实施方案》的绩效指标的统计分析，现在还没有一个城市对各个指标进行重要性的排序或者权重比的具体规定。这样就无法为经济高质量发展下高价值知识产权运营服务体系建设提供科学的支撑。这种情况的出现，可能是基于某个具体的绩效评价指标对于反哺技术创新、促进产业发展、实现产权价值的贡献度无法做到精确量化的原因。虽然，部分城市在介绍知识产权服务体系建设的成效时，将知识产权的产出水平特别是专利产出情况作为首要的绩效指标，但是，鉴于我国核心专利、标准专利数量较少、外观设计专利过多的专利构成状况，单纯的专利产出水平也无法反映国家整体或具体区域的知识产权综合实力和发展水平。不同绩效评价指标的重要性或权重的差别，反映了不同技术创新实力的含金量水平，同时，也是建设创新型国家，推动我国经济社会高质量发展的重要体现。因此，对知识产权运营服务体系建设绩效指标进行重要性排序或者权重比的设计，是十分必要的。

（三）知识产权运营服务体系建设绩效评价指标的重整与优化

1. 绩效评价指标设计的思路

（1）绩效评价指标应涵括知识产权创造、运用、管理、保护四个阶段。从国家知识产权局和获批建设城市的权威文件表述及工作目标、绩效指标的设计，可以看出，知识产权运营服务体系之涵括范围，不单单是狭义的"知识产权运用"体系的范围，即为知识产权创造提供创新激励支撑，获取知识财产的最优经济利益发挥"增光添彩"的辅助功能，同时，其也是涵盖了知识产权创造、运用、管理、保护"四位一体"的完整知识产权运行全链条体系，这从各地提出的绩效指标的构成与分类中表现得非常明显。

（2）绩效指标的范围应集中于"紧扣促进创新激励、实现最优价值、提供多元支撑"三大功能的实践主题。从国家知识产权局和建设城市的权威文件表述及工作目标、绩效指标的设计，可以看出，知识产权运营服务体系建设的主要目的，就是促进知识产权创造的创新，实现已经产权化的知识资产的利益最大化，为知识产权的创造、管理提供金融、信息支撑。也可以说，知识产权运营服务体系建设的主要目的，就是增强、实现知识产权的战略价值和经济价值，接下来，才是知识产权的法律保护及产业转化率等功能目标。

（3）绩效评价指标应凸显知识产权运营服务体系建设对专利特别是"高质量专利"的"反哺"和实力表征功能。现有获批建设城市制定的《知识产权运营服务体系建设实施方案》，对于知识产权运营服务体系建设绩效评价指标中的专利指标特别是高质量专利指标的设置较少甚至没有，这与知识产权运营服务体系建设的初衷和政策目的不符。虽然，知识产权运营服务体系建设不仅仅是为了反向推动知识产权创造进程，在绩效指标体系中配置太多的创造指标可能会冲淡其他两大功能的实现，但是，作为知识产权运营"技术基础"与"活水源头"的知识产权创造质量，其优先性与"中流砥柱"作用必须得到充分凸显。即应在绩效评价指标体系中要适当增加反映知识产权产出与高质量专利方面的指标数量（如在知识产权创造绩效评价指标中增加专利有效性、专利金奖数量等指标），并提高其权重比配置。

（4）绩效评价指标应体现知识产权运营产业发展的新变革。在现有获批建设城市的绩效指标设计中，只有海口市规定了知识产权证券化相关指标，其他城市（如广州市、深圳市）虽然成功发行了知识产权证券化产品，但是，其《知识产权运营服务体系建设实施方案》中的绩效评价目标中却没有设计知识产权证券化的数量化指标。另外，部分获批建设城市制定的《知识产权运营服务体系建设实施方案》也没有对知识产权投资增值等新型运营模式进行特别规定，尽管有部分城市如广州市对"IAB"（新一代信息技术、人工智能、生物医药）产业与"NEM"（新能源、新材料）产业进行了知识产权重点产业投资运营模式的探索，但是，其对于知识产权战略性投资与特定市场投资两种投资增值类型则没有涉及。虽然这种情况的出现，可能是基于知识产权金融发展不够成熟、高层次、复合型知识产权领军人才缺乏等客观因素造成的，但是，其也与各地对于知识产权运营新业态在绩效评价指标设计中予以体现的前瞻性认知缺失，存在部分关联。因此，因地、因时制宜在知识产权运营服务体系建设绩效指标中加入反映知识产权运营服务体系建设新变革内容的绩效评价指标，是非常必要的，特别是在中美贸易争端、疫情影响下的科技型企业处境困难的严峻形势下，更是如此。

2. 绩效评价指标设计的原则

（1）客观明确。绩效评价指标选取过程坚持客观定量指标，为了使指标含义更加明确，对绩效评价指标外延不应做过度展开，对绩效评价体系指标不做复杂处理。

（2）兼顾代表性与差异性。绩效评价指标的选取，既具有代表性，又能反映不同地区知识产权发展水平的差异性。

（3）有度有效。有度是指绩效评价指标的选取应体现其设置目的，要繁简有度。有效是指绩效评价指标与评价目的的相关性与表征程度，仅引入少量与知识产权高度相关的外部指标。

3. 绩效评价指标体系的构成

基于实践中国家知识产权局和获批建设城市将知识产权运营服务体系扩大理解为涵括知识产权创造、运用、管理、保护的定位，通过对国家知识产权局与各地《知识产权运营服务体系建设实施方案》中设计的绩效评价指标的对比，笔者认为，应超越知识产权运营的狭义概念界定，将知识产权运营服务体系建设的绩效评价指标体系扩展为涵括知识产权创造、运用、保护与环境要素的广义知识产权运营服务范畴。

本章将知识产权运营服务体系建设绩效指标设定为二级指标体系，第一级绩效评价指标分别设定为知识产权创造指标、运营指标、保护指标和环境指标，并且，在第一、第二级绩效评价指标中都进行权重比的设计。参考国家知识产权局知识产权发展研究中心在《2020年中国知识产权发展状况评价报告》对一级指标——知识产权创造、运营、保护、环境的平均划分（25%），笔者将知识产权创造绩效评价指标和环境绩效评价指标的权重设定为25%；❶ 基于运营绩效评价指标在知识产权运营服务体系建设中的关键与核心地位，笔者将其权重提高至35%；由于知识产权运营服务体系建设与知识产权保护的着力点与功能的不同，因此，将知识产权运营服务体系中的保护绩效评价指标权重缩减至15%。二级指标的具体权重数值，主要是基于第一级指标的数值和其在推进知识产权运营体系建设中的重要性的综合考量之下，采用层次分析法确定的数值。相应地，本章在第二级绩效评价指标中进行了"促进制度功能实现"重要性的排序，即越靠前的绩效指标，其重要性就相对较高。具体内容如表2-2-2所示：

表2-2-2 知识产权运营服务体系建设绩效评价指标设计

一级指标	二级指标	权重
创造指标（25%）	自主发明专利或核心发明专利数量	6.0
	每万人发明专利拥有量	3.0
	每千万元研发经费发明专利授权量	3.0
	发明专利平均维持年限	3.0
	PCT国际专利申请受理量	3.0
	马德里商标国际注册申请量	3.0
	每万户市场主体注册商标申请密度	2.0
	著作权登记数量	2.0
运营指标（35%）	高价值专利组合数量	6.0
	技术市场成交合同数	
	专利实施产业化项目（累计）数量	3.0
	累积培育国家级知识产权优势、示范企业数量	3.0
	知识产权许可、交易量年均增幅	3.0
	产业规划类（企业运营类）专利导航项目数量	3.0

---

❶ 因为：第一，知识产权特别是战略性新兴产业发明专利战略价值和经济价值的体现和实现，主要依凭的是专利本身的技术先进性、技术可靠性和产业化能力；第二，区域知识产权科技创新实力、政策法规、营商便利化和运营载体等因素，为知识产权服务体系的高质量建设，提供了商业运营的"软平台"和强制性的"硬保障"。这些理由决定了创造指标或者环境指标权重的四分有其一。

续表

一级指标	二级指标	权重
运营指标（35%）	知识产权管理规范贯标企事业单位数量	2.0
	知识产权运营引导基金规模	2.0
	IPS（知识产权证券化）年度融资额及交易金额	2.0
	知识产权质押融资金额年均增幅	2.0
	知识产权保险金额年均增幅	2.0
	知识产权运营机构年主营业务收入金额	2.0
	专业知识产权托管服务累计覆盖小微企业数量	2.0
保护指标（15%）	知识产权审判保护指数（分）	6.0
	知识产权行政保护指数（分）	3.0
	知识产权（年度）维权援助服务的企业数量	3.0
	知识产权保护社会满意度	3.0
环境指标（25%）	产业知识产权创新指数	6.0
	地方性知识产权政策法规数量	6.0
	知识产权营商环境指数	3.0
	区域性（产业）知识产权运营服务平台数量	3.0
	选拔、培养知识产权运营高层次人才数量	3.0
	产业知识产权运营中心数量	2.0
	专业化、综合性的知识产权运营机构数量	2.0

鉴于绩效评价指标对于反哺技术创新、促进产业发展、实现产权价值的贡献度，无法做到精确量化的现实困境，对知识产权运营服务体系建设绩效评价指标进行较为宏观且蕴含价值考量的重要性排序，而不是更为精确的量化权重设计，并根据获批建设城市正确处理建设中的问题反馈，及时灵活地修正工作措施的实践偏差，是相对最优的选择。

第三章

河南省工业机器人产业高价值专利培育策略研究

王清晓*

一、TRIZ 理论及高价值专利的培育与运营概述

(一) TRIZ 理论简介

TRIZ 理论由苏联发明家和创新学家根里奇·阿奇舒勒先生于 1946 年创立，后经许多学者的进一步研究和发展，基于大量现有专利技术的发明原理，形成了一套系统化的解决发明问题的原理和方法。我们可以将 TRIZ 理论的方法体系概括为图 2-3-1。

TRIZ 理论创立 76 年以来，作为重要的创新方法，已经在国内外许多知名企业得到广泛应用。如国外的三星电子、波音、福特汽车、松下等。1997 年，三星电子正式引入 TRIZ，成立的专门的 TRIZ 协会，通过积极学习和应用 TRIZ 方法解决技术创新中的问题，1998—2004 年间，三星电子在美、欧、亚的各项顶级设计大赛中共获得 100 多项大奖，其中 2004 年获奖 33 项，连续 5 年成为获奖最多的公司。2005 年，三星电子以 1641 项美国发明专利授权美光科技（Micron Technology）和英特尔（Intel），全球排名第 5，领先于英特尔和日本竞争对手索尼、日立、松下、三菱和富士通公司。

---

* 王清晓，管理学博士，河南科技大学管理学院工商管理系副主任，副教授、硕士生导师，研究领域和方向：知识管理与技术创新、供应链管理。

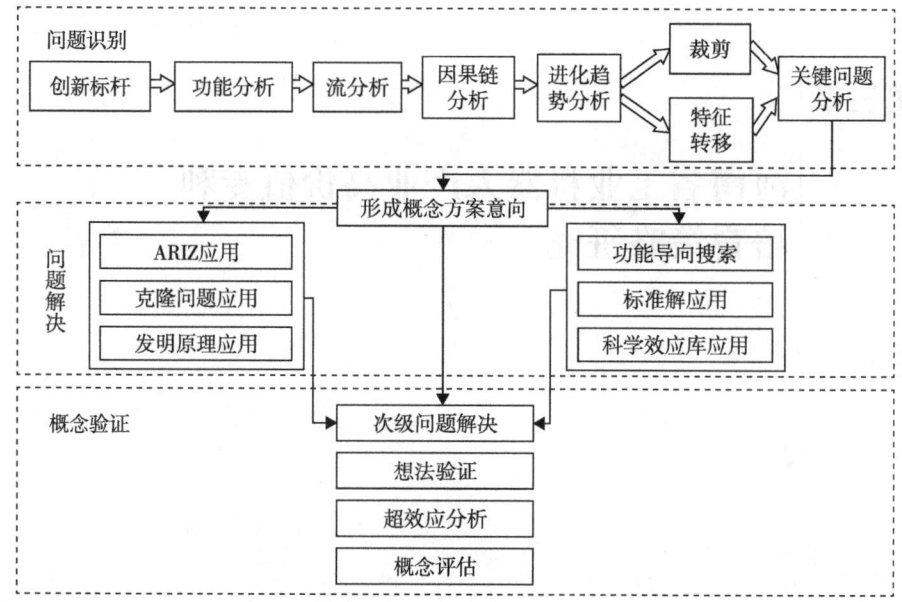

图2-3-1 TRIZ的理论体系

资料来源：根据MATRIZ认证培训教材整理。

近年来，科技部通过创新方法推广专项，教育部通过成立高等学校创新方法教学指导分委员会等方式大力推广包括TRIZ理论在内的创新方法，促进TRIZ理论在高校复合型人才培养、创新创业实践中广泛应用，取得了良好的推广效果。国内的美的、苏泊尔、格力、国家能源集团北京低碳清洁能源研究所等企业已经应用创新方法解决了大量创新中的问题，取得了一大批高水平成果，形成了相当多的高质量专利。以国家能源集团北京低碳清洁能源研究所为例，自2013年引入TRIZ等创新方法之后，每年运用DFSS（六西格玛设计）和TRIZ理论解决数十个研发项目中的关键技术瓶颈，推动研发项目的顺利交付，企业专利数量和质量大幅提升，2016年被国际TRIZ协会（MATRIZ）授予特别荣誉奖。

（二）高价值专利的培育

1. 高价值专利培育的理论研究

关于高价值专利的内涵，业界尚无权威定义。专利价值具有多维性，表现为不同主体对于高价值专利有着不同的评判标准：就市场主体而言，高价值专利是能为其带来可观经济收益和竞争优势的专利；对创新主体而言，高价值专利是能够在技术上占主导地位的专利；对政府而言，高价值专利是能够更好地促进经济和社会发展的专利。比较得到公认的是，能够为专利权人带来高额收益或者竞争优势的专利被称作为"高价值专利"。

关于高价值专利从哪些具体维度来理解和衡量，学术界目前主要有以下观点：（1）三维度观。即技术维度、法律维度和市场维度，在这三个维度上均有较好表现的专利可被认为是潜在的"高价值专利"。（2）四维度观。盛春辉从技术维度、法律维度、市场维度和社会价值衡量专利价值；❶ 市场主体的专利需求分为由低到高的五个层次：①基本需求：识别、彰显；②安全需求：防御、进攻；③交互需求：运营、整合；④战略需求：综合、战略；⑤布局未来：开放、预见。专利需求层次越高，专利价值越大。

二、河南省与国际工业机器人产业创新特征对比分析——专利视角

根据工业机器人的组成以及上下游关系，工业机器人产业链如图2-3-2所示，其主要由上游零部件、中游机器人本体、下游系统集成三个环节组成。

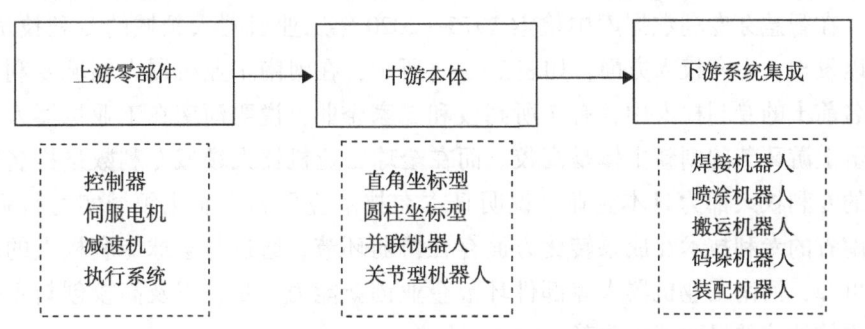

图2-3-2 工业机器人产业链

上游零部件环节主要包括控制器、伺服电机、减速机、执行系统，其中减速机、伺服电机、控制器是工业机器人的关键零部件，国外大型工业机器人企业往往通过掌握关键零部件技术打造核心竞争力。控制器开发难度中等，多是机器人企业开发配套控制器；伺服电机是机器人等自动化设备的核心驱动机构；减速机技术开发难度最大。上游零部件环节的制造波及材料行业，如铸铁、铝合金、不锈钢等传统材料行业，以及碳纤维、尼龙、树脂等复合

---

❶ 盛春辉. 医药行业高价值专利培育"H-NH"生态系统的构建与实施——基于行动者网络理论［J］. 沈阳药科大学学报，2020（37）：736-741.

新材料行业。

中游机器人本体环节，主要负责工业机器人支柱、手臂、底座等部件与精密减速机等零部件的加工、组装。按机械结构形式的不同，工业机器人主要分为直角坐标型、圆柱坐标型、并联型、关节型。在工业机器人本体领域，关节型机器人功能最强大，用量多，大型机器人企业均把重点放在关节型机器人，甚至很多企业只研发、生产关节型机器人；平面关节型（SCARA）机器人造价便宜，在电子行业、机械装配方面使用量大；关节型和SCARA型这两种机器人占据了本体80%以上的市场规模。

下游系统集成环节，主要负责工业机器人应用系统的开发和集成，即各类应用机器人在机器人本体的基础上，在末端安置不同的执行机构，实现不同的应用功能。按应用方向的不同，工业机器人可细分为焊接机器人（点焊机器人、弧焊机器人）、喷涂机器人、装配机器人、搬运机器人、码垛机器人等类型。

1. 上游零部件的技术研发

在智慧芽专利数据库中检索 1975—2020 年工业机器人领域的专利技术，可以发现，专利权人方面，如表2-3-1所示，在河南工业机器人领域专利量排名前十的专利权人中，有 7 所高校和 3 家企业，说明河南在工业机器人产业链上游环节的创新主体是高校。而在全球工业机器人领域专利数量排名前十的专利权人都为日本企业，说明日本在技术应用和产业化领域实力很强，河南省的专利技术在成果转化方面存在薄弱环节。通过与全球专利权人的对比可知，河南工业机器人零部件环节企业创新能力不足，以及高校创新主体占主体地位的局面亟须改善。

表2-3-1　上游零部件专利申请量排名前十的专利权人

河南省	机构性质	全球	机构性质
河南科技大学	高校	三星电子株式会社	企业
郑州大学	高校	发那科株式会社	企业
河南理工大学	高校	应用材料股份有限公司	企业
洛阳理工学院	高校	高通股份有限公司	企业
中铁工程装备集团有限公司	企业	索尼公司	企业
郑州轻工业学院	高校	爱惜康有限责任公司	企业
河南科技学院	高校	LG电子株式会社	企业

续表

河南省	机构性质	全球	机构性质
国家电网公司	企业	丰田自动车株式会社	企业
郑州玄一机器人有限公司	企业	本田技研工业株式会社	企业
许昌学院	高校	精工爱普生株式会社	企业

2. 中游本体环节的技术创新

河南省和全球地域专利量排名前十的专利权人及其专利量情况如表2-3-2所示。在专利权人方面，河南省工业机器人领域专利量排名前十的专利权人中，高校有7所，科研院所1家，仅2家是企业。对比全球地区专利量排名前十的专利权人，可以发现，在本体环节，全球区域中专利申请量最多的前十位单位也属于企业类型。说明在河南工业机器人本体领域中，研发主体依然是高校。

表2-3-2 本体环节在河南省和全球地域专利量排名前十的专利权人

在河南排名前十的专利权人	机构性质	在全球区域排名前十的专利权人	机构性质
河南科技大学	高校	本田技研工业株式会社	企业
郑州大学	高校	发那科株式会社	企业
河南理工大学	高校	爱惜康有限责任公司	企业
中铁工程装备集团有限公司	企业	应用材料股份有限公司	企业
洛阳理工学院	高校	斯克林集团公司	企业
郑州轻工业学院	高校	松下电器产业株式会社	企业
清华大学天津高端装备研究院洛阳先进制造产业研发基地	研究院	丰田自动车株式会社	企业
郑州轻工业大学	高校	株式会社安川电机	企业
河南科技学院	高校	川崎重工业株式会社	企业
国家电网公司	企业	精工爱普生株式会社	企业

3. 下游系统集成环节的技术创新

在专利权人方面，如表2-3-3所示，在河南下游系统集成专利量排名前十的专利权人中，有6所高校和4家企业，高校比重有所下降，说明在下游环节，河南省比较重视专利的研发。但是与全球情况相比，河南省企业的创新能力仍然有很大的提升空间。

表2-3-3　本体环节在河南省和全球地域专利量排名前十的专利权人

在河南排名前十的 专利权人	机构性质	在全球排名前十的 专利权人	机构 性质
河南科技大学	高校	三星电子株式会社	企业
郑州大学	高校	发那科株式会社	企业
洛阳圣瑞智能机器人有限公司	企业	爱惜康有限责任公司	企业
河南理工大学	高校	本田技研工业株式会社	企业
洛阳理工学院	高校	索尼公司	企业
郑州航空港飘天下物联网科技有限公司	企业	精工爱普生株式会社	企业
许昌学院	高校	丰田自动车株式会社	企业
河南大道机器人自动化系统有限公司	企业	应用材料股份有限公司	企业
郑州科技学院	高校	直观外科手术操作公司	企业
郑州日产汽车有限公司	企业	株式会社安川电机	企业

三、河南省工业机器人产业高价值专利培育中存在的问题

（一）专利分析与导航对解决具体技术问题的指导有限

河南省对专利分析和导航这一把握高新技术动向的有力工具的重视程度有待加强。❶ 政府对企业的引导主要还是在产业的空间布局方面，对专利信息分析工作还停留在提供专利信息检索平台服务上，但现有的专利检索系统，是基于IPC国际专利分类表而建立的。TRIZ理论告诉我们，不同行业遇到的问题，可以采用相同的原理加以解决。因此，以IPC分类为基础的专利检索系统无法从创新的角度，提供不同领域可借鉴的技术原理。因此河南省企业很难通过专利检索系统获取自身的技术创新中所需的有效信息。

---

❶ 李更，范文，赵今明. TRIZ创新流程与专利检索系统的结合探索［J］. 情报杂志，2013（32）：79-81.

(二) 行业或企业的专利战略布局能力不足

目前,河南省工业机器人的关键技术主要依赖进口,尤其是高精密减速器方面的差距尤为突出,成为制约工业机器人国际竞争力形成的主要因素。❶河南省工业机器人企业现多围绕夹具、机械臂关节等技术分支进行专利布局,针对减速器、伺服电机等驱动系统以及控制器的专利申请,并未形成专利申请密集区。河南省工业机器人专利技术目前主要集中在机器人本体方面,在上游关键零部件和下游系统集成方面的核心专利偏少,围绕核心专利的"超级专利组合"很少,说明河南省企业的专利战略布局能力不足。

(三) 工程技术人员的创新意识和创新能力有待提升

河南省部分高校的工科学院已设有机器人工程、自动化等专业,招生规模逐年递增。高校通过建设机器人重点实验室,举办机器人大赛,逐步打造面向科技前沿、面向国家重大需求的学科和专业优势。河南省部分高校面向工科人才开设知识产权管理、创新方法相关的选修课程,如创新方法理论与实践、创新思维方法与训练、TRIZ创新理论等。由于时间和经费的制约,企业的工程技术人员参与创新方法和知识产权保护方面的培训较少,缺乏创新思维的训练,创新意识和创新能力欠缺。

(四) 专利申请文件的撰写质量有待提高

河南省在工业机器人领域的专利文件,撰写质量有待提高,主要表现为以下几个方面:一是权利要求保护范围概括不恰当,权利要求书的内容将决定发明实际的保护范围大小。一些高校或科研院所申请人为了专利更容易获得授权,常将比较具体的技术方案写入独立权利要求中,缺乏对发明构思的提炼和概括,导致发明创造的成果没有得到有效保护。二是申请书撰写缺乏层次,申请书的撰写内容比较简短,基本是照搬权利要求书的内容,仅依靠个别实施例来体现发明的几种可变形方式,缺少对技术问题、技术方案和技术效果的深入挖掘。

(五) 专利审查人员对于高价值专利的识别能力有限

专利审查人员作为一项技术是否能够授权专利的把关者,他们在特定技

---

❶ 曾莉,蒋文蹊. 工业机器人全球专利分析 [J]. 中国发明与专利,2020 (17):73-79.

术领域的专业知识、审查经验、对技术发展趋势的了解、对专利法规的掌握程度等，决定着专利审查的准确程度。优秀的专利审查人员是法律和技术的复合型人才，能够从众多良莠不齐的专利申请文件中精准识别专利的价值高低。

国家知识产权局一直重视发明实际解决的技术问题的确定。❶ 但在审查实践中，有时发明或现有技术并未记载某些技术特征，使得审查员无法直接地、毫无疑义地确定该技术特征使得发明或现有技术解决了什么技术问题；有时不同审查员存在不同的认定，从而引起审查员与申请人之间在技术问题的认定方面的分歧，不利案件的审查。

四、基于TRIZ的河南省工业机器人产业高价值专利培育策略

（一）大力发展基于TRIZ的专利分析与导航

国内企业可以在工业机器人产业论证中开展完整的专利分析评议，开展关键技术的专利分析能够提高技术研发起点、优化资源配置、加快研究进程，实现关键技术突破并进行再创新，从而快速提升技术创新能力；同时，掌握国外对标公司的专利布局、摸清型号发展与国外技术指标的差距，满足研发过程中对科技情报支撑信息的迫切需求。在此基础上，结合企业工业机器人产业领域技术优势和技术劣势，分析国外高新技术热点、空白点、发展动态和方向，为产业提出知识产权布局建议，为战略研究、项目论证、项目立项提供决策支撑。

（二）运用技术系统进化趋势，强化专利战略布局

根据子系统不均衡进化法则，工业机器人领域的关键核心部件如伺服电机、精密减速器和控制器等，每个子系统沿着自身的S曲线进行进化，其进化的速度和进程往往不一致，从而导致子系统之间的不协调，系统中最先达到技术极限的子系统将阻碍整个系统的进一步进化。因此企业和专利代理师在实施专利布局时应充分考虑子系统演化进程与特点，设计围绕系统和子系统的专利布局，对系统实施全面保护。

运用TRIZ中技术系统的进化趋势，可以对河南省工业机器人在整机及六

---

❶ 肖翰. 知识产权保护视角下区块链技术的专利赋权标准研究 [J]. 科技进步与对策，2021 (38)：97-104.

大关键子系统（伺服电机、控制器、精密减速器、传感器、驱动器、人机交互系统）的技术优势与劣势进行分析，系统规划产业未来专利的战略布局，针对行业共性技术、卡脖子技术进行技术发展趋势分析，寻找未来技术发展的关键突破点，发现颠覆式创新的切入点。

（三）加强 TRIZ 理论和方法培训，提高工程技术人员创新意识与创新能力

目前河南省在工业机器人领域的人才是十分匮乏的，需要政府、高校和企业共同努力，从以下两个阶段提升人才培养的速度和质量。

第一阶段：在校工科大学生 TRIZ 创新方法的掌握。目前河南部分高校，如河南科技大学、中原工学院等，已经将 TRIZ 创新方法课程纳入工科大学生培养方案，同时指导大学生参加"中国 TRIZ 杯大学生创新方法大赛"，通过功能分析、因果链分析、剪裁等方法的学习，提高复杂创新问题的分析能力；通过推广运用 40 个发明原理、矛盾矩阵等方法，拓展工科学生的创新思路，将创新意识和创新方法根植于这些未来工程师的"血液"中。

第二阶段：企业工程技术人员的 TRIZ 培训。在企业工程技术人员中，采用"理论讲授+项目研讨"的方式，工程技术人员能够带着项目研发中的问题来参加培训，在培训中直接学习运用 TRIZ 中分析问题、解决问题的思路和工具，解决创新问题，形成更多的问题解决方案和专利成果。国内外企业创新实践证明，这样的创新方法培训模式，对企业快速解决创新难题，提高专利申请的数量和质量是非常有效的。

（四）应用发明问题等级划分与解决思路，提高专利申请文件质量

1. 以发明问题等级的划分来指导申请保护的策略

TRIZ 理论主要用来解决发明问题，它把发明问题分为五个等级，这五个等级的发明创新程度不同，因而专利代理师应在与客户充分沟通、并对现有相关专利技术充分检索的基础上，首先对某项技术的创新程度有一个准确的认识和评价，然后，确定合适的申请保护策略（见表2-3-4）。这样，一方面可以提高申请成功的概率，另一方面也可以防止一些高价值专利被埋没。

表2-3-4 发明问题级别与申请保护策略的关系

发明问题级别	发明创新的程度	申请保护策略
1	显然的设计	难以获得发明专利授权，可采取（1）主动放弃申请；（2）选择防御性公开技术内容以防止他人日后获得类型专利
2	少量的改进	对核心技术进行外围专利部署，以期最终获得交叉许可
3	根本性的改进	重点部署核心技术专利，同时根据需要向其他产品或领域扩展，并部署外围专利
4	全新的设计	重点部署核心技术专利，同时向上下游或其他应用领域扩展，并部署外围专利，长期关注形成专利群竞争优势
5	发明创造	重点部署核心技术专利，同时向上下游或其他应用领域扩展，并部署外围专利，长期关注形成专利群竞争优势

2. 理解TRIZ问题解决思路，提高专利申请文件的撰写质量

利用TRIZ解决发明问题的过程一般包括"定义问题—分析矛盾—选择工具—确定最终理想解"，这样的发明问题解决思路，为专利代理师提供了丰富的技术交底材料，不仅可以避免发明人仅就单一实施方案进行专利申请而导致保护范围过于狭窄的问题，同时可以针对已经公开或授权的专利进行规避设计，提高专利申请文件的质量，为申请人提供更高水平的专利代理服务。

（五）提高专利审查人员对高级别发明的辨识能力

TRIZ提出的五个发明等级，在实质审查过程中可以对审查员的检索提供指导：（1）针对等级较低的发明，预期能够检索到比较适合的对比文件来评述该发明的"三性"问题，如果没有检索到，应仔细考虑分类号的扩展及采用其他关键词，及时调整检索策略；（2）针对等级较高的发明，往往技术方案比较复杂，运用了多个领域或学科的知识，应尽可能进行跨领域、跨学科的文献检索，避免在技术方案创造性评述时的片面性。如果没有检索到合适的对比文件，此时应重点考虑权利要求，尤其是独立权利要求的技术方案是否符合较高等级发明的内涵，判断该授权范围是否恰当。在专利审查人员中推广普及TRIZ理论与方法，提高他们对于高等级发明的识别能力，从法律价值的角度为提升河南省工业机器人领域的专利质量提供帮助。

五、结束语

"智能制造 2025"为中国智能装备产业带来巨大的发展机遇,装备制造业是河南省两个万亿级产业之一。河南省客车和盾构产业规模居国内同行业第一位,农机、矿山装备、电子信息产业持续高速增长,一批高端装备、关键核心零部件、共性基础核心技术取得突破。河南省装备制造行业有着雄厚的基础,面对智能化转型的历史机遇,工业机器人是智能装备产业发展的关键,政府、高校和科研院所、企业、生产性服务机构等主体需要大力协作,本章运用 TRIZ 创新理论和方法,从战略价值、技术价值、法律价值和市场价值等多维度,研究工业机器人领域高价值专利培育和运营的对策措施,为河南省智能装备产业的高质量发展提供智力支持。

第四章

以专利密集型产业带动河南省经济高质量发展研究

胡翠平[*]

在中国共产党十九次全国代表大会上，我国首次提出了"中国经济正由高速增长阶段转向高质量发展阶段"的论断。之后，2018年国务院政府工作报告围绕高质量发展做出了深度推进供给侧结构性改革等9个方面的部署。《知识产权强国建设纲要（2021—2035年）》也提出以推动高质量发展为主题，以改革创新为根本动力，以知识产权为发展核心要素，通过全面提升知识产权创造、运用、保护、管理和服务水平，发挥知识产权在经济建设中的重要作用。

从经济高速增长到经济高质量发展阶段，实现创新驱动是动能转换之根本，其核心是凸显知识产权在国家发展和国际竞争力提升中的核心要素作用。《2020年中国知识产权发展状况评价报告》指出，自2010年以来我国知识产权创造和保护指数年均增速分别达11.5%和13%，已具备向知识产权强国迈进的坚实基础，进入提质增效发展阶段。《推动知识产权高质量发展年度工作指引（2021）》也明确提出，推动知识产权高质量创造导向更加凸显，为贯彻新发展理念、构建新发展格局、推动高质量发展提供有力保障。《关于加强协作配合强化知识产权保护的意见》则指出加强知识产权行政与司法保护的衔接和协作，联合提升知识产权保护水平。在经济发展和知识产权质量双提升的背景下，如何发挥知识产权资源的创新驱动作用，如何发挥知识产权密集型产业尤其是专利密集型产业对工业经济的带动作用，都是值得深入研究的课题。

---

[*] 胡翠平，中原工学院法学院、知识产权学院副教授，硕士研究生导师。

一、创新驱动经济高质量发展

(一) 经济高质量发展内涵

中国经济经过多年的快速增长，在新能源、移动支付、高铁产业等多个领域的发展上已处于世界前沿。党中央、国务院提出经济高质量发展意味着我国已改变了以国内生产总值作为单一经济发展评价指标的判断标准，期望通过推动质量变革、效率变革和动力变革，促进我国经济增长质量和效率的双提升。在中国经济转向经济结构、转换增长动力的攻关期，创新取代传统的资本、自然资源及劳动力成为引领高质量发展的首要动力。经济高质量发展是相对于经济增长速度而言的概念，既考虑经济增长速度和经济总量，又考虑经济发展的质量，由单一的速度指标转向生活品质提升、产业结构优化、生态环境改善、社会公平与协调发展等多维度指标。

经济高质量发展不是单纯的数字，而是人民生活改善、生态环境友好、城乡协调发展等，是一种更加均衡可持续的发展方式。首先，经济高质量发展强调经济的稳定可持续增长。在改革开放后的较长一段时期内，中国经济整体上出现了超高速增长局面，一方面是发达国家产业转移使我们利用后来者优势实现快速追赶，另一方面经济转型期投资加大、国内外需求增加刺激了经济的繁荣。但这一过程中也出现了多次经济大波动，通货膨胀、经济过热、出口增幅下降、国际争端频发、投资不足等问题此起彼伏，因此我国经济需要稳定、长期的可持续发展。其次，经济高质量发展需要产业结构合理、发展协调、产业效益高。我国经济结构已经不断优化，第一产业比重逐渐下降，第三产业快速增长，但产业结构仍有优化空间，需要向产业价值链高端发展，提升产业价值链位置；传统产业比重较大，迫切需要改造旧产业发展新兴产业，提升工业整体竞争力。在消费升级大背景下，产业转型升级才能支持消费升级需求，满足人民美好生活需要，通过供给侧优化产品供给，才能更好地满足人民消费需求拉动有效需求，改善供需错位，发挥消费拉动经济增长的引擎作用。再次，经济高质量发展是生态友好型发展，要坚持生态优先、绿色发展道路。河南省经济发展中资源依赖型产业比重较高，在碳达峰、碳中和"双碳"目标下，资源高效利用和生态环境压力都很大。而经济高质量发展需要充分发挥生态环境保护的引领、优化和倒逼作用，通过加强生态环境保护，推动产业低碳发展，落实生态文明思想，促进经济绿色转型。最后，经济高质量发展应该是集约型、高效益发展。在微观层面，企业是生产要素的投入产出基本单位，经济高质量发展一方面体现为生产要素的投入产出效率，其关键是通过技术创新实现资源的集约化节约化配置，提高资源利用效率；另一方面体现为企业价值创造的提升，通过产品和技术创新改进产品质量，提升产品价值和竞争力，同时产品影响力、美誉度较高，产品附加值高从而助力企业提升效益。正如冯克亮（2018）的研究观点所言，经济高质量发展体现为供给的高质量，企业能提供高品质的商品和服务，实现路径是提高技术创新水平占据产业价值链的中高端。

（二）经济高质量发展驱动力量

经济发展的驱动力量是指推动某地经济发展的要素中更具有活力的那些要素。从产业结构分析可以发现，第一产业是通过对农业资源的消耗获取财富，第三产业主要是财富的转移，只有其中的生产型服务业可以优化制造业结构提高社会经济效益，第二产业才真正为社会创造财富，而促进制造业发展的核心驱动力就是科学技术。从具体产业对经济发展的贡献视角而言，传统的劳动密集型产业和投资密集型产业需要转变生产方式，强化其工业基础和技术创新能力，促进传统制造业转型升级。也有研究者从经济发展所需基本要素视角进行研究，认为劳动者素质、科技投入、投资、基础设施建设、消费需求等因素都是经济发展所需基本条件。但是从这些生产要素在经济发展中的作用而言，以生产要素的大规模投入带来的经济增长是数量扩张型增长，是以资源的等量消耗为代价的，经济高质量发展则需要对既有生产要素进行挖掘和优化组合、促进资源利用效率和产出能力提升，即以技术进步为主要驱动力。从微观层面看，企业高质量发展的核心是降低生产成本、提升产品质量、增加企业效益，而其实现路径则离不开高素质的人力资源和较强的科技创新能力。

综上而言，经济高质量发展的核心是转换增长新动力。基于经济高质量发展质量变革和效率变革需求，转换经济发展动能机制是基础也是核心，其基本路径是培育形成经济发展的新动能。我国经济经历了多年快速发展之后，国内外竞争局势发生改变，劳动力成本上升、出口需求减弱、产品竞争力优势不再，贸易保护主义也给我国的企业带来较大的出口阻力，很多产业向东南亚低成本国家转移，中高端制造业也回流到发达国家。同时，国内需求趋势也产生了较大变化，持续的固定资产投资增强了我国基础设施，但投资需求也不断放缓，投资拉动式发展遇阻，我国居民消费能力有较大的提升，需求也更趋多元化、品质化，有效需求未得到满足也对供给侧产生较大压力。在由高速增长转向高质量增长的过程中，我国迫切需要转换新动能，一是用高水平供给刺激消费需求、释放消费升级新需求；二是加强供给侧结构性改革调整产业结构，提升产业竞争地位；三是需要构建良好的体制及营商环境，提供制度保障。

（三）创新驱动经济高质量发展基本路径

创新是推动经济发展方式转变、增强经济发展内生动力和活力的核心，因此，要推动科技创新和经济社会发展深度融合。在高质量发展途径上，以创新驱动取代要素驱动，是经济高质量发展的基本路径。通过经济高质量驱动力量分析，需求侧是供给侧变革的拉动力量，而制度侧为供给侧提供助力和保障，最终通过供给侧结构性改革优化生产方式、提升产业竞争力，从而更好地满足人民美好生活的需求。即促进我国经济高质量发展需要以科技创新和体制改革推动动力变革，以知识产权为核心发展要素，协调好政府与市场的关系，促进知识产权数量与质量、需求与供给的协同发展。

经济高质量发展体现为经济整体质量和效益的提升，在生产方式上是由资源密集型、劳动密集型产业向技术密集型、知识密集型产业转变，在产业发展上体现为三次产业结构的高端化和技术结构的优化升级。高质量发展阶段，经济增长方式在于通过科技创新提高资源要素配置效率，推动经济增长效率与效益的双提升。科技创新可以促进技术进步，从而提升全要素生产率，实现经济高质量、高效益、可持续健康发展。专利作为技术进步的重要前瞻性指标，常用来指代创新能力或绩效，以及衡量全要素生产率中技术进步水平。作为科技创新成果的主要形式，专利技术通过助推供给侧结构性改革引领经济高质量发展。专利技术具有提供创新产品刺激供给需求、提升供给效能等五个方面的作用，而且关键领域的核心技术及知识产权保护，可以带动我国经济的高质量发展。创新驱动的新经济逐渐成为区域经济增长的主要动力，各国力图建立新的能够支撑未来经济增长的高端产业体系，其中专利密集型产业的发展直接影响着经济高质量发展。专利密集型产业的发展带动着产业结构的优化及整体经济的高质量发展。近年来中国专利密集型产业对工业经济的贡献持续增加，在经济结构中的比重不断增大，对我国经济发展推动明显。在创新引领经济发展过程中，知识产权制度可以充分发挥创新服务区域经济发展、助推经济高质量发展的支撑作用，促进新技术、新产业、新业态和新模式蓬勃发展,共同促进经济高质量可持续发展。

现有的很多研究测算了专利对全要素生产率的贡献,进而分析专利对经济增长方式的影响,例如,很多研究发现经济增长实力与专利产出效率之间存在正向作用,高价值专利对经济发展的贡献更显著,发明专利的贡献大于实用新型和外观设计;也有一些学者对中国知识产权密集型产业的贡献进行了测算。学术研究普遍验证了专利对经济增长的积极贡献,从专利质量上省级层面数据证明了专利质量能显著提升全员劳动生产率,发明专利、实用新型及外观设计虽然都能促进我国及各地的经济增长,但仅有发明专利的作用效果呈现递增效应。专利质量也会通过提高企业产品质量、扩展产品种类来提升出口竞争力,促进外贸转型升级。更进一步的,在绿色创新上发明专利授权对经济增长的促进作用明显大于实用新型授权,区域创新质量高的省份还能协调好经济增长和环境保护的关系,促进创新驱动绿色增长。因此,无论是推动质量变革、效率变革,还是动力变革,都与供给侧结构性改革相衔接,也都需通过强化创新、保护创新、利用创新来实现。

二、河南省经济高质量发展难点

(一)河南省总体产业结构有待优化

近年来,河南省大力推进高新技术产业和战略性新兴产业发展,改造传统支柱产业、优化农业结构、促进现代服务业发展。经过多年发展,河南省农业结构优化明显,在国内生产总值分产业构成中,第一产业比重由 2010 年的 13.8% 下降至 2020 年的 9.7%,第三产业比重持续上升,由 2010 年的 32.5% 上升至 2020 年的 48.7%,在 2018 年河南省第三产业(47.2%)首次超过第二产业(44.1%)。[1] 作为农业生产大省,河南省是国家粮食核心产区,肩负着国家粮食安全的重任,河南省粮食产量屡创新高;但是河南省粮食种植结构、灾害防控、精加工深加工等方面仍然有待优化提升,需要持续推进农产品价值链延伸与优化,推动高效种植养殖产业,加强绿色食品业等,推进全省农业持续健康发展。河南省工业结构在近年来不断改善,传统产业比重下降,先进制造业高新技术产业发展迅速,在手机、机械、新能源产业快速赶超,工业总量排名全国前列(第五),但仍存在传统优势的大型企业亏损

---

[1] 河南省统计局. 2020 年河南省国民经济和社会发展统计公报 [EB/OL]. [2022-04-04]. https://www.henan.gov.cn/2021/03-08/2104927.html.

严重、缺少新的优势行业以及新兴优势产业总量较低等问题，近年的疫情和洪涝灾害也影响工业经济的复苏。河南省服务业发展势头迅猛，服务业增加值占GDP的比重不断增加，已接近半壁江山，但远低于世界平均水平（60%），也低于我国总体的54.5%（2020年）❶，服务业对经济增长的拉动作用受限。河南服务业结构也需调整，现代服务业基础小比重低，传统的交通运输、仓储、邮电通信业和批发零售、贸易、餐饮业比重过高，需要大力发展新兴服务业；而且城乡服务业差距较大，农村服务业发展相对滞后。

（二）河南省供给侧结构性改革难点

供给侧结构性改革是从生产端对经济结构的调整，使其适应消费需求变化，提高全要素生产率，优化要素资源配置，提升资源利用效率，促进经济社会持续健康发展。河南省人口基数大，消费能力突出，需求潜力巨大，需要充分发挥需求的带动作用促进供给侧结构性改革。在产业结构中，服务业是发展动力，占河南省经济总量的半壁江山，是供给侧结构性改的重点，而制造业是河南省国民经济的主导力量，是供给侧结构性改革的主战场。

随着收入水平增加和生活水平的不断提高，消费者对于新兴的文旅、医疗健康、教育等方面的需求增加，河南省也通过消费来带动产业升级，一方面促进现代物流、金融、信息服务、文化旅游等主导服务产业的发展，不断培育新兴服务产业如科技服务、商务及会展服务等产业的发展；另一方面通过提升服务供给创新新动能，拓展服务供给新领域新空间，打造服务供给新优势，增强服务供给新支撑，全面提升河南省服务业供给水平。

河南省是传统农业大省，也是能源原材料产出与消耗大省，经济结构中资源依赖型、劳动力依赖型产业比重大，新兴战略性产业、高端制造业、高新技术企业发展不足，高端产品供给相对不足，由此导致供给侧难以满足不断提升的新型消费需求。主要表现在：（1）传统资源依赖型产业产能相对过剩。例如，煤炭、钢铁、化工、电解铝等传统高能耗行业产销量双高，但这些行业产品同质性高、资源消耗大，在生态环境保护、污染防治压力和"双碳"目标下，需要消费减量，由此带来相关产业产能相对过剩；但通过行政手段控制相关产业项目并非长久之计，更需要通过市场调节，由需求驱动倒

---

❶ 河南省统计局. 河南统计年鉴2021 [EB/OL]. [2022-04-04]. https://oss.henan.gov.cn/sb-gt-watipt/attachment//hntjj/hntj/lib/tjnj/2021nj/zk/indexch.htm. 国家统计局. 中国统计年鉴2021 [EB/OL]. [2022-04-04]. http://www.stats.gov.cn/tjsj/ndsj/2021/indexch.htm.

逼企业提质增效降低能耗，转型清洁替代和改造相关产业。（2）产业链较短，以初级加工为主。河南省农业资源丰富，由此带来了食品加工业的发展。但是河南省大部分食品工业仍然以粗加工和一般加工为主，仅有五分之一的加工企业属于精深加工企业。河南省可以发挥领先企业带动效应，双汇、白象、三全、思念等企业不断加强产品创新和产业链优化，在工业产值和品牌效应方面具有领先优势，充分发挥其带动作用，可以促进关联企业和供应方加强创新，促进精深加工发展，提升产业附加值。（3）产品创新不足，竞争力弱。至2021年年底，河南省拥有各类市场主体851.8万户，但个体工商户高达586.7万户，河南省规模以上工业企业仅有19 803个❶，比重较低，企业规模和实力的限制，使企业抗风险、促就业、研发创新和带动经济发展的作用较弱。占比较多的小微企业需要通过集群发展、协作发展实现生存和发展，也需要政策引导支持他们采用先进技术改造企业技术和产品，引进新技术新工艺，促进产品更新，快速实现"小升规"。

（三）河南省工业优化升级难点

河南省产业结构经过多年的持续改造升级，农业比重持续降低，服务业逐渐占据主导地位，工业也由资源消耗型转向多产业协同发展，但工业结构仍有较大的改善空间。根据《河南统计年鉴2021》，河南省2020年规模以上工业企业数量最多的行业是非金属矿物制品业、农副食品加工业、通用设备制造业、专用设备制造业、化学原料及化学制品制造业和金属制品业，都超过了1000家单位；在利润排行中，排名前六的分别是非金属矿物制品业、农副食品加工业、有色金属冶炼及压延加工业、通用设备制造业、食品制造业和汽车制造业，利润额在1.4亿元以上。从中可以看出，一些新兴产业和高新技术产业在其中有了重要位置，但是资源类产业仍然占据三分之二的主体地位。这种对农产品及矿业资源高度依赖的产业，占据了规模优势，但是由于产业链位置低、产品附加值不高等问题，产业利润率不高，难以维持可持续发展。

河南省装备制造、汽车制造等主导产业发展迅速，但尚未占据主导地位，生物制药、新能源装备、新一代信息技术等新兴产业规模有限、发展较慢，

---

❶ 国家统计局工业司. 2021中国工业统计年鉴［M］. 北京：中国统计出版社，2021：210.

尚未形成发展新动能。在产业规模上❶，河南省通用设备制造业、专用设备制造业、电气机械及器材制造业都发展迅速，计算机、通信和其他电子设备制造业、其他制造业、文教、工美、体育和娱乐用品制造业增加值指数排名前三，表现出了知识产权密集型产业良好的发展势头。但这些产业起步晚、基础较弱，虽然整体规模快速发展，但缺少引领性的大型企业，难以在国内外竞争中形成主导优势。另外，计算机、通信和其他电子设备制造业中对产品出口订单的依赖型较强，主要是生产制造加工环节的优势，并未形成研发上的技术优势和品牌优势。此外，也需要对未来智能电子产品的设计、研发、制造及应用领域提前进行布局，发展新型智能产品，推动关键零部件的本地化研发和生产。

三、知识产权促进经济高质量发展的作用机制

（一）知识产权助推供给侧结构性改革

供给侧结构性改革首先是创新产品或服务，促进产品的差异化、提升产品或服务的质量，满足或者刺激消费者的有效需求。新颖性、创造性是知识产权确权的前提，通过知识产权的实施而提供的产品也相应地区别于既有商品，甚至可能是全新的产品、服务甚至是新的产业，这在一定程度上满足了消费者差异化的需求。基于传统产品与服务的创新，知识产权可以帮助企业降低生产成本、提升产品品质，更好地满足消费升级的需求。知识产权运用于企业产品或服务中，也给市场注入新活力，增加了消费者的信心和期望值，激发潜在市场需求。知识产权密集型行业工人的"收入溢价"明显，2019年美国知识产权密集型产业的平均周收入高于其他行业60%，其中发明专利密集型员工的收入溢价高达97%；❷ 而2014—2016年间欧盟知识产权密集型产业的薪酬与其他产业相比高出47%，其中专利密集型产业薪酬溢价72%。❸ 知识产权密集型产业带来收入增加，收入效应刺激消费需求进而拉动供给侧优化升级。

---

❶ 河南省统计局. 河南统计年鉴2021 [EB/OL]. [2022-04-04]. https://oss.henan.gov.cn/sb-gt-wztipt/attachment/hntjj/hntj/lib/tjnj/2021nj/zk/indexch.htm.

❷ 工信部电子知识产权中心. 美国发布第三版知识产权与美国经济报告 [EB/OL]. [2022-04-04]. https://www.163.com/dy/article/H3U5TCLE05149FJG.html.

❸ 许轶，等. 欧盟发布知识产权密集型产业经济绩效报告 [EB/OL]. [2022-04-04]. https://www.worldip.cn/index.php?a=show&c=index&catid=64&id=1088&m=content.

知识产权可以促进企业提质增效，提升产业价值和价值链位置。企业提质增效更多地依靠市场机制，很难通过行政命令或单纯的政策引导实现，而知识产权为企业带来的竞争优势，一方面有效地配置了创新资源，促进技术对传统生产要素的优化和替代，另一方面激发了企业进一步的创新创业热情，促进了效率较高和优质高效的企业的快速发展。在国际竞争中，知识产权是重要的通行证，而要绕开知识产权壁垒甚至以知识产权为矛，就需要强化知识产权创造和应用，激发企业提质增效提升产品竞争力，在全球范围内获取竞争优势。

（二）知识产权密集型产业带动产业升级

知识产权的有效运用促使知识产权转变为有形财富。专利的产品化及产业化促进产品创新甚至形成新产业，通过专利导航产业发展和专利布局获取并巩固产业竞争地位。商标及地理标志的有效运营可以转化为品牌优势和产业优势，农产品地理标志的运用不仅可以充分利用农业资源提升农业竞争力，还可以带动相关深加工产业的发展，促进农村经济发展。著作权的充分运用和保护促进版权产业的发展，传统版权产业与互联网、新媒体等相结合，加快了数字化转型，核心版权产业增加值逐年快速增长，版权产业正逐渐成为我国经济发展的新引擎，具有较大成长潜力和发展前景。

知识产权密集型产业可以带动经济发展和就业。当前国际竞争中，知识产权密集型产业已成为很多发达国家的经济支柱，知识产权密集型产业对经济发展的积极影响也稳步增长。2019年美国知识产权密集型产业增加值对GDP的贡献近41%，直接就业占33%、间接就业11%；❶ 而2014—2016年间欧盟知识产权密集型产业对欧盟经济总量的贡献达45%，提供直接就业岗位的29%，创造了1820亿欧元的贸易顺差，抵消了其他产业的小幅贸易逆差。❷ 美国和欧盟的报告显示，知识产权密集型产业可以更好地促进产业发展、带动就业、促进出口及培育国际竞争优势。我国也非常重视知识产权密集型产业的发展，但我国知识产权密集型产业对GDP的贡献还不足30%，仅占11.6%（2018年），在产业规模和经济贡献中差距甚远，仍需要大力发展，以

---

❶ 工信部电子知识产权中心. 美国发布第三版知识产权与美国经济报告［EB/OL］.［2022-04-04］. https://www.163.com/dy/article/H3U5TCLE05149FJG.html.

❷ 许轶，等. 欧盟发布知识产权密集型产业经济绩效报告［EB/OL］.［2022-04-04］. https://www.worldip.cn/index.php?a=show&c=index&catid=64&id=1088&m=content.

带动产业提质升级。

(三) 专利密集型产业对经济高质量发展的贡献

国内关于专利对经济增长的贡献研究较多，在我国随着专利制度的逐渐完善，专利对经济增长的贡献不断提升，尤其是发明专利的贡献显著高于实用新型和外观设计，意味着专利尤其是高价值专利对转变经济增长方式和提升经济增长质量成效显著。

专利技术的应用有利于企业提质增效，促进供给优化。专利是技术创新的重要成果，专利技术的充分运用，可以促进产品质量的提升、运营效率的提升和成本的降低。而利润是企业价值与成本之差，产品质量和运营效率的提升增加了企业产品的价值，专利技术对技术工艺的改进、资源的充分利用更好地降低了产品的成本，企业的利润率随之提升。在享受到专利带来的红利后，企业相应的也会更加注重技术研发，促进知识产权创造。专利尤其是发明专利，往往技术含量较高，其应用往往带来产品的更新换代，甚至原创性较强的专利有可能激发出新产业。同时知识产权政策也更注重高价值专利的创造和应用，促使企业在外在刺激和内部驱动的共同作用下，更加注重提升创新水平，提升专利价值。专利价值提升随着带来专利技术交易的活跃，促成专利运营。专利技术的使用促进了产品的差异化，围绕基本专利进行的改进形成了更多的实用新型和外观设计专利，丰富了产品的种类和功能，满足了消费者日益增多的特色产品需求，更加符合消费者需求现实。专利技术的产业化应用带来产业价值链相关技术的改进，有利于优化企业在产业链中的位置，帮助企业构建竞争优势、提升竞争地位。专利技术的产业化应用延伸了产业链条，促进上下游相关产业的共同发展。

专利技术的应用有利于优化产业结构，促进产业转型升级。专利技术的应用一方面促进产业相关企业自身竞争力的提升，另一方面通过纵向一体化延伸促使产业向价值链高端转移，提升对供应端相关技术的要求，带动整个产业升级。专利相对拥有量及增长较多的行业构成专利密集型产业，该产业专利对企业产出、产品出口及就业的贡献相对更高。2020年我国专利密集型产业增加值同比增长5.8%，高于国内生产总值的增速3.1%，突破12万亿元，占GDP11.97%，专利密集型产业对经济增长的带动明显。❶ 专利密集型

---

❶ 国家知识产权局. 国家统计局关于2020年全国专利密集型产业增加值数据公告（第466号）[EB/OL]. [2022-04-04]. http://www.gov.cn/xinwen/2021-12/30/content_5665342.htm.

产业是推动区域经济高质量发展的新动能行业，产业关键领域的技术突破可以实现快速赶超，2020年新装备制造业规模占专利密集型产业的28.2%，信息通信技术制造业增加值占19.9%（增长15.7%），这些产业都是我国具有相对国际竞争优势的产业，对于提升国际竞争力具有较大的带动作用。专利密集型产业快速发展的示范效应也能带动其他产业的发展。专利密集型产业的发展展示了专利与经济发展的紧密融合，由此带来的巨大经济利益也能吸引其他产业关注知识产权的创造和运用，对高价值专利的高额奖励、金融扶持等政策也进一步促进整个社会的创新热情，促使专利动能转化为经济高质量发展的重要驱动力。

四、河南省专利密集型产业发展现状及问题

（一）专利密集型产业认定

专利密集型产业是一个相对概念，也是一个整体概念和动态概念，对某类产业的政策支持可以促使更多的产业加强研发向专利密集型产业动态演变，而专利比重的下降也会促使一些产业退出专利密集型产业行列。

美国将人均知识产权拥有量高于所有产业平均水平的产业视为知识产权密集型产业，具体产业范围在三次报告中也有所扩展和变化。2016年的报告以专利密度作为专利密集型产业衡量标准，将产业专利密集度（专利总数/从业人员数）高于所有产业平均水平的产业归为专利密集型产业，确定了25个专利密集型产业。❶ 美国专利商标局2021年的报告使用了根据行业规模调整的已授予知识产权数量，将知识产权总数除以同一时期的行业平均就业人数，得出知识产权与就业的比率，该比率高于所有行业的总体平均水平的行业即知识产权密集型行业，由此划定了版权密集型产业、发明专利密集型产业、设计专利密集型产业和商标密集型产业。❷

欧洲专利局（EPO）和欧盟知识产权局（EUIPO）认为与其他使用知识产权的行业相比，每位员工的知识产权使用率高于平均水平的行业即为知识产权密集型产业。欧洲对知识产权密集型产业的认定标准与美国有一定差异，

---

❶ 中科院知识产权信息微信公众号. 美国商务部发布2016美国知识产权密集型产业报告［EB/OL］.［2022-04-04］. http://www.cta.org.cn/ppyj/llyj/201612/t20161207_46804.html.

❷ 工信部电子知识产权中心. 美国发布第三版知识产权与美国经济报告［EB/OL］.［2022-04-04］. https://www.163.com/dy/article/H3U5TCLE05149FJG.html.

确定了商标、专利、外观设计、版权、地理标志和植物品种权等六项知识产权密集型产业，信息通信行业、制造业以及其他服务业是欧洲知识产权集中度最高的产业。2021年的报告显示，欧洲拥有知识产权的中小企业比那些没有知识产权的中小企业在单个员工创造的营业收入数额上要高出约68%。❶

我国学者对知识产权密集型产业的研究较多，也用不同的分类标准对知识产权密集型产业范围进行界定，我国政府机构对知识产权密集型产业的引导政策和正式文件集中于专利密集型产业领域。我国政府机构先后发布了《中国专利密集型产业主要统计数据报告（2015）》《专利密集型产业目录（2016）》（试行）、《知识产权（专利）密集型产业统计分类（2019）》。《专利密集型产业目录（2016）》对专利密集型产业认定也是采用的相对概念，即产业专利相关指标与全国平均水平相比超出平均水平的产业，但同时也加入定性的与创新发展政策导向相符的高成长性产业，确定48个中类行业为专利密集型产业。《知识产权（专利）密集型产业统计分类（2019）》将专利密集型产业设定为发明专利密集度、规模达到规定的标准，依靠知识产权参与市场竞争，符合创新发展导向的产业集合。指出专利密集型产业条件为下列之一：①行业发明专利规模和密集度均高于全国平均水平；②行业发明专利规模和R&D投入强度高于全国平均水平的战略性新兴产业、高技术制造业或高技术服务业；③行业发明专利密集度和R&D投入强度高于全国平均水平的战略性新兴产业、高技术制造业、高技术服务业。根据该分类标准，最终确定专利密集型产业7大类、31个中类。

根据《知识产权（专利）密集型产业统计分类（2019）》，专利密集型产业包括环保产业、新材料制造业、新装备制造业、信息通信技术服务业、信息通信技术制造业、研发、设计和技术服务业、医药医疗产业7类产业为专利密集型产业，但这种划分方式与国家及省市统计年鉴、中国统计年鉴产业/行业分类有较大的差异，本章同时参照姜南等人（2014）的中国专利密集型产业认定的方法，对照各类统计年鉴行业分类标准，确定医药制造业、废弃资源综合利用业、通用设备制造业、专用设备制造业、电气机械和器材制造业、计算机、通信和其他电子设备制造业、仪器仪表制造业、汽车制造业、铁路、船舶、航空航天和其他运输设备制造业共9大产业为专利密集型产业。

---

❶ 许轶，等. 欧盟发布知识产权密集型产业经济绩效报告 [EB/OL]. [2022-04-04]. https://www.worldip.cn/index.php?a=show&c=index&catid=64&id=1088&m=content.

（二）河南省专利密集型产业发展现状

本章对河南省2019年和2020年专利密集型产业进行研究，数据来源于2020年和2021年的《中国工业统计年鉴》。本章采用营业收入衡量各行业市场规模，采用各行业利润总额衡量各行业利润贡献，采用行业平均用工人数衡量就业。具体数据见表2-4-1。

表2-4-1　河南省专利密集型产业发展现状

行业	2019年			2020年		
	营业收入/亿元	利润总额/亿元	平均用工人数/万人	营业收入/亿元	利润总额/亿元	平均用工人数/万人
所有行业	50 076.58	3 547.88	489.14	48 606.50	2 823.18	465.32
医药制造业	1 048.55	136.58	11.75	1 104.22	121.81	12.17
通用设备制造业	2 029.88	172.09	23.41	1 821.49	116.28	21.09
专用设备制造业	1 889.61	152.45	20.85	1 925.35	147.34	20.11
汽车制造业	2 315.24	185.08	16.20	2 155.70	140.49	15.34
铁路、船舶、航空航天和其他运输设备制造业	553.29	52.30	8.37	444.81	44.97	6.91
电气机械和器材制造业	2 530.61	161.84	22.24	1 961.56	119.58	18.61
计算机、通信和其他电子设备制造业	3 966.01	121.25	40.78	4 279.37	120.71	40.38
仪器仪表制造业	388.58	42.44	4.67	369.30	35.57	5.05
废弃资源综合利用业	161.07	18.73	0.94	189.33	7.70	1.06

根据表2-4-1，从市场规模和利润贡献上看，河南省2019—2010年专利密集型行业占河南省所有行业总和的比重在29.3%~30.3%，相较于2016年以前有所上升，但在整体工业中的比重低于国家水平（35%~40%）。河南省2019年专利密集型产业平均用工人数为149.21万人，2020年为140.72万人，因疫情影响有所降低，专利密集型产业平均用工人数占所有行业平均用工

数的比重分别为30.5%和30.2%，也低于全国水平（2019年38.3%、2020年39.9%）。可见，河南省专利密集型产业在工业中的比重低于全国水平，产业规模有待提升。

在河南省专利密集型产业构成中，专利密集型产业较为集中，计算机、通信和其他电子设备制造业排名第一，2020年营业收入4279.37亿元，占全部专利密集型产业市场规模的30%。汽车制造业、电气机械和器材制造业、专用设备制造业和通用设备制造业分列第2～第5位，市场规模相差不大。排名前五的专利密集型产业贡献了全部专利密集型产业营业收入的85.2%，贡献了全部专利密集型产业就业的82.1%，在专利密集型产业中的地位突出。但在利润构成方面，汽车制造业、专用设备制造业和医药制造业超过了计算机、通信和其他电子设备制造业，电气机械和器材制造业与之相当，2019年则是第2～第6位市场规模的专利密集型产业利润总额都超过了规模第一的计算机、通信和其他电子设备制造业。专利密集型产业利润率（利润总额与营业收入的比值）方面，排名前三的则是医药制造业、铁路、船舶、航空航天和其他运输设备制造业和仪器仪表制造业最高（2020年），分别达到11%、10.1%和9.6%，而全国专利密集型产业利润率前三的行业是医药制造业（14.7%）、仪器仪表制造业（10.8%）和专用设备制造业（8.9%）。对就业的贡献中，平均用工人数最多的专利密集型产业是计算机、通信和其他电子设备制造业、通用设备制造业、专用设备制造业和电气机械和器材制造业，四个行业平均用工人数达到全部专利密集型产业的71.2%（2020年）；全国平均用工人数最多的专利密集型产业则是计算机、通信和其他电子设备制造业、电气机械和器材制造业、通用设备制造业和汽车制造业，占比73.9%，河南省与之相比有细微的差异。

（三）河南专利密集型产业发展中存在的主要问题

1. 专利密集型产业经济贡献偏低

经过多年的发展，河南省专利密集型产业规模上升较快，尤其是计算机、通信和其他电子设备制造业，无论是市场规模，还是用工人数都有较大增长，但是专利密集型产业在整体工业中的比重仍低于全国总体水平。而且在产业规模排名前五位的专利密集型产业中，仅有医药制造业利润率超过了10%，其他产业的利润率在6%～7.6%，其中规模第一的计算机、通信和其他电子设备制造业利润率仅有2.8%，远低于全国的5.1%，呈现出典型的市场规模大但经济贡献低的问题。其主要原因是河南省计算机、通信和其他电子设备制造业集中度高,过于依赖富士康的出口代工业务,处于产业价值链的低端,产业附加值低,利润率偏低。河南汽车制造业近年来快速崛起,除了宇通、一拖、郑州日产这些本土企业,上汽集团郑州分公司、奇瑞汽车河南有限公司的进驻也在很大程度上扩大了产业规模。而电气机械和器材制造业、专用设备制造业和通用设备制造业却缺少大企业的强有力支撑,需要继续增强集中度,培育优势企业,利用优秀企业的示范效应带动产业发展。在更加关注环境保护的今天,河南省废弃资源综合利用业发展迅速,但规模极小,位居专利密集型产业末尾,利润率也属倒数,平均用工人数也仅有 1.06 万人(2020 年),占全国该行业平均用工人数的 5.8%,对就业的贡献有限。

2. 专利密集型产业就业贡献不足

河南专利密集型产业对就业的贡献不高,2020 年专利密集型产业平均用工人数 140.72 万人,占全国专利密集型产业用工人数的 4.5%,与河南省庞大的人口规模相比更低,对促进就业的带动效应有限。而在发达国家,2019 年美国发明专利密集型行业的直接就业率为 13%,欧洲同时期发明专利密集型行业直接就业率 10%,河南省与之差距更远。根据美国和欧盟的报告,知识产权密集型行业从业人员的收入溢价超过 60%,美国发明专利密集型行业的收入溢价高达 97%(2019 年),河南省尚无相关数据,但也意味着,专利密集型产业对从业人员的专业技能要求更高。相对于河南省这样一个教育偏弱、农业人口较多的地区来说,专利密集型产业人才所需的知识、技能和创新能力都有不足。河南省不仅需要增加专利密集型产业用工人数,更需要提升员工的知识和专业技能,才能满足产业发展需要。

五、河南省以专利密集型产业带动经济高质量发展建议

(一)促进专利密集型主导产业提质增效

河南省经济高质量发展的压力之一就是要促进企业提质增效,而河南省市场规模前五位而且集中度较高的专利密集型产业的利润率都较低,尤其是占专利密集型产业规模 30% 的计算机、通信和其他电子设备制造业利润率仅有 2.8%,仅为我国该行业总体利润率的 55%。这些产业经济贡献低的主要原因是以制造加工为主,缺少自主知识产权,难以从源头主导产品创新和产业发展,位于产业价值链的低端。而知识产权密集型产业更强调发挥知识产权

对整个企业经济利益的贡献，在生产加工环节专利在生产要素中的比重有限，更需要突出专利技术在产品创新中的作用以及商标在市场中的品牌推广作用。以计算机、通信和其他电子设备制造业为例，该产业较为依赖代工服务，虽然解决了较大的就业问题，营业收入和出口贡献也较高，但是因为依赖于委托方的知识产权授权进行生产加工，缺少自主知识产权的产品，导致产品附加值低，有收入无利润。该行业更需要借助工业互联网发展契机，通过强化技术创新和品牌塑造，进行产业链纵向延伸，一方面打造智能生产平台，向自动化生产设备、自动化检测设备、数控加工设备等高技术含量高附加值的供应端延伸，另一方面为客户提供全新的产品制造和技术解决方案，提升产品与服务附加值。而汽车制造业尚处于发展期，未形成规模效应，电气机械和器材制造业、专用设备制造业和通用设备制造业缺少产品知名度和品牌影响力大的领军企业，需要加大政策扶持，通过试点建设知识产权密集型产业集聚区和知识产权密集型产业产品示范基地，通过集群效应促进产业升级。

（二）大力发展优势专利密集型产业

河南省专利密集型产业中医药制造业、铁路、船舶、航空航天和其他运输设备制造业以及仪器仪表制造业3个行业利润率较高，具有一定的竞争优势。虽然疫情对医药制造业的发展有积极的作用，但河南在医疗器械、医用卫材、生物医用材料、康复设备等领域具有明显优势。未来消费者对医疗健康会更加重视，市场需求也越来越多样化、高端化，河南省需要继续加大该产业集群，借助驼人集团、鸿运华宁、翔宇医疗等领头企业的带动作用，大力发展这一潜力巨大的专利密集型产业。此外，还需要引导支持领头企业开展介入器械等高技术含量设备及所需原材料的研发和创新，向医疗器械行业高端转型升级。现代仪器仪表是资金、技术密集型产业，其发展水平是反映工业现代化程度的一个重要标志。河南省仪器仪表行业在安全、环保、医疗检验、检测和监测设备领域已形成一定的特色优势，产业链条也较为完整，对经济发展的贡献较好，可以通过打造特色产业基地、产业园促进产业集群发展，开发公共技术服务平台帮助企业解决技术资源障碍，强化互联网+人工智能与传统仪器仪表的融合，抢先融入智能制造，巩固行业竞争优势。

（三）大力支持废弃资源综合利用业发展

河南省需要扩大废弃资源综合利用业，该产业属于环保产业，一方面提升了资源的利用率，降低了对环境的不利影响，另一方面通过再生利用创造出新产品产生经济效益。河南省废弃资源综合利用业是专利密集型产业中规模最小、利润最低、平均用工人数最少的行业，与巨大的市场需求相比差距甚远。当前城市建设及工业发展产生了大量的工业固体废物、化工废弃物、新兴固体废物等，但当前利用方式有限，处理方式单一，而且处理不当会给环境带来较大压力，不利于经济可持续发展。废弃资源综合利用业务作为专利密集型产业，通过检测技术创新对废弃资源进行分类处理，通过处理及再制造技术创新促进废物无害化处理和综合再利用，可以很好地避免低值化资源利用，既提升了经济效益，又有利于环境优化和可持续发展。当前的重点在于首先要正视废弃资源综合利用行业，鼓励企业参与相关业务；其次要激发企业创新热情，积极开发废弃资源检测、无害化处理、再加工等领域的新技术，摒弃传统的粗放式处理方式，提升废物资源的利用率；最后要进行产业链延伸，促进废弃资源的分类、收集、整理、处理、再利用的系统化服务。

（四）加大培育专利人才促进创新发展

专利密集型产业对专利人才需求较大，但很多企业仍然存在重知识产权创造轻知识产权运营的现象，很大程度上限制了知识产权成果的价值实现，相应的人才培养方面也是较为重视专利创造和法律服务人才，较为忽略专利运营、信息服务以及专利管理人才的培养。在企业技术研发立项之前需要专利信息的支持，在专利申请决策和专利价值评估过程中，需要相应的专利服务人才的支持，这样才有利于提升技术研发成功率，提升专利质量。专利密集型产业不能停留在产业价值链的某一环节，否则，容易受到供应链其他环节掣肘，需要与产业链其他环节紧密联系或者实行纵向一体化，在这个过程中需要注重专利技术以及技术秘密的保护，以及专利法律服务人员的支持。对技术研发人员而言，他们更重视技术的实现，缺少专利产业化的意识和能力，通过培训提升研发人员专利运营意识，促使他们在创新项目选择、技术研发过程中关注创新成果的未来可实现性，可以提升创新成果的实用性。研发成功的创新成果也需要与产业应用对接，专利代理及运营服务人员可以发挥专业优势，积极推广该技术，促成与需求方的对接，促成专利的实施和应用。

（五）推进专利密集型产业品牌建设

专利密集型产业多为制造业，产品技术水平较高也较为关注产品品质，但河南省专利密集型产业仍存在利润率偏低的问题，其原因一方面是产品创新不够，缺乏差异化优势，还有一部分原因是品牌知名度不高，对消费者的影响力有限，缺少产品溢价。因此，对河南省专利密集型产业的培育中，不仅要强化技术创新，还需要加强品牌宣传和推介。河南省专利密集型产业中的医药制造业、通用设备制造业、专用设备制造业、电气机械和器材制造业同时也属于商标密集型产业，但也存在商标知名度不高、产业分散的问题，急需内降成本提品质、外塑品牌形象，才能提高产业位次，提升产业利润。具体而言，专利密集型产业需要同时做好商标布局、商标品牌形象塑造以及商标的维护和管理等工作。首先，专利密集型产业不仅要重视专利的获取，也需要加强商标储备，增强商标注册意识，做好商标布局；其次，梳理商标资源，对正在使用、将要使用以及防御性商标进行分类管理，对主商标加大推广和宣传，注重商标形象与产品定位的匹配性，提升买方的品牌认知；最后做好商标的维护和管理，主动关注商标侵权、假冒伪劣等现象，积极维权，维护企业产品和品牌形象。

总之，专利密集型产业发展是创新驱动经济高质量发展的重要引领力量。通过经济数据研究各地的专利密集型产业发展状况，可以为各地经济发展和支持创新提供政策建议，也能为产业结构调整和工业结构优化提供决策参考。河南省在专利密集型产业整体规模提升、专利密集型企业提质增效、发展新兴的废弃资源综合利用业、培育优势专利密集型产业等方面仍有较大改进空间。

第五章
知识产权分析评议助推河南产业发展现状及对策

赵文静[*]　吴瑞格[**]　李建伟[***]

知识产权分析评议是指综合运用情报分析手段，对经济科技活动所涉及的知识产权，尤其是与技术相关的专利等知识产权的竞争态势进行综合分析，对活动中的知识产权风险、知识产权资产的品质价值及处置方式的合理性、技术创新的可行性等进行评估、评价、核查与论证，是产业经济科技活动中了解发展态势、防范潜在风险、建立竞争优势的重要途径和方法。在产业发展中，围绕知识产权分析评议，可有针对性地提出对策建议，能够为政府和企事业单位开展经济科技活动提供咨询参考。

自2012年起，在各级知识产权管理部门的组织和引导下，河南省开展了一系列知识产权分析评议工作，对技术创新发展、产业转型升级产生了积极作用。本章通过研究现阶段知识产权分析评议发展状况，深入分析河南省知识产权评议工作可能存在的问题，为河南省今后开展知识产权评议工作，促进产业更好地发展提供有益的参考。

---

[*] 赵文静，河南中州知识产权文化传播中心工作人员，研究方向：知识产权管理。
[**] 吴瑞格，河南中州知识产权文化传播中心副主任，研究方向：知识产权战略。
[***] 李建伟，河南中州知识产权文化传播中心主任，专利代理师，研究方向：知识产权管理。

一、知识产权分析评议对产业发展的意义

（一）指引创新产业发展方向，挖掘产业潜力

国家大力实施创新驱动发展战略，离不开每个创新主体的创新实践。创新主体在启动创新事业之前，关键要确定好创新发展的方向、核心技术研发等问题，而知识产权分析评议可以帮助解决这些关键问题。在重大经济科技活动中，通过对知识产权信息特别是专利信息做深入细致的分析，对其所涉及的知识产权竞争状况进行评估、评价和审查，能够准确把握竞争对手知识产权状况，依据技术趋势分析预测技术发展方向和产业竞争趋势，针对潜在的问题提出解决建议，使经济科技主管部门和行业、企业充分了解相关领域知识产权的宏观形势，为重大经济科技决策提供有力支撑，能够很好地规避知识产权风险、提升科学决策效率、提高项目实施质量、减少经济损失。

如在知识产权分析评议的具体工作中，可通过开展专利申请趋势分析、技术生命周期分析、技术路线图分析等，把握全球科技发展动态，预测科技发展趋势，发现科技发展的热点领域和空白领域，掌握竞争对手的核心技术研发动态、专利战略和市场行为，在进行技术创新开发时能够找准方向和把握重点；利用引证分析、技术功效矩阵分析、聚类分析、指标分析等分析方法，可以方便确定核心专利和关键技术；通过申请人排序分析、主要申请人的技术领域分析、主要申请人的地域分析、主要申请人的申请时间分析、主要申请人的权利要求保护范围分析，可以方便确定合作伙伴。总之，开展知识产权分析评议有助于创新主体探寻目标产业的发展前景，挖掘目标产业的发展潜力。

（二）帮助政府决策项目发展，降低产业发展风险

政府在科技项目发展中承担着重要的推动作用。政府往往对具有战略意义的产业发展进行指导和规划，并综合利用财政税收、金融等宏观经济调控杠杆进行干预，对于重大科技项目，政府会直接投入资金进行支持。我们的科技型中小企业众多但知识产权积累较少，国际竞争经验不足，在开展科技活动时，政府会从推动行业发展、维护群体利益的角度加以扶持和引导。

如果政府在决策重大科技活动前能够组织开展知识产权分析评议，对知识产权分布现状、可能遇到的知识产权纠纷以及知识产权的实力等事项进行事前的分析、评估和管理，就能提高该科技项目的可预见性和效率，防范知识产权风险，确保国家投资效益，增强决策和管理的科学性。曾获多笔国家

项目拨款、共计投资 20 亿元的贵州省微硬盘项目，在上马不到 4 年后即彻底停产，原因之一就是没有进行事前的知识产权分析评议，没有及时发现竞争对手某国外公司持有的 5000 项专利技术已经把微硬盘技术全部覆盖，导致其产品一进入市场就遭遇知识产权侵权诉讼，留下 8.7 亿元不良银行贷款，浪费了宝贵的社会资源。河南的经济发展水平决定了河南省技术行业领域中的绝大部分专利仍处于产业下游或外围，基本没有走出国门，大量依赖引进技术，这些专利和技术产业化更要关注知识产权评议的结果，降低产业发展风险，避免发生微硬盘项目类似的惨痛教训。

（三）开辟技术研发路径，促进产业转型升级

知识产权分析评议有助于地方产业转型升级。以平顶山为例。长期以来，煤炭产业是平顶山市经济发展的重要支柱，但随着煤炭产量的下降，原来的支柱型产业已成为制约平顶山经济长足发展的障碍。为了改变这一现状，平顶山市转变发展思路，依靠良好的煤化工及煤焦产业基础，全力打造千亿级规模的中国尼龙城，构建尼龙产业航母，形成千亿级煤基尼龙产业集群，提高企业的市场竞争力。围绕这一目标，平顶山市组织专门力量针对国内尼龙产业的 12 个关键技术进行深入的专利信息研究，通过汇总各技术领域的专利申请情况，对尼龙产业的各技术热点及发展趋势进行归纳总结，从专利信息及专利布局方面，为平顶山市尼龙产业的发展提供了借鉴和参考：一是尼龙产业存在上下游供需矛盾，国内企业受国外技术制约，产能及技术发展缓慢，企业可在原材料领域进行专利布局；二是国内多数企业技术与生产的结合力弱，专利转化为生产的力度小，企业的核心竞争专利少，国外企业垄断技术，国内尼龙产业受关键技术的制约发展缓慢，关键技术专利申请量不大，企业需要集中精力加大研发投入，抢占技术的制高点；三是国家出台政策促进高校、科研院所与企业合作，更好地将创造力转化为生产力，减少中间转化环节及时间，及时更新企业技术的升级，推动产业技术发展；四是着力研发功能性、高性能、高附加值产品，化纤制造及纺织企业作为锦纶 66 的下游产业，受市场及行业发展的影响，企业可在产品改良性能方面加大布局，提高下游产品综合性能和附加值。

借助知识产权分析评议，平顶山市已成功实现了产业结构调整升级，经过几年的发展，平顶山利用尼龙原料优势，重点发展了尼龙化纤纺织、工程塑料、聚氨酯、PC 三大产业链条，逐步形成了以尼龙纺丝织造印染服装全产

业链为主体的尼龙纤维及制品产业，以尼龙切片改性及注塑为主体的工程塑料及制品产业，以多元醇、TPU 注塑和超纤革为主体的聚氨酯产业，以原料药、医药中间体为主体的精细化工四大产业单元，已形成涵盖尼龙原材料、中间体及下游制品的全产业链发展格局。

二、国内及河南省开展知识产权分析评议活动的现状

（一）国家层面高度重视，出台政策指导评议工作

2012 年，国家知识产权局颁布《重大经济科技活动知识产权评议试点工作管理暂行办法》，该办法是指导全国各个试点开展工作的纲领性文件。2013 年，国家知识产权局印发《关于加快提升知识产权服务机构分析评议能力的指导意见》，将知识产权服务机构的分析评议能力提升纳入全国知识产权服务体系建设，制定知识产权服务机构分析评议能力提升计划。2014 年，国家知识产权局印发《知识产权分析评议工作指南》，指导政府机关、企事业单位开展知识产权分析评议工作。2015 年 12 月 18 日，国务院发布《关于新形势下加快知识产权强国建设的若干意见》，进一步提出"建立重大经济活动知识产权评议制度，提高创新效率，降低产业发展风险。推动企业建立知识产权分析评议机制，重点针对人才引进、国际参展、产品和技术进出口等活动开展知识产权风险评估，提高企业应对知识产权国际纠纷能力"。2018 年，国家知识产权局开展重点领域知识产权分析评议工作，对相关产业如何应对知识产权风险进行深入分析，对其发展机遇和挑战进行梳理，给企业提供创新发展和规避知识产权风险方面的具体建议。2019 年 3 月 25 日，国家市场监督管理总局、中国国家标准化管理委员会联合发布《知识产权分析评议服务 服务规范》（GB/T 37286—2019），对知识产权分析评议服务的内容进行规范，为评议机构开展评议工作提供了参考和指引。

（二）各省积极探索实践，因地制宜开展评议服务

2011 年起，我国开展了重大经济科技活动知识产权分析评议试点活动。在对知识产权分析评议的探索实践中，不同试点省、市的评议项目形成了自己的特色。其中，湖南省、广东省及北京市的支持对象以外向型企业为主，重点对各项参与世界经济活动的知识产权进行评议；江苏省的政策支持重点是科技创新类、专利转化类项目；重庆市的重点是通过对专利技术进行评议，确定其具体的发展方向以及恰当的合作目标；湖北省的评议重点主要倾向于

支柱产业，即具备一定投资规模的大型项目，推动传统产业的结构升级。

此外，一些省份开展知识产权评议工作取得了不错的成效。江苏省自2006年启动开展知识产权分析评议工作以来，先后为省重大成果转化项目、高新技术企业复核、省双创人才评选等重大经济科技活动提供知识产权分析评议服务30余次。陕西省自2015年起组织实施科技立项、海外投资、产业规划和人才引进等13类重大经济活动79个评议项目，投入专项经费843万元。

（三）河南省大力开展评议，指引产业发展方向

近年来，河南省对知识产权评议工作给予了足够的重视，同时也取得了不错的成绩。2013年，河南省知识产权局联合河南省科技厅、河南省工业和信息化厅等八家单位发布《关于加强全省重大经济科技活动知识产权评议工作的意见》，明确了重大经济科技活动知识产权评议工作的主要目标和对象，提出要建立全省重大经济科技活动知识产权评议机制。2016年，河南省知识产权局印发《河南省重大经济活动知识产权评议办法》，明确了评议的对象、内容及程序。2017年，河南省发布《河南省人民政府关于新形势下加快知识产权强省建设的若干意见》，提出"建立重大经济活动知识产权评议制度，制定我省重大经济活动知识产权评议政策，明确评议内容、规范评议范围和程序，围绕我省重大产业规划、高技术领域重大投资项目开展知识产权评议，在企事业单位开展重大经济活动知识产权评议试点，建立重点领域评议报告发布制度和定制数据库，提高创新效率，降低投资风险"。2018年，河南省组织开展知识产权分析评议试点工作，给企业提供策略建议。

自2012年以来，河南省先后开展知识产权分析评议活动30余次（见表2-5-1），涉及生物、高端装备制造、新能源、新材料等战略性新兴产业，促进了相关产业高水平发展。以南乐生物基产业知识产权分析评议为例，生物基材料产业是国家重点扶持的战略性新兴产业，通过开展分析评议，对生物基材料产业的专利申请现状以及相关特定领域的专利布局情况进行全面细致的分析，了解到聚乳酸行业的技术动向、核心技术以及专利态势等最新信息，对产业发展提供了意见和建议。按照分析评议规划的发展路径和方案，通过引进先进技术，为生物基材料产业技术实现国内化、降低原料成本、推进非粮生物基材料产业化进程打下了坚实的基础，为生物基产业发展贡献了力量。一是与中国农科院、新疆生产建设兵团合作可降解地膜中试项目，与中国水稻所合作水稻育秧盘中试项目，致力于生物基复合与改性工艺、菌种培养、

新产品开发等方面的研发，解决了制约生物基材料产业发展的关键技术，所研发的可降解薄膜、纸塑杯、无纺布产品已经实现市场化。二是引进实施重大科技专项秸秆制糖制乳酸技术这一国际领先的生产技术，解决了传统秸秆制糖转化率低、发酵制取 L-乳酸成本高的问题，改变了单一由粮食淀粉生产乳酸的历史，实现了国家大力推广由非粮化生产乳酸的目标，聚乳酸生物基材料产业实行非粮化生产关键技术得到解决，从源头降低了生产成本。三是引进聚乳酸一步法合成技术，打破了国外对聚乳酸生产技术的垄断。该生产技术建设实施的聚乳酸共聚物项目建成投产，标志着南乐县聚乳酸产业链的全线贯通，实现了聚乳酸产业从原料到终端产品的全链闭合。

表2-5-1 河南省开展知识产权分析评议项目汇总表

序号	地区	项目名称	技术领域	参与单位	评议时间
1	郑州	日产汽车纯电动客车	机械	河南省知识产权事务中心	2012年
2	郑州	插电式混合动力系统构型知识产权分析评议	机械	宇通客车股份有限公司、郑州睿信知识产权代理有限公司	2012年
3	洛阳	洛阳中信重机褐煤提质重大装备制造研究	机械	中信重工机械股份有限公司、河南省知识产权事务中心	2012年
4	洛阳	大功率动力换挡拖拉机	机械	中国一拖集团有限公司、洛阳公信知识产权事务所	2012年
5	南阳	河南西保集团布朗气体电池专利分析评议	材料	河南行知专利服务有限公司、河南省西保冶材集团有限公司	2012年
6	洛阳	钢化真空玻璃关键技术及设备开发	材料	洛阳兰迪玻璃机器股份有限公司、洛阳公信知识产权事务所	2013年
7	郑州	兆瓦级风力发电机组吊装技术知识产权评议项目	电学	郑州新大方重工科技有限公司、郑州联科专利事务所	2013年
8	信阳	热熔压敏胶技术专利分析评议项目	生物医药	河南羚锐制药股份有限公司、郑州联科专利事务所	2014年
9	洛阳	钢丝绳在线实时无损监测技术及设备开发	机械	洛阳公信知识产权事务所	2014年

续表

序号	地区	项目名称	技术领域	参与单位	评议时间
10	洛阳	湿式混凝土喷射机组的液压技术及设备开发	机械	洛阳公信知识产权事务所	2015年
11	洛阳	轧辊机械大型活顶尖关键技术	机械	洛阳公信知识产权事务所	2015年
12	郑州	微晶包合技术在难溶性药物中的应用分析评议项目	生物医药	郑州航空港经济综合实验区经济发展局、郑州联科专利事务所	2015年
13	南阳	汽车零部件产业分析评议项目	机械	河南行知专利服务有限公司、南阳市飞龙汽车零部件有限公司、河南西峡县内燃机进排气管有限责任公司等	2015年
14	南阳西峡县	冶金功能保护材料知识产权评议项目	材料	西峡县天宇冶金保护材料有限公司、河南行知专利服务有限公司	2016年
15	南阳	高温高尘可燃气体除尘设备专利分析评议	化学	河南行知专利服务有限公司、河南西峡龙成特种材料有限责任公司	2016年
16	郑州	国家知识产权局专利文献部"2017年专利信息人才项目"——河南省新能源汽车产业创新发展中专利信息促进高价值专利培育实践项目	机械	河南行知专利服务有限公司、郑州大学	2017年
17	南阳	国家知识产权局专利文献部"专利信息利用能力建设项目"——河南龙成煤专利信息利用能力建设项目	化学	河南行知专利服务有限公司	2017年
18	郑州	基于专利分析的河南省生物医药产业技术瓶颈研究	生物医药	河南省知识产权事务中心	2018年
19	郑州	千吨级预制构件提、运、架成套技术及装备	机械	郑州新大方重工科技有限公司	2018年
20	郑州	国网河南省经济技术研究院知识产权分析评议	电学	河南行知专利服务有限公司、国网河南省经济技术研究院	2018年

续表

序号	地区	项目名称	技术领域	参与单位	评议时间
21	濮阳南乐县	生物基材料发展知识产权评议试点项目	材料	河南龙都天仁生物材料有限公司	2018年
22	鹤壁	汽车LED矩阵式灯光控制系统关键技术研发	光电	河南天海电器有限公司	2018年
23	濮阳	超净高纯电子化学品N-甲基吡咯烷酮和γ-丁内酯的研究与开发	化学	迈奇化学股份有限公司	2018年
24	平顶山	中国尼龙城项目知识产权分析评议	材料	平顶山市知识产权局、洛阳公信知识产权事务所	2018年
25	洛阳涧西区	农机智能装备产业专利分析评议	机械	洛阳市涧西区市场监管局、洛阳公信知识产权事务所	2019年
26	许昌	电力设备领域智能电器产业专利导航分析报告	电学	洛阳公信知识产权事务所	2019年
27	郑州	RD01环保污水处理装置专利分析评议报告	化学	河南硕之家环保科技有限公司	2019年
28	郑州	瓦楞纸板的快粘耐水粘合剂专利分析评价报告	化学	河南中包科技有限公司	2020年
29	商丘	阿尔茨海默病项目专利分析评议	生物医药	商丘师范学院	2021年
30	商丘	微腔压强测量项目专利分析评议	生物医药	商丘师范学院	2021年
31	郑州	关于非线性机床颤振模型的动力学研究及数值仿真项目专利分析评议	机械	郑州财经学院	2021年
32	郑州	纺织工业中清洁工艺核心设备专利分析评议	机械	郑州财经学院	2021年
33	洛阳	规模化微波制备高性能陶瓷一体加热空间热场调控机制专利分析评议	材料	洛阳理工学院	2021年
34	济源	高活性纳米氧化锌制备及应用专利分析评议	材料	济源市鲁泰纳米材料有限公司	2021年

从表中评议项目所属产业类别可以发现，评议项目基本符合《中国制造

2025》《河南省"十三五"战略性新兴产业发展规划》《河南省智能制造和工业互联网发展三年行动计划（2018—2020年）》中所要求的重点发展方向，可见河南省在开展创新项目时比较重视知识产权评议工作，但较少涉及关于重要人才引进、企业上市、技术标准制定、企业海外布展、并购等方面的评议活动，说明河南省知识产权评议对象的广度还有待加强。此外，从知识产权评议活动的参与单位可以看出，评议服务单位主要集中在河南省几家实力较强的知识产权服务机构，说明河南省对知识产权评议水平要求较高，重视知识产权评议的实际效果。

图2-5-1为河南省知识产权分析评议工作开展的地域情况，可以看出，目前河南省18个地市中开展过知识产权评议活动的只有10个地市，且主要集中在郑州、洛阳、南阳等经济较发达的城市，尚未形成知识产权分析评议的全覆盖，评议服务的范围不够广泛，影响力还不够大，由此反映出河南省的地方政府、知识产权相关部门、企事业单位还没有充分利用知识产权评议手段为产业发展提供有力支撑。

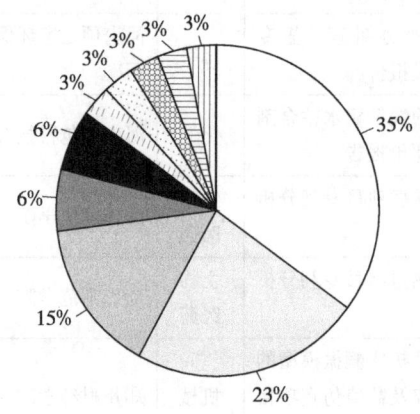

□郑州 □洛阳 □南阳 ▨濮阳 ■商丘 ▨信阳 □许昌 ▨平顶山 ▨鹤壁 □济源

图2-5-1　河南省知识产权分析评议工作开展的地域情况

图2-5-2为河南省知识产权分析评议项目所涉及的技术领域分布情况，可以看出，目前河南省关注分析评议的技术领域主要集中在机械领域和材料领域，光电领域的技术较少参与知识产权分析评议，对通信技术领域的科技活动开展知识产权分析评议工作目前还是空白。

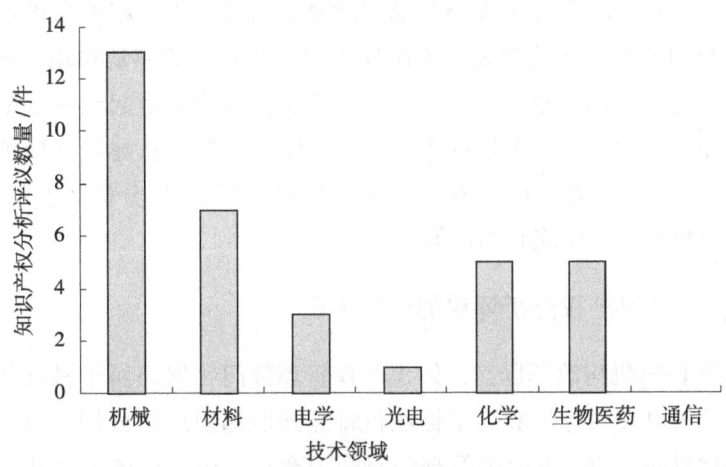

图2-5-2 河南省知识产权分析评议项目所涉及的技术领域分布情况

三、河南省知识产权分析评议存在的问题

近年来，尽管河南省对重大经济科技活动知识产权评议机制的建立做了很多有益的探索和实践，但由于我国的知识产权评议法律法规不够完善，知识产权评议制度尚未健全，仍存在一些尚待解决的问题。结合目前河南省开展重大经济科技活动知识产权评议工作的实践来看，主要存在以下六个方面的问题。

（一）知识产权分析评议管理机制不健全

河南省知识产权局出台的《河南省重大经济活动知识产权评议办法》，虽然对评议的对象、内容和程序进行了规定，但缺少对知识产权评议协调管理的具体规定。省市级知识产权管理部门，不直接参与科技项目的管理，也不具备干预科技活动的议事协调职能，与重大科技项目的业务指导单位没有建立起充分的联动沟通机制，不利于知识产权评议机制的有效实施，难以确立知识产权评议的权威性。知识产权评议工作虽已开展多年，但仍处于发展初期阶段，尚未纳入重大产业化项目负责单位（如工信、发改委等部门）的工作体系，这些部门的有关领导对知识产权分析评议认知基本停留在表层，概念十分模糊。也因此，河南省不少重大科技项目很少提前进行专利布局分析，存在盲目上马的情况，没有提前预警往往存在着未知风险。

地方的知识产权分析评议主导单位更多是各地科技或知识产权管理部门，

缺少发改、商务、产业园区等相关部门的政策引导，未能根据当地产业的实际情况出台相关产业扶持政策，不能发挥对产业发展的驱动作用。同样，也缺少龙头企业、重点企业的参与和配合，无法为其他企业起到一个率先引领的榜样作用。因此，大多数情况下，企业可能在前期听从建议开展了知识产权分析评议，但后期往往因为不了解或者是费用问题，将分析报告束之高阁，未能发挥分析评议结果应有的价值。

（二）对知识产权分析评议的认识不足

2018年国家机构改革以前，知识产权管理部门普遍归属于科技部门，科技部门的重大科技项目一般会根据项目特点开展知识产权分析评议，但同样指导重大项目的工信、发改委等部门对知识产权分析评议的了解和接触远远不如科技部门，在一定程度上阻碍了知识产权分析评议工作的开展。机构改革之后，知识产权管理部门被合并到市场监管部门，一方面缺少了原来科技项目的载体支撑，另一方面知识产权分析评议支撑工商管理职能的机制尚未形成，知识产权分析评议老问题还未解决，又面临着新的问题和挑战。

目前，知识产权分析评议工作开展的现状仍是以政府带头为主，社会各界对于知识产权分析评议及其作用认识仍然不足，市场认可度不高，尚未达到以市场需求推动知识产权分析评议常态化的目的，这与政府引导力度不够、企事业单位自觉开展知识产权评议意识不足有很大关系。企事业单位作为实际开展科技活动的直接负责人，对经济科技活动中的知识产权风险关注度不够，对分析评议的重要性认识不足，也就不会产生充分的评议需求。更有甚者，一些科技项目开展了知识产权分析评议，但在评议之前就已经处于项目的启动、投产、扩大规模等阶段，这与评议的初衷是相背离的，评议的意义也不复存在。作为一项新兴服务，知识产权分析评议工作只有通过优质服务，切实为创新主体带来价值，不断涌现优秀案例，才能真正被市场广泛接受。

在政府对开展经济活动的企事业单位进行直接补贴的评议模式下，一些企事业单位仅仅把知识产权评议项目当作增加收入的一种方式，并没有真正认识了解到知识产权分析评议的意义，未将获得的政府资助金额足额用于知识产权分析评议，这种错误观念和做法直接影响了知识产权分析评议的实际效果。此外，一些中介服务机构只注重眼前利益，对知识产权分析评议责任不管不顾，为了拿到评议项目而采取低价战术来迎合企事业单位，严重降低了评议质量和效用，使知识产权分析评议工作流于形式，几乎没有任何实际效应。

(三) 知识产权分析评议整体力量比较单薄

目前，河南省仅有洛阳公信知识产权事务所一家机构入选国家知识产权分析评议服务示范机构，郑州睿信知识产权代理有限公司、河南行知专利服务有限公司两家机构入选国家知识产权分析评议服务示范创建机构，可见，具有较强知识产权评议服务实力的代理机构数量较少。目前全省115家知识产权服务机构中只有4家单位参与过分析评议项目，能够从事分析评议的机构数目和具备从事评议工作能力要求的专利代理师人员数量都偏少，远远不能满足河南省创新驱动蓬勃发展、外向型经济日益活跃、知识产权规则利用纷繁复杂的经济社会活动的需要。知识产权分析评议不单单是分析专利，还需要借助行业专家在产业规划宏观发展方面拥有前瞻视野的优势，依赖于技术专家在技术领域的研发建议，但现实是很少有此类专家的全面参与，分析评议机构与专家存在"两张皮"现象，分析评议机构基本是脱离行业专家或技术专家在分析，很难为企业提供更加直接有效的产业规划建议。

同时，知识产权服务机构中的复合型知识产权分析评议专业人士十分缺乏，部分工作人员存在自身专业实力不足，对知识产权分析评议工作认识不到位等问题，容易把评议与专利态势分析等同起来，缺乏解决问题的针对性和工作指导性，导致知识产权评议实际效果不理想，不能真正解决企业的创新问题、知识产权问题。知识产权分析评议本身要借助专利信息分析这一工具，由于缺乏海量有效的专利数据库资源，一些服务机构在信息检索方面没有充分的实践机会和经验，能够真正掌握信息分析技能的专业人才十分匮乏，因此在数据采集和数据处理等方面欠缺足够的实力，导致后续的评议分析不够深入全面，在帮助企业规避决策中的知识产权风险、优化创新路线的过程中存在着一定的风险。

(四) 知识产权分析评议结果得不到充分重视

调查发现，在知识产权分析评议实践中，存在知识产权分析评议结果得不到充分重视的情况。例如，分析评议机构将搜集到的专利信息及得出的分析结论交给企业后，由于企业人员的知识产权意识较低及缺乏相关的知识产权知识，往往不被重视，企业研发人员依然在重复一些没有意义的产品研发和低水平研究，没有充分利用专利信息及评议结论优化创新、开发新技术，企业项目运转依旧原地踏步。即便是评议报告中提到竞争对手对评议企业的专利存在一些威胁，但企业往往会因为威胁没有实际发生或者没有遭遇专利纠纷而不去重视分析评议。一些项目负责人能够注意到评议报告中提出的风险，但由于规避该风险需要服务机构参与进来帮助企业针对竞争对手的技术提出有效的解决方案，也会因此产生更多地服务费用，不少企业心存侥幸而放弃这些未知的投入，知识产权分析评议工作往往前功尽弃，企业发展中仍然处于面临未知风险的境地而不自知。

（五）知识产权分析评议工作的宣传力度不够

知识产权分析评议工作专业性较强，大多数企业没有专门的知识产权部门，不会主动去开展此类工作，需要政府的宣讲引导和政策支持。河南省有关知识产权分析评议的培训较少，因此在开展知识产权分析评议中，经常面临政府及代理机构人员磨破嘴皮，但企业对此毫不上心的尴尬境地，对知识产权分析评议开展工作造成了很大阻碍。

河南省有关部门可定期组织业内专家进入集聚区、产业园区等，开展知识产权分析评议政策、产业知识产权分析评议项目成果宣讲会，提高企业的相关意识，逐步引导企业开展分析评议工作的开展。

四、利用知识产权分析评议助推产业发展的对策及建议

（一）提升管理服务水平，引导企业自觉开展评议

加强知识产权评议的政策指导和公共服务。加大力度推进构建知识产权评议指标体系，加强全省知识产权资源布局统计分析，建立完善区域、产业、企业知识产权调查制度。研究制定知识产权评议工作白皮书，明确规范评议范围和程序。河南省知识产权管理部门应积极寻求国家知识产权局的帮助和指导，不断加强学习和业务交流，充分利用其信息平台和数据资源，围绕河南省重点产业规划、高技术领域投资项目等开展知识产权分析评议，帮助本省企事业单位解决知识产权问题。加强与相关省级厅局的合作，逐步建立有效的议事协调推进机制，帮助相关厅局和国企事业单位运用知识产权分析评议工具解决科技创新管理、投资并购策略等方面的实际问题。

引导企事业单位自觉实施知识产权评议。政府应当扩大引导面，积极参与重大科技项目的知识产权评议管理，做好监督审查工作，规范知识产权评议过程，使其发挥真正价值，防止企业把评议工作当作完成政府项目，仅仅追求一份评议报告。产业集聚区政府作为区域内重大科技项目的指导方，应

当引导企业认识到知识产权评议工作不是一蹴而就的，而是贯穿产品的研发、布局、生产、出口等一系列过程，需要反复不断的进行知识产权分析评议，特别是面对千变万化的市场环境，要让企业认识到评议是能够提高企业管理水平、推动经济增长的常态化工作，应是企业的自觉行动。以企业发展需求为导向，聚焦行业核心技术和产品进行，促进企业产业发展，运用好分析评议数据分析、技术成果，切实为企业发展中的关键问题提供精准的、针对性的知识产权服务，促进产业专利布局更加合理，提高企业的核心竞争力。同时，引导企业提高对知识产权风险的认识，积极参与知识产权分析评议活动，避免在市场活动中因为知识产权纠纷而带来不必要的损失，或者知识产权引领的投资失误，全面提升企业创造、利用和维护知识产权的水平。

建立知识产权评议考核评价体系。制定知识产权分析评议可操作的规范，明确参与评议活动各主体的任务和目标，加强质量管控，加大评议活动各节点的把控力度。对于评议过的项目，定期开展追踪调查，及时掌握重大科技项目进展情况，帮助发现和解决产业规划相关问题，必要时组织召集有关领域专家对企业进行评估指导，对企业参与评议的项目进行认真细致的评价考核，考评结果可作为企业今后是否适合承担重大项目的筛选考量依据。

（二）规范评议机构服务，提高分析评议报告质量

知识产权评议项目的承担单位应当按照国家出台的《知识产权分析评议服务　服务规范》（GB/T 37286—2019）中关于服务提供者、服务人员、服务管理、服务实施、服务评价与改进等方面的规定来约束评议机构的评议服务全过程。其中，法律相关的知识产权分析评议要包括知识产权权利状态查证、知识产权权属关系查证、知识产权法律风险分析等内容，技术相关的知识产权分析评议要包括专家技术趋势分析、专利技术竞争热度分析、技术创新度评价等内容，商业相关的知识产权分析评议要包括产业知识产权竞争状况调查、知识产权关联度调查等内容。通过规范把控评议机构评议服务的内容和各个阶段，可以确保评议是建立在充分调查研究的基础上进行的，具备科学性、严谨性、客观性、充分性等要素，能够有效提高分析评议报告的质量，进而为产业发展策略提供更有力的建议和支持。

（三）联合审协河南中心，服务地方产业发展

审协河南中心是河南省开展知识产权服务工作的重要力量之一，设立以

来，审协河南中心以地方产业发展需求为导向，将知识产权服务与产业发展相融合，先后为郑州超硬材料产业、洛阳智能装备产业、濮阳石油装备产业、鹤壁金属镁产业、新乡新能源电池产业等谋划高质量发展路径。搭建了覆盖河南、宁夏、黑龙江、河北等省区的服务网络，建立了"中心社会服务工作组—地方社会服务工作站—企业审查员流动工作站以及知识产权联络员"的三级社会服务工作体系，为企业提供专利导航、专利分析预警、知识产权评议等各类知识产权服务。截至2020年年底，审协河南中心与河南省知识产权局联合选派了3批共200名优秀审查员，作为知识产权联络员，在178家河南省重点企业开展知识产权公益化服务。

审协河南中心拥有专业的专利审查队伍，涉及各行各业，弥补了知识产权服务机构缺乏不同行业专业人才的不足之处，省知识产权局可持续加大与审协河南中心的联动作用，充分利用其设立在河南省内的重点产业园区、知识产权优势企事业单位及创新创业综合体等的审查员流动工作站，安排知识产权局相关部门、知识产权服务机构的工作人员，与审查员一同到流动工作站开展调研实践和多样化、体系化的宣讲培训，加强与创新主体双向互动，了解全面企业的需求，"对症下药"开展服务工作，助推创新驱动和区域社会经济发展。

（四）加大人才培养力度，提升评议队伍整体实力

在知识产权分析评议活动中，负责评议服务人员的专业素质直接决定着知识产权分析评议的质量，影响经济科技活动的发展命运。针对河南省知识产权分析评议机构和人才偏少、力量薄弱的现状，应重视知识产权分析评议人才队伍的建设和培养。

一要广泛开展评议机构间的学术研讨，借助国家、省、市的培训资源，开展知识产权评议专题性、系统性培训，建立评议人员培养机制，分级分类开展培训，建成一支综合性评议队伍，切实为企业的知识产权评议工作做好指导和服务。如可组织知识产权服务机构分析评议工作人员积极参与学习国家知识产权创意产业试点园区"技术与创新支持中心（TISC）"的线上培训，持续提升工作人员的自身业务素质。二是加强服务机构和人员的规范化管理。提升知识产权分析评议机构和人员的准入门槛，保证评议行业的整体素质。可以设置相关的资格考试或职称认定程序，规范从业人员的管理机制。三是培养复合型专业人才。围绕以人工智能、新能源、高端装备制造业、节能环保、互联网服务等为重点的新兴产业，从高校或科研院所汲取新鲜力量，

吸纳具有以上专业学习背景的优秀人才，进一步完善人员队伍的学科专业设置，紧跟国家科技步伐，为知识产权分析评议工作做好专业人才储备。四是针对创新型企业开展专利信息分析利用等方面的培训，引导企业培养自己的知识产权分析评议人才，扭转代理机构"唱主角"的局面，增加省知识产权优势企业关于评议人才培养的考评指标，提高重点企业的积极性和参与度。

（五）以知识产权分析评议助力科技人才引进

通过知识产权分析评议，可以实现看人才、评人才、引人才，帮助规避科技人才引进中的风险。一是通过知识产权真实性和有效性分析，包括专利或专利申请是否真实存在、是否属于申报人、法律状态是否有效等，直观了解拟引进人才的知识产权权属信息，确定其有效性，达到去伪存真的目的。二是进行专利质量初步评议，包括项目相关性，具体评价申报人的专利技术是否与当地发展的产业项目或科技相关，根据对专利申请内容及其权利要求书的分析，可以初步判断专利质量及与申报项目的相关性。从专利布局，具体分析申报人各种类型专利（申请）的数量、国家区域分布、有效发明专利数量。通过对拟引进人才拥有各种类型专利（申请）的数量，专利的创新度、核心度、可规避性和可替代性等分析，能够有效地评价拟引进人才的创新能力，确保引进人才具有较强创新能力。三是知识产权风险评议，主要包括：①专利权属风险，申报人的专利是否属于职务发明；②竞业限制，申报人是否与原工作单位之间签订了竞业限制或保密协议；③专利侵权可判定性，基于一项专利的权利要求，分析是否容易发现和判断侵权行为的发生，是否容易取证，进而行使诉讼的权利；④配套技术依存度，指一项专利技术是否可以独立应用到产品，还是经过组合才能用，即是否依赖于其他技术才可实施。四是专利价值评议，主要包括：①专利稳定性，分析一项专利在行使权利的过程中被判定无效的可能性；②可规避性，分析一项专利是否容易被他人进行规避设计；③可替代性，分析在当前时间点，是否存在解决相同或类似问题的替代技术方案；④市场应用前景，分析专利技术是否已经投入市场或投入市场应用的前景。五是知识产权意识评议。从重视程度、专业经验等方面进行判断，如是否有知识产权申请前的布局规划、申请后的维护及资产优化、侵权风险管控等工作思路；申报人有无专利发明人或申请人经验及相关专利数量，是否对外部知识产权服务机构有筛选辨别能力。此外，还可通过分析拟引进人才的主要知识产权活跃领域与引进需求领域的关联性，还可以帮助不同产业项目准确高效地匹配人才，实现精准服务。

（六）加大宣传力度，破除认知误区

河南省知识产权主管部门可以利用各类媒体宣传平台，大力宣传知识产权评议工作在科研管理、企业创新中的作用，提高大众的认知度和重视程度。指导知识产权服务机构深入企业开展知识产权评议知识的普及，采用以案释法，正反举例等方式，"通过一案，教育一片"，引起产业集聚区、企业、院所、高校领导的重视，提高各类创新主体的知识产权风险预警和防范意识。编制发放知识产权评议典型案例，引导企业将知识产权评议融入产业规划、技术研发、产品上市等全过程。组织发布省内重点领域知识产权分析评议报告，切实加强知识产权分析评议成果在产业经济科技活动中的推广传播，推动成果有效运用。对中小企业给予一定的扶持和优惠政策，引导企业有效运用知识产权评议在协助处理纠纷、风险预警分析、寻找创新空间、完善产业布局等方面发挥更大的作用。知识产权分析评议报告完成以后，应及时邀请相关政府部门、产业园区或产业协会以及本地相关企业、科研院所，召开重点领域知识产权评议报告发布会，发布产业知识产权分析评议成果，有效提升创新主体对知识产权分析评议的整体认识。

知识产权分析评议作为知识产权服务经济发展的重要手段，其在促进产业发展中占据着不可或缺的一席，无论在国内市场上还是走出国门开展海外竞争，都有巨大的推动作用，但整体还处于初生阶段，分析评议的服务普及度、市场认可度、服务规范化、人才业务能力提升等方面还存在较大的提升空间。希望河南省相关部门和企事业单位更加深入地了解和熟练运用知识产权分析评议，引导各类知识产权服务机构增强分析评议服务能力，创新服务模式，丰富服务产品，培育形成一批专业化高端服务机构。同时，推动建立行业资信，方便需求方获得资质可信、服务可靠的分析评议服务，更加精准地为河南省"高精尖"经济结构的构建和科技创新需求服务，助力河南省产业实现高质量发展。

第六章

河南省专利质量评价及提升研究

柴国生[*]

21世纪以来，随着我国知识产权事业的蓬勃发展，我国专利申请量快速增长，但部分地区片面地将专利数量当作贯彻实施《国家知识产权战略纲要》的重要指标，忽视专利质量的提高，导致我国专利申请朝着重数量轻质量的方向发展，造成了专利数量巨大、但质量高低不齐的基本状况。为提升专利质量，国家知识产权局2013年12月印发了《关于进一步提升专利申请质量的若干意见》，2016年又专门召开全国专利质量工作座谈会，之后又相继出台了严格专利审查、规范非正常专利申请等一系列政策措施，旨在促进专利申请质量提升。素有"九州腹地、十省通衢"之称的河南省，地处中原腹地，是全国重要的综合交通枢纽和人流物流信息流中心，是中部地区重要的创新中心之一。河南省GDP连续多年位居我国第五位，但产业大而不强、创新水平不高，亟待通过强化创新驱动加快发展。专利是科技创新成果的重要载体之一，其质量关乎产业、区域、国家发展的核心竞争力，一定程度上反映出科技创新实力、经济发展水平的高低。因而，对专利质量进行有效评价，不仅有助于理清区域产业发展实际、科技创新水平等，而且有利于采取针对性措施推动科技创新能力与水平提升，促进经济发展核心竞争力提升。

一、河南省专利产出现状与质量评价研究状况

（一）专利质量评价研究状况评析

以"专利质量"为关键词对中国知网2000年1月1日至2021年12月31

---

[*] 柴国生，中原工学院法学院、知识产权学院副院长，副教授，硕士研究生导师，主要研究方向：科技创新与知识产权。

日发表的相关中文文献进行"篇名、关键词、摘要"检索,检索到包括报刊报道、期刊论文、学位论文等相关文献1731篇,反映出社会各界对专利质量的重视和研究的广泛。从发文趋势(见图2-6-1)看,总体呈上升趋势。专利质量相关发文趋势,反映出我国近年来强调提升专利质量、培养高价值专利的专利工作总体状况。而在我国当前强化科技创新、不断提升专利质量、培育高价值专利的大趋势下,应该加强专利质量提升前期成果的总结提炼,强化基于新发展阶段专利质量提升的理论、实践研究,为专利质量提升提供借鉴参考,为科技创新保驾护航。

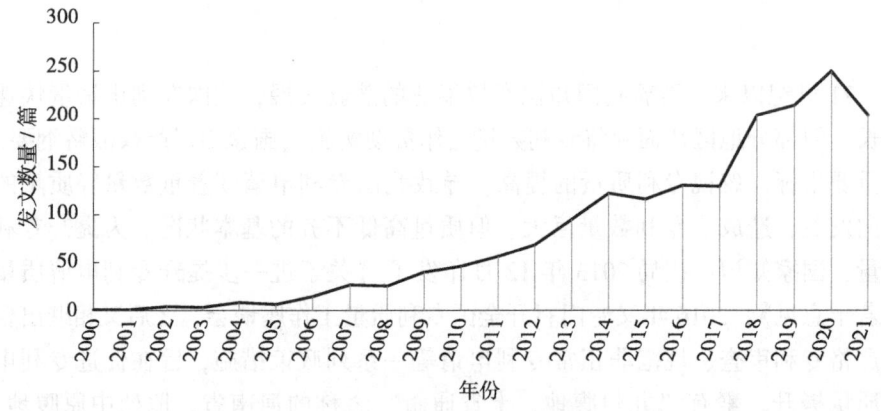

图2-6-1 专利质量相关文献年度发文趋势

数据来源:由知网检索整理获取。

在已刊发的专利质量相关文献中,关于专利质量评价的文献有308篇,发文量总体呈上升趋势(如图2-6-2),2012年前总体处在10篇以下发文量的状况,2012年发文量达14篇,并保持总体上升趋势,2020年达到最大值的54篇,这一趋势正好反映出我国当前加强专利质量、培育高价值专利基本趋势。

需要指出的是,相较专利质量、专利质量评价相关高发文量,针对河南省专利质量评价的相关文献仅有4篇,其中3篇发表在《河南科技》上,反映出河南专利质量研究明显不足。这一状况与河南省打造中部创新高地,与省委工作会议提出的锚定"两个确保"(即"确保高质量建设现代化河南""确保高水平实现现代化河南"),实施"十大战略"(即创新驱动、科教兴省、人才强省战略;优势再造战略;数字化转型战略;换道领跑战略;文旅文创融合战略;以人为核心的新型城镇化战略;乡村振兴战略;绿色低碳转型战略;制度型开放战略;全面深化改革战略),实现高质量发展、高水平创新的要求是不相符的。因而，深化针对河南省专利质量及其评价的理论研究和实践创新，是河南省高质量发展的必然要求，不仅要深入开展相关研究，而且要形成符合河南省情的高质量成果，为河南省"十四五"规划目标的实现、为中原更加出彩提供理论参考和实践借鉴。

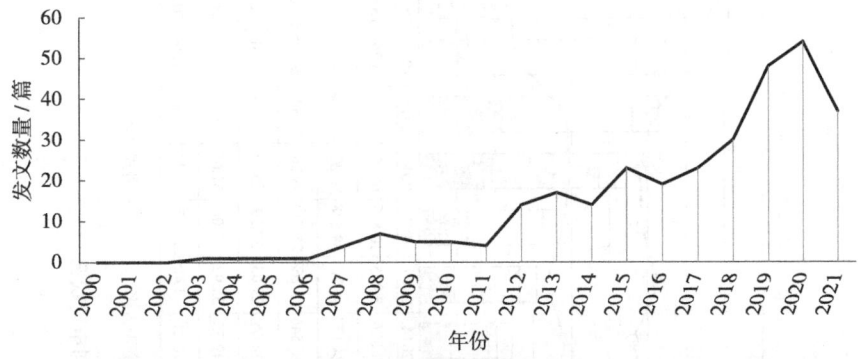

图2-6-2　专利质量评价相关文献年度发文趋势

数据来源：由知网检索整理获取。

（二）河南省专利申请现状分析

基于专利大数据检索分析❶（下文未作特别说明检索的日期均为2001年1月1日—2022年6月30日），2001年以来河南省专利申请量呈逐年递增趋势（如图2-6-3），不同类型的专利申请量占比由大到小依次为实用新型专利、发明专利和外观设计专利。总体而言，外观设计申请量呈下降趋势，实用新型专利呈波动下降趋势，发明专利呈上升趋势，反映出创新质量的不断提升。但是，也要看到，实用新型专利占比一直最大，总体超过50%，特别是2019年、2020年超过60%；发明专利申请量占比总体呈上升趋势，近十年来大部分年份保持在30%上下，但2019年、2020年占比下降明显，分别为22.61%和21.13%，与同年度实用新型申请量增高的趋势一致，反映出河南省科技创新能力总体不强，创新水平波动较大的基本状况。专利质量的关键在于技术创新水平，河南省专利申请状况反映出科技创新总体状况，即专利数量不多、质量不高。

---

❶ 本章的专利数据是选用 Himmpat 全球专利智能检索分析平台进行检索整理获取（图表中有标注的除外）。Himmpat 全球专利智能检索分析平台包括了1.6亿条全球专利数据，68局外观设计专利，61局法律状态数据，能够较全面、准确反映河南省的相关专利状况。

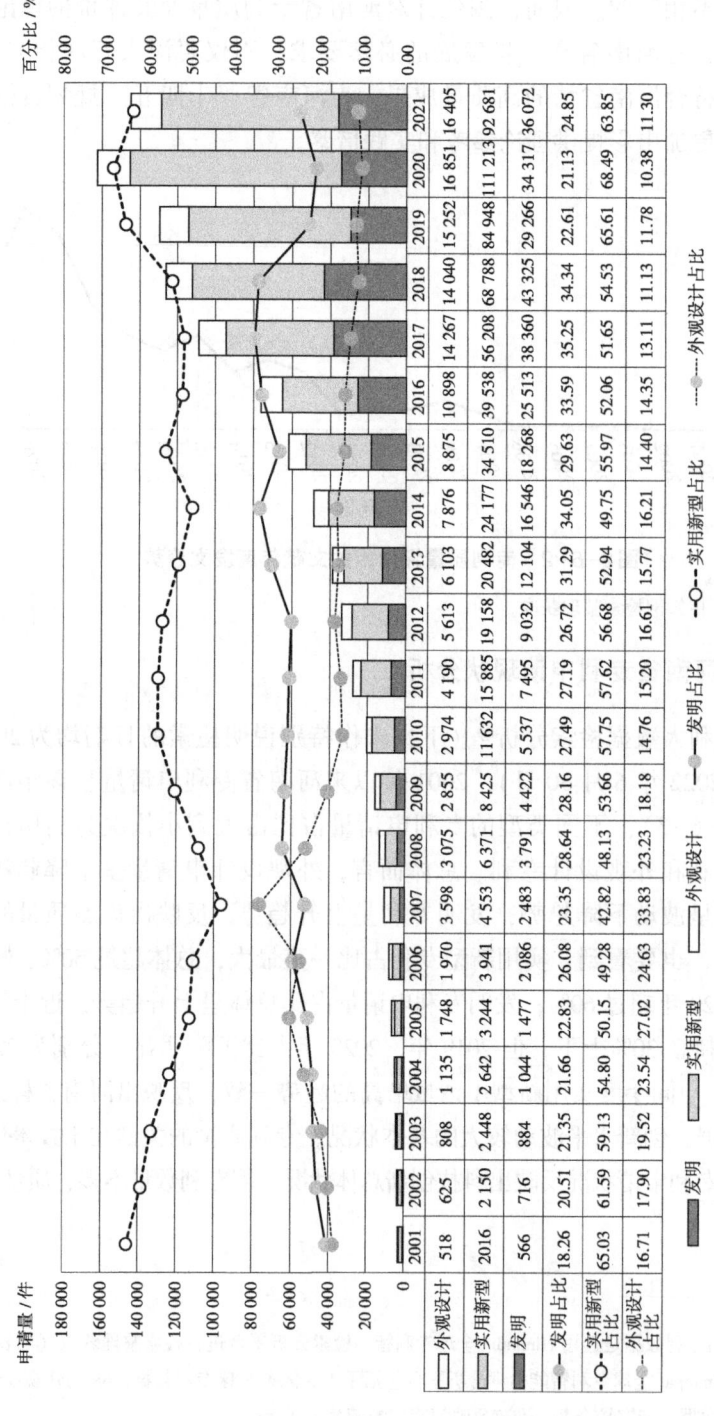

图2-6-3 河南省2001年以来专利申请状况

河南省维持10年以上且有效的发明专利（如图2-6-4），当前仅有5860件（检索日期至2022年6月30日），维持10年以上且有效的专利数量呈逐年增加趋势，其中2011年达到最大值的1810件。文献页数平均值基本在10页上下，权利要求数量平均值则在5项上下。维持10年以上的专利数量占河南省专利申请总量百万余件的比例仅为0.52%。这些状况反映出专利数量不多、专利质量和价值不高、创新能力不足等问题。

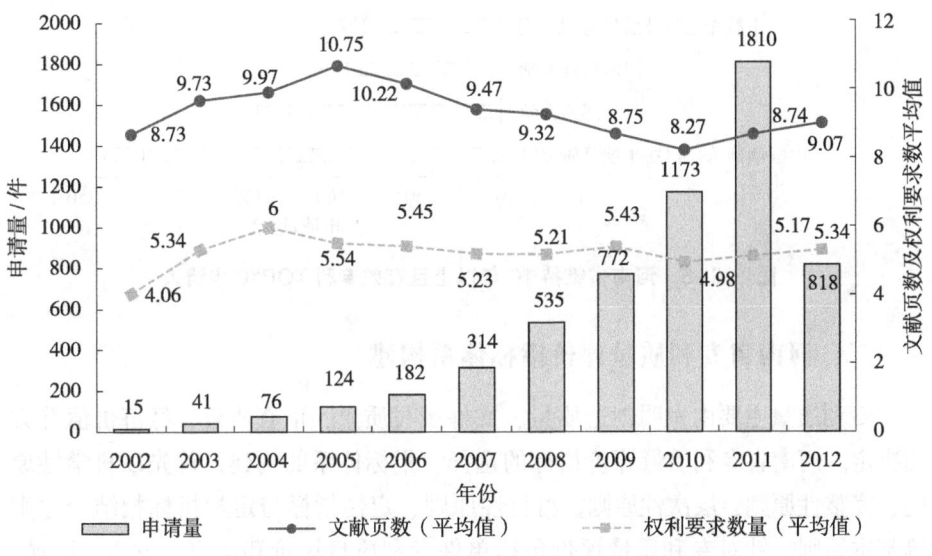

图2-6-4　河南省维持10年以上且有效发明专利状况

从图2-6-5可以看出，维持10年以上且有效专利TOP10的申请人中，主要为大中型企业，高校仅有郑州大学、河南科技大学，且占比较低。其中郑州大学127件，占比2.17%，河南科技大学92件，占比1.57%。此外，我国专利转化率不高也是普遍存在的问题，特别是与美国、德国等发达国家70%的专利技术转化率差距巨大，明显处于"投入多、成果多、转化少、效益低"的阶段。

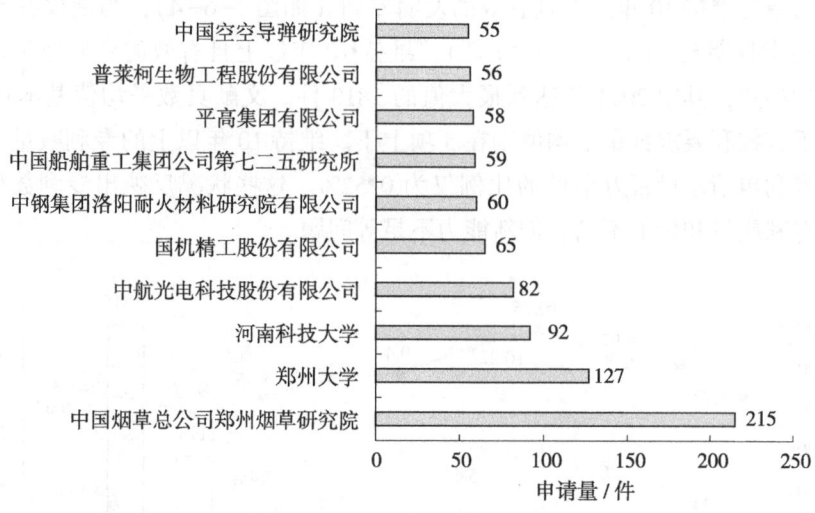

图2-6-5 河南省维持10年以上且有效专利TOP10申请人

二、河南省专利质量评价指标体系构建

专利质量主要由发明创造质量、文件撰写质量、审查质量、经济价值等方面决定。河南省专利质量评价指标的选择、指标体系的构建，首先以科学性原则、完整性原则、层次性原则、可行性原则、定性指标与定量指标相结合原则等基本原则，针对专利质量评价包括单件专利质量评价和国家、省市、区域、各类创新组织等专利质量状况的总体评价两大类评价，进行了相应研究和实地调研。为准确把握专利质量各环节的相关状况，课题组先后对企业、专利代理服务机构、高校等不同主体进行了调研，了解不同主体在专利创造、专利申请、专利审查、专利转移转化等不同环节所关注的专利质量的不同和关键点。

结合我国专利工作实际和专利质量状况，以及河南省的实际情况，在调研中，围绕专利质量的重要决定因素，选择不同的评价维度，兼顾单件专利评价和专利质量总体评价，合理选择专利质量测度指标，建立了以专利质量分析指标、专利质量测度指标2个一级指标、21个二级指标的两级评价指标体系（见表2-6-1）。

表2-6-1 河南省专利质量评价指标体系

一级指标	二级指标	指标释义
专利质量分析指标	形式质量	错别字/用语规范性/文本逻辑性
	专利稳定性	可专利性/创造性强度/充分公开问题/其他实质缺陷
	权利要求布局合理性	权利要求布局层次性/权利要求布局宽度/实施例数量
	专利保护强度	专利保护范围/不可规避性/依赖性
	专利侵权可判定性	是否容易发现侵权/是否容易取证
	专利无效被维持情况	是否经无效宣告后被维持及被无效次数
	专利运用	专利许可、质押、转移转化等状况
	专利侵权诉讼情况	是否经历诉讼及胜诉情况
专利质量测度指标	发明专利占比	发明专利申请数量/专利申请总量
	专利授权率	专利授权数量/专利申请数量
	PCT专利申请量	《专利合作条约》（PCT）申请数量
	专利维持时间（专利寿命）	专利授权之后专利权的维持时间
	专利维持率	有效专利量占专利授权量的比率
	权利要求数量	权利要求项数
	专利文献页数	专利文献总的页数
	提起无效专利占比	被提起无效的专利数量占专利总量的比例
	引证专利占比	被引证的专利数量占专利总量的比例
	被引证次数	被其他专利引证数量
	同族专利数量	海外布局地域及数量
	同族专利占比	同族专利数量所占比例
	专利运用占比	许可、质押、转移转化等专利数量占专利总量的比例

专利质量评价指标体系中，一级指标"专利质量分析指标"，对应8个二级指标，分别为：（1）形式质量；（2）专利稳定性；（3）权利要求布局合理性；（4）专利保护强度；（5）专利侵权可判定性；（6）专利无效被维持情况；（7）专利运用；（8）专利侵权诉讼情况，以体现专利创造性、新颖性、实用性，以及专利成熟度等。一级指标"专利质量测度"指标，对应13个二级指标，分别为：（1）发明专利占比；（2）专利授权率；（3）PCT专利申请量；（4）专利维持时间；（5）专利维持率；（6）权利要求数量；（7）专利文

献页数；(8) 提起无效专利占比；(9) 引证专利占比；(10) 被引证次数；(11) 同族专利数量；(12) 同族专利占比；(13) 专利运用占比。其中，一级指标"专利质量分析"指标对应的 8 个二级指标，以及专利质量测度指标对应的专利维持时间、专利文献页数、权利要求数量、被引证次数等，适用于对单件专利质量进行评价。"专利质量测度"指标对应的 13 个二级指标主要应用于专利质量的总体评价。专利质量评价指标体系的构建，旨在为专利质量、区域专利发展状况等科学评价提供参考，为河南省专利质量评价，以及专利质量提升的政策制定、路径选择、战略实施等提供参考依据。

三、河南省专利质量现状测度

根据专利质量评价指标体系相关定量指标，对河南省专利相关状况进行测度，并与中部地区安徽省、湖北省、山西省、江西省、湖南省，以及北京市、上海市、广东省等我国经济发达地区的专利相关状况进行比较分析，以对河南省专利质量进行客观评价。

(一) 河南省发明专利占比状况

发明专利的申请、授权等相关状况，是一个区域、国家专利质量的重要反映指标。对河南省及中部地区安徽省、湖北省、山西省、江西省、湖南省五省，以及北京市、上海市、广东省等经济发达地区 2010—2020 年❶的专利数据状况进行比较分析，结果如表 2-6-2 所示。

表 2-6-2 中部六省以及北京、上海、广东九省市发明专利相关状况

省市	发明专利申请量/件	发明专利授权量/件	专利申请总量/件	发明申请占比/%	发明授权率/%
北京市	929 527	403 426	1 583 981	58.68	43.40
上海市	517 647	180 861	1 183 596	43.74	34.94
广东省	1 369 345	436 546	4 659 836	29.39	31.88
河南省	240 077	66 036	832 024	28.85	27.51

---

❶ 2021 年我国发明专利平均审查周期压减至 19.1 个月，专利分析通常最近两年的数据不作为分析依据，因此河南省发明专利占比状况取 2010—2020 年的数据作为分析样本，数据进行申请号、简单同族合并处理。

续表

省市	发明专利申请量/件	发明专利授权量/件	专利申请总量/件	发明申请占比/%	发明授权率/%
安徽省	614 550	123 513	1 230 645	49.94	20.10
湖北省	316 319	102 435	796 765	39.70	32.38
山西省	67 212	22 387	189 011	35.56	33.31
江西省	88 410	24 014	442 209	19.99	27.16
湖南省	233 362	74 996	603 513	38.67	32.14

河南省专利申请总量为832 024件，明显低于北京市、上海市、广东省的申请总量，高于中部地区湖北省（796 765件）、湖南省（603 513件）、江西省（442 209件）、山西省（189 011件），位居中部六省第2位；河南省发明专利申请为240 077件，低于北京市、上海市、广东省的申请总量，高于中部地区湖南省（233 362件）、江西省（88 410件）、山西省（67 212件），位居中部六省第3位；河南省发明专利授权量为66 036件，位居中部六省的第3位。但是，河南省的发明专利申请量占比（发明专利申请量/专利申请总量）为28.85%，仅高于中部地区的江西省（19.99%），位居中部地区第5位；河南省的发明专利授权率（发明专利授权量/发明专利申请量）为27.51%，高于中部地区的安徽省（20.10%）、江西省（27.16%），位居中部地区第4位。河南省发明专利申请量居中部六省第2位，而发明专利授权量居第3位，发明授权率居第4位的重要指标的倒序结构，反映出河南省专利申请质量不高，不仅与北京市、上海市、广东省等发达地区有较大差距，而且与中部地区省份相比也处于中下位置；同时也说明河南省科技创新实力和水平总体不高的基本状况。

（二）河南省PCT专利申请状况

河南省2010—2020年PCT专利申请数量如表2-6-3所示，分别为5件、1件、3件、11件、6件、5件、9件、6件、6件、8件、5件，总体低于湖北省、安徽省、湖南省，处在中部地区第4的位置。广东省多数年份保持在3000件以上，北京市近些年保持在1000件左右，上海市趋近500件的申请数量，包括河南省在内的中部地区与北京、广东、上海的差距非常之大。

表2-6-3 中部六省及北京、上海、广东九省市2010—2020年PCT专利申请状况

单位：件

申请年度	湖北	湖南	安徽	山西	江西	河南	广东	上海	北京
2010	4	11	7	0	1	5	539	189	168
2011	14	6	3	1	1	1	1767	126	191
2012	7	2	4	1	1	3	1929	164	227
2013	6	6	5	3	3	11	2743	134	159
2014	7	9	12	1	1	6	3591	179	178
2015	10	9	8	3	1	5	3686	191	208
2016	20	16	13	4	3	9	4708	201	339
2017	9	9	17	0	2	6	6024	392	684
2018	142	18	17	0	3	6	5911	498	988
2019	214	16	22	0	3	8	4515	467	1462
2020	214	13	33	0	2	5	1667	160	871

（三）河南省专利撰写状况分析

就中部六省及北京、上海、广东地区的2010—2020年的专利撰写质量，从专利文献页数、权利要求数量进行比较分析（如表2-6-4、表2-6-5），中部六省专利文献页数小于10页的专利占比，除湖南省为79.91%小于80%外，其他均大于80%。其中，河南省为86.68%，稍低于安徽省、江西省、山西省，居中部六省第3位。

就专利权利要求数量比较，中部六省及北京、上海、广东九省市主要集中在3~10项，这种状况与我国专利官费中超权费从第11项起每项收150元的规定密切相关。权利要求数量在3~10项的专利数量占比，河南省为76.52%，居中部第2位；权利要求数量10项以上专利数量占比，河南省为0.67，湖北省为1.59%，湖南省为2.06%，安徽省为1.26%，江西省为0.94%，山西省为0.64%，河南省仅稍大于山西省，位居中部第5位，与北京市的14.50%，上海市的10.66%，广东省的6.70%相比差距更大。

表2-6-4 2010—2020年中部六省及北京、上海、广东九省市专利文献页数一览表

专利文献页数	河南省 专利数量/件	占比/%	湖北省 专利数量/件	占比/%	湖南省 专利数量/件	占比/%	江西省 专利数量/件	占比/%	山西省 专利数量/件	占比/%	安徽省 专利数量/件	占比/%	北京市 专利数量/件	占比/%	上海市 专利数量/件	占比/%	广东省 专利数量/件	占比/%
1~5	182 736	21.96	149 187	18.72	109 879	18.21	89 307	20.20	48 767	25.80	375 416	30.51	136 876	8.64	175 023	14.79	570 313	12.24
6~10	538 515	64.72	497 148	62.40	372 383	61.70	297 334	67.24	115 600	61.16	687 592	55.87	770 460	48.64	784 673	66.30	3E+06	61.31
11~15	83 442	10.03	106 986	13.43	85 380	14.15	39 096	8.84	18 471	9.77	122 098	9.92	379 369	23.95	251 622	21.26	719 560	15.44
16~20	18 142	2.18	27 587	3.46	22 854	3.79	10 046	2.27	4 017	2.13	29 341	2.38	173 957	10.98	88 432	7.47	276 031	5.92
21~25	5 901	0.71	9 353	1.17	7 845	1.30	3 602	0.81	1 214	0.64	9 269	0.75	70 782	4.47	34 081	2.88	122 193	2.62
26~30	2 341	0.28	3 435	0.43	2 850	0.47	1 287	0.29	504	0.27	3 825	0.31	27 523	1.74	13 562	1.15	51 648	1.11
31~35	832	0.10	1 364	0.17	1 060	0.18	537	0.10	210	0.11	1 637	0.13	10 993	0.69	6 255	0.53	24 716	0.53
36~40	325	0.04	629	0.08	506	0.08	353	0.08	79	0.04	678	0.06	5 117	0.32	3 349	0.28	13 458	0.29
41~*	690	0.08	1 074	0.13	755	0.13	646	0.15	148	0.08	787	0.06	8 892	0.56	7 458	0.63	25 127	0.54

表2-6-5 2010—2020年中部六省及北京、上海、广东九省市专利权利要求数量一览表

权利要求数量	河南省 专利数量/件	占比/%	湖北省 专利数量/件	占比/%	湖南省 专利数量/件	占比/%	安徽省 专利数量/件	占比/%	江西省 专利数量/件	占比/%	山西省 专利数量/件	占比/%	北京市 专利数量/件	占比/%	上海市 专利数量/件	占比/%	广东省 专利数量/件	占比/%
1~1	37 051	4.45	51 631	6.48	24 163	4.00	59 296	4.82	20 457	4.63	18 628	9.86	40 646	2.57	44 993	3.80	50 234	1.08
2~2	46 706	5.61	38 544	4.84	25 033	4.15	121 642	9.88	15 980	3.61	19 390	10.26	42 692	2.70	57 778	4.88	75 850	1.63
3~5	253 410	30.46	209 272	26.27	128 466	21.29	378 129	30.73	107 511	24.31	59 207	31.32	228 356	14.42	291 268	24.61	690 754	14.82
6~10	383 278	46.07	410 844	51.56	309 924	51.35	549 678	44.67	179 062	40.49	75 089	39.73	900 437	56.85	697 728	58.95	2E+06	47.03
11~15	3 906	0.47	8 412	1.06	9 151	1.52	11 855	0.96	3 193	0.72	917	0.49	145 219	9.17	75 617	6.39	190 503	4.09
16~20	993	0.12	2 734	0.34	2 104	0.35	2 721	0.22	632	0.14	198	0.10	54 173	3.42	32 001	2.70	63 389	1.36
21~30	439	0.05	1 168	0.15	873	0.14	807	0.07	233	0.05	63	0.03	22 827	1.44	13 971	1.18	36 739	0.79
31~40	101	0.01	257	0.03	195	0.03	96	0.01	69	0.02	16	0.01	4 855	0.31	2 920	0.25	11 705	0.25
41~*	116	0.01	124	0.02	104	0.02	53	0.00	26	0.01	13	0.01	2 607	0.16	1 667	0.14	10 076	0.22

表2-6-6 2010—2020年中部六省及北京、上海、广东九省市专利维持状况一览表

发明专利维持时间	北京市 专利数量/件	北京市 占比/%	上海市 专利数量/件	上海市 占比/%	广东省 专利数量/件	广东省 占比/%	河南省 专利数量/件	河南省 占比/%	湖北省 专利数量/件	湖北省 占比/%	湖南省 专利数量/件	湖南省 占比/%	安徽省 专利数量/件	安徽省 占比/%	江西省 专利数量/件	江西省 占比/%	山西省 专利数量/件	山西省 占比/%
0~1(含)	5 476	1.11	975	0.42	5 298	1.00	416	0.55	926	0.79	1 264	1.43	302	0.23	494	1.79	78	0.28
1~2(含)	19 033	3.87	7 798	3.39	24 466	4.63	5 311	6.99	7 656	6.53	6 002	6.81	8 770	6.71	2 640	9.58	1 585	5.68
2~3(含)	42 057	8.55	15 191	6.60	44 264	8.38	11 516	15.15	16 659	14.22	10 837	12.30	16 647	12.73	4 220	15.32	3 507	12.56
3~4(含)	51 485	10.47	22 669	9.85	59 711	11.30	12 383	16.29	18 276	15.60	12 091	13.72	21 877	16.73	4 821	17.50	3 787	13.57
4~5(含)	56 335	11.46	30 479	13.25	63 722	12.06	9 927	13.06	16 431	14.02	10 380	11.78	17 550	13.42	3 455	12.54	3 415	12.23
5~6(含)	58 066	11.81	30 448	13.23	65 994	12.49	9 609	12.64	15 599	13.31	10 731	12.18	16 939	12.95	3 297	11.97	3 375	12.09
6~7(含)	53 906	10.96	25 350	11.02	55 384	10.48	7 130	9.38	11 771	10.04	8 783	9.97	12 775	9.77	2 269	8.24	2 788	9.99
7~8(含)	48 776	9.92	21 582	9.38	45 883	8.69	5 813	7.65	8 960	7.65	7 241	8.22	13 218	10.11	1 922	6.98	2 692	9.64
8~9(含)	43 187	8.78	19 439	8.45	44 065	8.34	4 503	5.93	6 970	5.95	6 545	7.43	9 986	7.64	1 465	5.32	2 044	7.32
9~10(含)	32 152	6.54	15 203	6.61	35 321	6.69	2 997	3.94	4 702	4.01	4 615	5.24	5 225	4.00	964	3.50	1 475	5.28
10~11(含)	22 674	4.61	11 674	5.07	23 838	4.51	2 203	2.90	3 061	2.61	3 418	3.88	3 047	2.33	644	2.34	973	3.49

续表

发明专利维持时间	北京市 专利数量/件	占比/%	上海市 专利数量/件	占比/%	广东省 专利数量/件	占比/%	河南省 专利数量/件	占比/%	湖北省 专利数量/件	占比/%	湖南省 专利数量/件	占比/%	安徽省 专利数量/件	占比/%	江西省 专利数量/件	占比/%	山西省 专利数量/件	占比/%
11~12(含)	16 677	3.39	8 495	3.69	16 704	3.16	1 485	1.95	2 081	1.78	2 012	2.28	1 803	1.38	433	1.57	723	2.59
12~13(含)	11 815	2.40	6 264	2.72	13 168	2.49	967	1.27	1 453	1.24	1 287	1.46	1 080	0.83	313	1.14	495	1.77
13~14(含)	9 065	1.84	4 385	1.91	9 229	1.75	627	0.83	847	0.72	749	0.85	667	0.51	163	0.59	295	1.06
14~15(含)	6 145	1.25	3 285	1.43	7 228	1.37	385	0.51	589	0.50	582	0.66	327	0.25	103	0.37	214	0.77
15~16(含)	4 349	0.88	2 458	1.07	5 931	1.12	253	0.33	375	0.32	472	0.54	186	0.14	101	0.37	143	0.51
16~17(含)	3 056	0.62	1 657	0.72	3 536	0.67	158	0.21	216	0.18	266	0.30	115	0.09	83	0.30	82	0.29
17~18(含)	2 213	0.45	990	0.43	1 898	0.36	110	0.14	140	0.12	236	0.27	79	0.06	59	0.21	77	0.28
18~19(含)	1 844	0.38	710	0.31	1 136	0.22	61	0.08	147	0.13	178	0.20	75	0.06	47	0.17	47	0.17
19~20(含)	3 259	0.66	913	0.40	1 229	0.23	109	0.14	290	0.25	270	0.31	76	0.06	43	0.16	109	0.39

(四)河南省专利维持状况

对中部六省及北京市、上海市、广东省2010—2020年专利的维持状况的比较分析（如表2-6-6），总体上，中部地区专利维持年限主要集中在3~6年，北京市、上海市、广东省稍好，6~10年的占比稍多。其中，河南省维持2~6年的专利占比为57.16%。维持十年以上的专利占比为8.37%，相较山西省的11.31%，湖南省的10.75%，湖北省的7.85%，江西省的7.22%，安徽省的5.70%，居于中部第3位；与北京市的16.49%、上海市的17.75%、广东省的15.88%差距较大。

(五)河南省同族专利状况

对中部六省及北京、上海、广东九省市2010—2020年扩展同族专利申请号数大于等于2的同族专利数量（如图2-6-6）进行检索分析，河南省为6712件，仅大于中部地区的江西省（3889件）和山西省（1724件），仅为广东省的36 276件的1.85%，这种状况反映出河南省科技创新水平、专利申请质量与广东省之间的明显差距，与发达省市比较，河南省专利总体上存在数量不多、质量不高的基本状况。

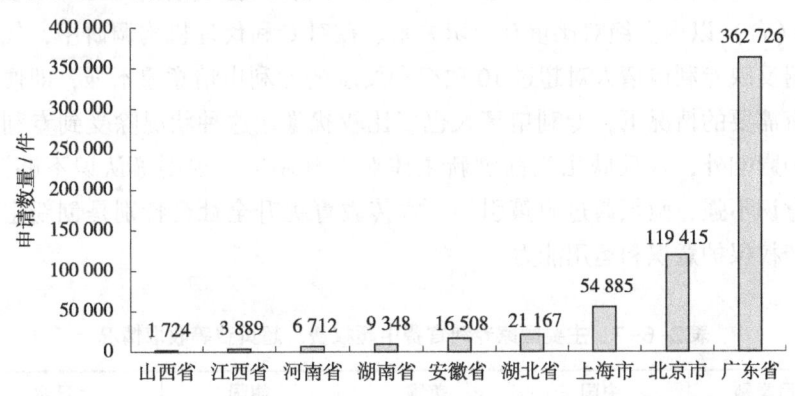

图2-6-6 扩展同族专利（申请号个数≥2）的专利申请数量

四、河南省专利数量不多、质量不高的成因分析

(一)相关政策导向导致的非正常专利申请占比较高

在国家知识产权局规范非正常专利申请前，专利相关奖补、高校等职称评审等政策基本是以专利申请、授权数量为导向，导致短时间内专利申请数

量大幅提升,以致近些年来我国专利年申请量接近美国、日本、欧盟的专利申请量之和,这种状况不仅给专利审查部门增加了极大的审查负担,也给专利制度运行增加了极大成本,给专利权人特别是部分国有企业或组织(部分企业将放弃专利权一定程度上与国有资产流失关联)增加了极大的专利维持成本。庞大的低质量专利申请、授权数量,不仅成为社会发展的负担,一定程度上也成为创新的阻碍。新发展阶段高水平创新、高质量发展的要求,亟须改变这种状况,应从科技创新、专利撰写、专利转化、专利运用等全链条进行质量管控,全面提升我国专利质量,真正让专利成为高质量创新成果的载体,让专利制度回归激励保护创新的制度本源。

(二)专利官费政策的影响

专利官费的收取,较多国家都收取有超权费(超过一定权利要求数量要增加收费)、独权超权费、超页费等费用(如表2-6-7),这些费用的收取对专利申请中文献页数、权利要求数量有较大的影响。就课题组的相关调研来看,我国专利官费的收取,超权费规定权利要求超过10项,从第11项起每项收取150元,超页费是说明书从第301页起收50元/页,这些收费规定对我国专利申请中权利要求数量普遍偏少,多数专利权利要求集中在6~10项,且10项(含)以内占绝对比重有密切关系。在对专利代理机构调研中,代理机构普遍反映专利申请人对超过10项权利要求的专利申请意愿不强,即便是为保护有需要的情况下,专利申请人也多比较犹豫。这种状况除受到专利官费政策的影响外,也反映出当前创新主体对专利制度、规则等认识不够深刻,保护意识不强,亟须通过政策引导、宣传教育提升全社会特别是创新主体的知识产权保护意识和运用能力。

表2-6-7 主要国家专利官费中超权费、超页费等收取情况

项目类别	中国	美国	德国	日本
独权超权费	无	第4项起收480美元/项	无	无
超权费	第11项起收150元/项	第21项权利要求起收100美元/项	第11项起收20欧元/项	审查费118 000日元+(权利要求项数×4000日元)
超页费	说明书从第301页起收50元/页	第101页起收420美元/50页	无	无

(三) 科技创新水平的影响

科技创新质量是专利质量的决定因素。当前河南省科技创新质量特别是基础创新质量不高、成果不多，成为专利质量不高、维持时间不长的重要影响因素。对2010年以来（检索截止日期2022年6月30日）的各类型专利法律状态（如图2-6-7）进行分析，不难看出在三种专利类型中，实用新型专利占比最高，其次分别为发明专利、外观设计专利。从有效专利占比看，有效实用新型专利的占申请专利总量的比例为37.45%，而有效发明专利占比仅为6.32%，失效发明专利占比为11.74%，失效占比超出有效占比5个百分点，反映出科技创新水平总体不高的基本状况。

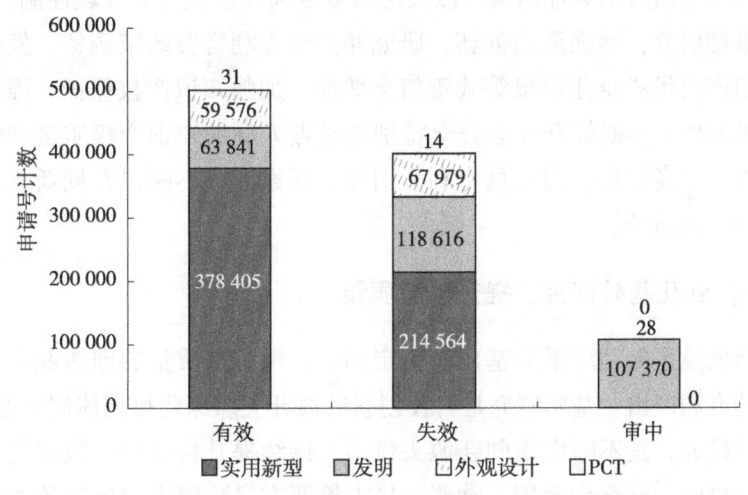

图2-6-7　2010年以来河南省各类型专利法律状态

(四) 知识产权保护水平的影响

课题组在相关调研中发现，部分企业等创新主体对当前知识产权保护的状况不够满意，特别是因地区知识产权保护中当前较为突出的立案难、取证难、鉴定难，以及企业维权成本过高等状况，导致企业对知识产权保护心存顾虑，以致不愿将企业的核心技术申请专利。这种状况，一方面反映出当前知识产权保护水平亟待加强，公平、诚信、平等的营商环境亟待营造，一方面也说明企业等创新主体对知识产权特别是专利制度、相关规则、法律法规等认识、理解不到位，也缺乏科学运用制度规则有效保护创新成果、科学维权的能力和水平。总体而言,我国当前的知识产权保护中存在比较突出的问题主要有:一是发明专利授权周期较长;二是知识产权维权保护和海外布局急需专业指导等;三是企业维权中立案难、取证难、鉴定难,维权成本过高;四是行政执法与刑事司法衔接不畅制约总体保护水平;五是互联网经济的发展导致知识产权保护出现了许多新情况、新问题,成为制约有效打击侵犯知识产权犯罪、加强知识产权保护的瓶颈和障碍。这些问题亟待加紧探索、有效破解,以提升知识产权保护水平,营造良好的创新环境和营商环境。

五、提升河南省专利质量的意见建议

专利质量的关键影响因素为技术创新水平和专利撰写、审查质量。结合当前制约专利质量的共性因素,以及河南省专利质量提升的区域性制约因素,应强化基础研究,增强原始创新,研究并推动专利官费政策调整,发挥专利奖、知识产权优势企业申报等政策组合效应,加强知识产权保护,强化宣传教育的针对性,不断提升社会公众特别是重点人群的知识产权质量和保护意识和能力,以高价值、高质量专利为引领,探索形成不断提升创新水平、专利质量的有效路径。

(一)强化基础研究,提升创新质量

创新质量是专利质量的基础性决定因素。没有高质量的创新就不可能有高质量的专利产出。基础研究是科技创新的总开关。深化科技体制机制改革,强化基础研究,是不断增强创新源头供给,持续提升科技创新效能的重要保障和有效措施。这已为美国、欧盟、日本等西方发达国家和地区的实践所证明。近年来,我国也采取了诸多措施,来加强基础研究,以提升创新质量和效能。如2021年12月20日提请十三届全国人大常委会第三十二次会议审议的《科学技术进步法修订草案(二审稿)》在加强基础研究方面增加了建立基础研究稳定投入支持机制等一系列规定,以超前部署和发展基础研究、前沿技术研究和社会公益性技术研究,为引导企业加大基础研究投入,鼓励社会力量通过捐赠、设立基金等方式多渠道投入基础研究,为进一步提升我国原始创新能力提供法治保障。

西方发达国家的创新发展实践证明,强化基础研究的根本在教育。与北京、上海、湖北、江苏等高等教育发达省份比较,河南省高等教育大而不强的现状,已成为当前基础研究不强、原始创新不足的重要制约。不改变高等教育大而不强的现状，就难以快速提升基础研究、原始创新能力，更好满足中原更加出彩的高质量发展需求。快速发展河南高等教育，应切实加强顶层谋划，不断加大财政、政策等支持力度，大力发展郑州大学、河南大学等重点建设高校，同时也要强化其他高校的特色发展、优势发展、均衡发展，并采取外部引进、内部培育等多种措施，培育优势学科、骨干高校，加快改变河南高等教育落后的状况，让中原高等教育洼地尽快成为中部教育高地，培养大量优秀科技人才，切实提升基础研究、原始创新能力，为中原崛起源源不断地供给更多基础研究成果、高质量创新成果，有效支撑中部创新高地建设。

加强基础研究的同时，也要改变科研院所特别是高校专利的质量不高的状况。结合当前以职称、奖补、项目等为目的，而非对创新成果进行保护的非正常申请专利，加强源头评估和管控。在国家深化体制改革的大背景下，高校为促进成果转化相应出台了一系列政策文件，形成了允许发明人自我转化、成果转化分成等激发发明人转化积极性、促进成果转化的政策措施，无疑打破了原有体制机制制约。在此基础上，进一步建立专利池、可转移转化科技成果储备库等，进而搭建成果展示、交易、转移转化平台，畅通成果转化路径，帮助对接高校发明人与成果使用人，打通供需对接的梗阻，让高校高质量专利真正转移转化，促进专利质量不断提升，促进实现高校专利从沉淀资源向现实生产力、创新发展技术支撑的快速转变，成为支撑"大众创业、万众创新"不竭的源头活水。

（二）研究并推动专利官费政策调整

上文已述，专利超权费 10 项的政策约束，一定程度上成为我国专利权利要求数量不多、制约专利质量提升的重要影响因素之一。针对此种状况，对 2010 年以来（检索截止日期 2022 年 6 月 30 日）光伏相关 IPC 分类号（H02S、H02S10/00、H02S20/00、H02S30/00、H02S40/00、H02S50/00、H02S99/00）（如表 2-6-8）对应的专利申请状况进行检索分析（如图 2-6-8），可以看出自 2010 年以来，专利文献页码数量、权利要求数量总体呈稳定增长趋势，到 2021 年权利要求数量的平均值为 8，文献页数的平均值为 11.89。这与我国近年来加大创新力度、注重专利质量提升的趋势是一致的，也较准确反映出专利文献页数、专利权利要求数量与专利质量的正相关关系。

图2-6-8 2010年以来我国光伏相关发明专利撰写变化状况

表2-6-8 光伏相关IPC分类号及对应技术领域

IPC分类号	技术领域
H02S	由红外线辐射、可见光或紫外光转换产生电能
H02S10/00	光伏电站；与其他电能产生系统组合在一起的光伏能源系统
H02S20/00	光伏模块的支撑结构
H02S30/00	除涉及光转换以外的光伏模块的结构零部件
H02S40/00	不包括在H02S10/00—H02S30/00中的与光伏模块结合的组件或配附件
H02S50/00	光伏系统的监测或测试，如负载平衡或故障识别
H02S99/00	本小类其他组不包含的技术主题

当前，我国转入高质量发展的新阶段，应该及时调整专利官费的政策，特别是对权利要求的收费政策，推动研究并评价权利要求合理数量等决定专利质量的关键指标的数量与质量间的平衡，借鉴美国、欧盟、日本等国家的经验，合理确定超权费的数量，以破解创新主体专利申请受限于专利官费政策的问题。

（三）强化政策组合效应，强化高质量、高价值专利导向

充分发挥专利奖评审、高新技术企业、知识产权优势企业等申报、专利

奖补等导向作用，强化政策组合效应，是提升专利质量、推动高价值专利培育的有力措施。自1989年中国专利奖设立后，河南省经过研究探索，设立了省级专利奖，到2021年共评审三届；地市级如商丘市等也设立了市级专利奖，初步形成了国家、省、市的专利奖完整链条。各级专利奖的目的重在通过鼓励和表彰为技术（设计）创新及经济社会发展做出突出贡献的专利权人和发明人（设计人），提升创新质量，促进知识产权创造、保护、运用，推动经济高质量发展。专利奖的评审，较好发挥了专利工作指挥棒的作用。例如，2021年省级专利奖的评审，就很好地突出了专利质量导向，以及专利质押融资、转移转化等体现高价值专利的导向作用。

除专利奖之外，我国各级科技部门、工信部门、知识产权部门等也设立了高新技术企业、知识产权优势企业、知识产权贯标、专利奖补等政策体系。在相关考评指标体系中，应强化创新导向、高价值专利导向、专利运用导向，细化并突出专利质量、专利价值指标，提升高质量专利、高价值专利、专利运用在指标体系中的占比，形成政策组合效应，引导创新主体不断提升创新水平、专利质量，积极培育高价值专利，夯实创新发展基础，提升产业发展核心竞争力。同时，应围绕河南省经济社会发展的重大需求制定和实施数量、质量并重的专利战略，培育关键技术、核心专利，建立区域、产业发展专利池和专利共享平台，提升专利创造、保护、管理、运用的能力与水平，促进区域创新能力提升，带动专利质量、技术创新水平、产业发展质量的不断提升。

（四）强化知识产权保护，营造良好营商环境

在课题组成员对相关企业的调研中，有部分企业对当前的知识产权保护环境、营商环境存在一定顾虑，对知识产权保护工作存在一定的不信任，导致一些核心技术不愿申请专利，也未能对相关核心技术进行有效的技术秘密保护。因此，应深化知识产权行政执法、司法保护的协同，加强知识产权保护的宣传普及，加大重点人群的教育培训力度，统筹推进知识产权的"严保护、大保护、快保护、同保护"，全面加强知识产权保护。2021年全国知识产权工作会议要求，全国知识产权系统要以严格知识产权保护为主线，支撑知识产权强国建设；以高水平保护制度创新为引领，助推经济高质量发展；以强化知识产权全链条保护为目标，构建知识产权大保护工作格局；以加强执法业务指导为重点，更好发挥行政保护作用；以深化保护机制改革为动力，加快构建市场化、法治化、国际化营商环境；以增强知识产权安全风险防控

能力与海外维权能力为基础,有效维护我国企业海外知识产权利益。这些要求为新时期知识产权保护的加强提供了方向和遵循。

全面加强知识产权保护,一是要健全侵权惩罚性赔偿制度,大幅提高故意侵权特别是重复侵权、恶意侵权等侵权行为的成本,不断加强知识产权"严保护",有效发挥侵权惩罚性赔偿制度的惩戒和警示作用;二是加强知识产权诚信体系建设,完善知识产权侵权惩戒机制,对重复专利侵权行为、专利代理严重违法行为等6类严重失信行为进行惩戒,让失信者"一处失信、处处受限",完善行政、司法、社会等各方联动机制,建立健全社会共治机制,推动形成知识产权保护合力,实现知识产权"大保护"。三是持续提升专利审查质量和效率,压缩审查周期,推进知识产权"快保护",更好满足社会特别是战略性新兴产业、绿色产业等的专利快保护需求。四是建立健全对中小企业、民营企业、外资企业、高校、科研院所、个人等所有创新主体、市场主体一视同仁、同等保护的体制机制,让"严保护、大保护、快保护、同保护"切实协同,使对专利等创新成果的有效保护、科学保护、快速保护成为常态,营造更好尊重知识价值、保护创新成果的创新环境和营商环境,更好地满足高质量发展需求。

(五)强化专利全流程质量控制

专利质量的提升不仅要创新主体提升创新质量,产出高水平的创新成果,也要提升专利代理机构的专利撰写质量,还要提升专利审查环节的审查质量,构建起涵盖科技创新、专利撰写、专利审查等全链条的专利质量管控机制。对于专利审查质量,国家知识产权局已经出台了相关政策措施,在专利审查质量、审查效率等方面予以管控。对于专利代理过程中专利申请质量的提升,高校、企业等创新主体应与专利代理机构达成共识,共同制定一套遵守的规范流程和质量标准。另外,管理部门应严格专利代理人的资格审查和准入制度,探索构建专利代理人等级评定制度,探索出现专利质量问题的代理人的降级甚至淘汰制度,确保专利代理的高水平、高质量。

对于高校、企业等专利申请主体,提升专利质量需要在人、事、物方面发力。首先,创新主体需要组建专业的知识产权团队。专利质量必须由专职、专业的团队进行管控,团队应由技术、法律、管理三方面的高素质人才组成。其次,创新主体需要有规范的流程管理。从专利的全生命周期出发,每一个环节均应该有规范化的制度进行管理,只有这样,才能尽可能保证专利质量的稳定性。最后，企业需要有系统化的平台管理。通过信息化手段实现流程时限的监控，可以更高效地实现信息共享和经验传承，促进创新水平的不断提高，从而从源头上提升专利质量。

（六）加强知识产权培训，提升高质量专利培育水平

创新是发展的第一动力。当前，我国已转入高质量发展阶段。经济社会的高质量发展，需要大量高质量创新成果、高质量知识产权特别是高价值专利作为发展支撑。对于高价值专利，国家知识产权局已明确五种类型的有效发明专利作为我国高价值发明专利。这5种类型分别是战略性新兴产业的发明专利，在海外有同族专利权的发明专利，维持年限超过10年的发明专利，实现较高质押融资金额的发明专利，获得国家科学技术奖或中国专利奖的发明专利。因高价值专利对经济社会发展的重要支撑作用，在我国"十四五"发展规划和2035年远景目标纲要中首次将"每万人口高价值发明专利拥有量"纳入经济社会发展主要指标，并提出"更好保护和激励高价值专利"。这为"十四五"时期乃至今后一段时期高质量专利、高价值专利的培育等工作明确了方向和目标。

在课题组相关调研中，企业、高校、科研院所及知识产权行政管理部门有关人员对什么是高价值专利，以及专利工作从"万人发明专利拥有量"到"万人高价值发明专利拥有量"的转变等，尚未有准确、深入的认识，这种状况对新发展阶段的专利质量提升、高价值专利培育等工作深化不利。因而，需要加大相关政策的宣传教育，特别是对创新主体、市场主体、管理部门等重点人群的知识产权专业知识、政策教育培训，引导并帮助他们从技术价值、法律价值、市场价值、战略价值、经济价值评价高价值专利的五个维度准确理解"高价值专利"，以及高价值专利应当具备的较高技术含量、较高文本质量、较高权利稳定性等必要条件。深刻认识"十四五"时期"万人高价值发明专利拥有量"这一知识产权工作的指标要求，为高质量专利、高价值专利创新确立了目标导向。通过高价值专利培育，将推动我国创新实力大幅度提升，进一步缩小与美日等发达国家差距，形成初具规模的高价值专利资源，为经济社会高质量发展提供更为有力的支撑。

第七章

河南省海外知识产权维权援助机制建设研究

潘方方*

一、海外知识产权风险的概念及类型

海外知识产权风险是河南省企业在走出去过程中不可避免要遇到的问题。海外知识产权风险一般指企业在涉外经营过程中，所面临的由于侵犯他人知识产权或者被他人侵犯知识产权所带来的损失的不确定性。企业海外知识产权风险包括侵犯他人知识产权和被他人侵犯知识产权两个层面。前者主要是指我国企业在对外贸易或投资中被指控侵犯他人知识产权，一般体现为我国企业被诉，比如美国的"337调查"。后者主要指他人在海外侵犯我国企业的知识产权，一般要求我国企业主动采取措施维护自己的知识产权，比如侵犯我国企业在海外已获授权的专利或者我国老字号商标的恶意抢注等。

由于知识产权价值及风险高低等需要通过专业的评估方进行判断，企业在对外贸易或投资中一旦轻视知识产权，便会造成侵犯知识产权的后果。主要表现形式有：（1）缺乏知识产权尽职调查，未买到核心知识产权。由于知识产权的地域性、时效性等特点，企业在进行专利购买或实施并购时，未充分考虑相关专利的所有权归属，出现未购买到核心知识产权的现象。（2）缺乏系统的知识产权无形资产评估，陷入知识产权陷阱。如果未全面考察相关知识产权的范围、有效性、可实施性和局限性等信息，将直接影响知识产权价值的判断，易掉入知识产权陷阱。（3）缺乏整合购买知识产权的能力，降

---

* 潘方方，中原工学院法学院、知识产权学院教师，法学博士，硕士研究生导师。

低相关知识产权的经济价值。企业在购买前未有效考虑其与自身知识产权的匹配，缺乏强有力的技术驾驭及资源整合能力，影响相应价值的实现。❶（4）其他国家通过启动相关条款调查、在国外法院被诉等方式，质疑我国出口产品的知识产权能力。（5）未能有效对其所拥有的知识产权进行全球布局，导致自己的权利被侵犯。不管那种知识产权风险，对于企业来讲，由于语言、文化等差异，其应对海外知识产权风险都是不小的挑战。近年来，国务院陆续发布了《国家知识产权战略纲要》《国务院关于新形势下加快知识产权强国建设的若干意见》等系列文件，均明确提出完善海外知识产权维权援助机制。

二、海外知识产权维权援助机制的价值取向

所谓海外知识产权维权援助是指政府或社会为符合援助条件的企业知识产权海外维权提供法律、技术或者经济上的援助。尽管海外知识产权维权援助作为一项新兴的救助制度已经被国家的相关政策确定下来，成为一个既成的事实。但究其内涵而言，不能不假思索地认为该制度理所当然，仍有必要对其存在的正当性及必要性进行论证，进而探讨其机制的性质与定位。

（一）海外知识产权维权援助机制的正当性与必要性

在探究知识产权海外维权援助的正当性之前，首先回到知识产权本身的概念中来：知识产权是人们依法对自己的特定智力成果、商誉和其他特定相关客体等享有的权利，其特征为客体的非物质性、特定的专有性（排他性）、地域性与时间性。知识产权是一种民事权利，即是一种私权，同时，《与贸易有关的知识产权协定》（TRIPS 协定）中也开宗明义地指出："知识产权是私权。"❷ 从知识产权概念本身来看有几点值得我们注意：第一，知识产权具有地域性。知识产权之所以能够从一种自由的、非物质的信息转化为财产，其动机出于推动科技发展、社会进步和保护某些特定利益的公共政策需要，所以其范围取决于法律的规定。而一国的法律通常情况下止步于本国所管辖的范围之内，所以其权利范围通常也仅限于知识产权登记所在地的范围之内。虽然，随着国际经济一体化进程的加速，知识产权的地域性有淡化的趋势，如 TRIPS 协定等，但是从一系列的案例和世界经济发展的趋势中也可以看出，

---

❶ 张红辉，周一行．"走出去"背景下企业知识产权海外维权援助问题研究［J］．知识产权，2013（1）：83-85．

❷ 王迁．知识产权法教程（第六版）［M］．北京：中国人民大学出版社，2019：3-12．

想要建立一个全球统一的知识产权规则仍然是任重而道远的。第二，知识产权是一种私权，也就是说，知识产权本就是一种财产性权利，它在知识产权登记国所享有作为权利人应享有的财产性收益与排他性权利，这种收益与权利也归权利人个人所有。那么，从以上两点来看，建立海外知识产权维权援助制度是否存在正当性和必要性呢？

在讨论海外知识产权维权援助制度的正当性时，需要考虑的是国家对于公民或法人的私权利进行援助是否合理。首先需要指出的是，由于受到认知能力、经济水平等条件的限制，并不是每个公民或法人的私权利都会得到有效的救济。在这样的现实境况下，就需要外部力量来帮助权利人实现权利的救济，这就逐渐产生并形成了国家的法律援助制度。法律援助制度最早形成于英国，建立在慈善的基础之上。法律援助制度最初被认为是律师对于"弱者"的一种良心上的潜在同情之心，是属于一种援助人（律师）道德上的义务。[1] 18世纪以后，由于"天赋人权""法律面前人人平等"的观念的深入发展，获得法律救济成为公民的基本权利。国家也有责任保障每个公民的权利都能得到救济。20世纪以来，西方发达国家进入了社会福利化时期，法律援助也进一步向社会化发展，被纳入社会福利保障体系之中，成为整个社会的义务。之所以出现法律援助制度，是由于人们对法律的基本价值观——"正义"孜孜不倦的追求。所谓正义，古今贤者多有论述。罗尔斯的正义观为"所有社会价值——自由和机会、收入和财富、自尊和基础——都要平等的分配，除非对其中一种价值或所有价值的一种不平等分配合乎每一个人的利益"，并将正义分成形式正义与实质正义两种形式。形式正义要求所有人都能平等地享有法律和制度，给予人们平等的机会；实质正义强调针对不同的人给予不同的调整，达到结果的公平，实现社会范围内实质的正义。法律援助制度的终极目的是从形式正义向实质正义的不断追求。这种正义的维护手段从律师的慈善，发展到政府责任再发展到社会福利。从最广泛的意义上来讲，海外知识产权维权援助是法律援助的一种，其所构建的正当性基础是一样的。在企业由于语言、知识、经济等原因受到侵害时无法得到救济时，就需要整个社会协调配合，提供援助，使企业的权利得到应有的救济。因此，从根本上讲，建立海外知识产权维权援助机制符合正义的要求，是社会福利的构成部分，具有正当性。需要指出的是，在现代社会，法律援助作为一种社会政

---

[1] 李奕. 法律援助制度正当性基础的反思 [J]. 社科纵横, 2015 (3)：80-83.

策，其参与主体并不仅仅只包括政府，还有市场、家庭、非营利性组织、社区等社会主体。换言之，政府也并不能成为全民福利的单独提供者，否则，政府将不堪重负。海外知识产权维权援助制度的建立，应以政府为主导，同时发挥市场和非政府组织的辅助作用。

从现实来看，随着中国经济的发展及对外开放政策的逐步实施，越来越多的企业从中国的舞台逐步走向世界的舞台。然而，以华为、联想等为代表的我国企业走出去的历程表明，世界舞台并不像西方所宣传那样公平自由。海外知识产权纠纷频发，已经成为我国企业"走出去"面临的重要障碍。截至2018年年底，我国连续18年成为除美国之外遭遇"337调查"最多的国家，涉及电子通信、生活消费品、医疗器械、汽车、机械、医药、材料、机器人等诸多领域。[1] 2018年，我国84家企业成为"337调查"被告，涉及中国企业案件数为19件，占2018年美国"337调查"的38%，专利侵权成为中国企业涉案的唯一案由。[2] 而对于我国企业而言，其一方面需要在科研创新上加大投入，另一方面又要面对西方司法制度的烦琐复杂，从而承受着由此带来的巨大的经济负担。海外维权的高额成本使企业在主动维权面前犹豫不决甚至放弃维权。因此，海外知识产权维权援助可以为企业减轻维权成本，使其能够获得知识产权为企业带来的利益。从国家安全的角度来看，跨国公司很早就进行了知识产权的全球布局，限制发展中国家企业的发展，并且会采取一切手段打压对手，甚至会动用政府力量进行压制，远有法国能源巨头阿尔斯通，近有中国信息与通信技术龙头华为公司。这些手段有些采用的是类似"337调查"的法律手段，有些则是下达"禁止令"这样的行政手段，"涉外专利侵权诉讼已经成为严重危及国家经济安全和行业发展的不确定性因素"[3]，只寄希望于企业能够靠自己去与这些垄断企业进行公平竞争是异想天开的，而大型企业的发展绝不可能仅在国内就可以孵化，闭关锁国不是解决问题的办法，只有帮助企业走出去，解决他们所遇到的问题，才能使中国的经济更好地发展。

---

[1] 张鹏. 加强海外知识产权维权援助，高效解决海外纠纷 [EB/OL]. [2020-09-20]. http://ip.people.com.cn/GB/n1/2020/0617/c136655-31749797.html.

[2] 同[1]。

[3] 郭湫君. 企业专利侵权诉讼预警机制与应对研究 [D]. 武汉：华中科技大学，2011：4.

(二) 海外知识产权维权援助机制的性质与定位

从理论上来看，海外知识产权维权援助建立于对公平的追求之上，是现代社会政策的一种，围绕着政府责任进行机制设置，且涵盖市场、非营利性组织等机构，应天然具有公益的性质。从现实来看，海外知识产权维权援助着眼于权利救济受阻的企业，其目的在于保护本国企业的知识产权，使我国企业能够在国际市场上与其他企业公平竞争，维护我国企业的利益，提升企业的竞争能力，同时维护国家利益，提升国家的经济实力。此外，我国仍然是发展中国家，在面对发达国家时更多的时候是防御为主，是为了防止本国在某个方面丧失海外的市场而非利用知识产权达成垄断，是为了生存而非争霸。海外知识产权维权援助是为了国内企业的整体利益，为了国家社会的整体效益设立，故具有公益性。

海外知识产权维权援助机制的公益性定位是否就意味着国家一定要提供免费的知识产权援助服务呢？事实上，海外维权援助机制的建设并没有这么简单。在当今法治社会，随着人们法律意识的增强，越来越多的人拿起法律武器来保护自己的权利。也就是说，法律服务已成为需求量迅猛增长的稀缺资源。政府在提供维权援助的时候也不得不面对这个现实，仅仅靠行政手段强力推进恐不会建立长久的援助机制。因此，海外知识产权维权援助机制更应考虑市场在维权援助方面的功能，将本由政府包揽的部分法律援助项目交由市场来提供，以提高法律援助的利用效率，具体做法是政府与私营机构合作，以现金或者购买券的方法补贴他们，并对他们提供税收优惠；受助对象从政府那里领到现金或购买券，根据需要去市场上买服务。❶ 因此，海外知识产权维权援助机制是以政府强制性公益为主，同时要结合市场、第三方非营利性组织等多方力量共同协同配合的资源调节机制。

作为后发国家，我国的海外知识产权维权援助制度是自上而下建立的，且似乎能够看到我国尽力在构建这样一种综合性的资源协调机制。中共中央、国务院发布的《关于推进贸易高质量发展的指导意见》中指出："加强知识产权保护国际合作，积极参与相关国际规则构建。完善海外知识产权维权援助机制。推进商务、知识产权、海关、税务、外汇等部门信息共享、协同执法的监管体系建设。"中共中央办公厅、国务院办公厅印发的《关于强化知识产

---

❶ 李奕. 法律援助制度正当性基础的反思 [J]. 社科纵横, 2015 (3): 80-83.

权保护的意见》规定,"完善海外知识产权纠纷预警防范机制""加强海外信息服务平台建设""鼓励保险机构开展知识产权海外侵权责任险""建立海外维权专家顾问机制"等内容。这可以看出,海外知识产权维权援助是一个综合性机制,涉及社会多个政府机关,多个行业及非政府组织。

就海外知识产权维权援助机制的定位而言,我国的海外知识产权维权援助机制经历了一个从无到有、从点到面的逐步提升过程。2007年国家知识产权局印发《关于开展知识产权维权援助工作的指导意见》明确指出:"为深入贯彻十七大精神,深入贯彻落实科学发展观,积极履行公共服务与社会管理职能,为发展社会主义市场经济、建设创新型国家提供有力支撑,促进社会和谐发,推进知识产权维权援助中心建设工作。"其援助内容包括"为具有较大影响的涉外知识产权纠纷以及无能力支付纠纷处理和诉讼费用的中国当事人提供一定的经费资助",与此同时,地方上也纷纷响应设立知识产权援助中心,并依据各地区不同特点设立不同的制度规范。可以看出,此时的知识产权援助中心包含了对于海外知识产权援助的部分内容,但是并未脱离国内知识产权援助的框架,并未针对海外援助的特点提出特别的应对之策。此后,商务部于2011年宣布成立企业知识产权海外维权援助中心,依其定位将调动政府、行业协会、专家学者以及企业的力量,为"走出去"企业维护自身合法权益、了解各国知识产权法律制度提供平台,增强企业知识产权海外维权能力。但是其仅由商务部发起,没有与其他有关部门进行必要的协调沟通,在其职权范围内能做到的仍然有限。2019年中共中央办公厅、国务院办公厅印发《关于强化知识产权保护的意见》,站在全局的角度,统一要求各地区各部门贯彻落实海外知识产权援助平台建设,同时支持各类社会组织开展知识产权涉外风险防控体系建设。从文件内容的强调重点来看,海外知识产权维权的地位越来越高,从单一部门到多部门协调,全局统筹,意图建立综合性的维权保障机制。

三、河南省海外知识产权维权援助机制的现状及存在问题

河南省于2008年经国家知识产权局批准设立了中国(河南)知识产权维权援助中心(以下简称"援助中心"),该单位依托于河南省知识产权事务中心(以下简称"事务中心")。援助中心根据《河南省知识产权维权援助管理办法》(以下简称《管理办法》)进行维权援助工作。《管理办法》没有对援助中心的援助工作进行海外或者国内的区分,只是规定在提供经费资助

时，援助资金将优先用于支持涉外案件。这表明，援助中心实际上要承担海外知识产权维权援助的职能，其网站上单列的"海外援助"一项更能说明其援助工作包括省内企业涉外的知识产权问题。2021年，国家海外知识产权纠纷应对指导中心河南分中心（以下简称"河南分中心"）被批准设立，河南分中心依托于事务中心，目的是为公众提供公益性海外维权服务的综合性平台，其发挥作用的方式为在国家知识产权局和国家海外知识产权纠纷应对指导中心的指导下，建立海外风险监控机制、海外纠纷信息共享机制、海外维权服务机制，为"走出去"的企业提供风险防范和纠纷应对服务。具体而言，河南分中心通过建立企业库的方式，征集有海外业务的企业入库，对企业库中的企业统一管理，有海外纠纷时优先给予指导支持。另外，企业也可以通过申请指导的方式递交申请至河南分中心，河南分中心经判断是否由自己或国家中心处理，之后出具指导意见完成指导。2020年6月，河南省首家国家级知识产权保护中心—中国（新乡）知识产权保护中心（以下简称"新乡保护中心"）在新乡成立。据报道，新乡保护中心将发挥专利信息资源优势和人才资源优势，面向各类创新主体开展工作，其中包括维权援助，但是也没有对维权援助进行海内海外的区分。此外，南阳市新野县产业集聚区、南阳市桐柏县产业集聚区、南阳市社旗县产业集聚区、南阳市淅川县产业集聚区、商丘市睢阳产业集聚区、鹤壁市浚县产业集聚区等数十家集聚区挂牌知识产权维权援助工作站，河南省实现产业集聚区知识产权维权援助网点全覆盖。按照已有的维权援助机制设置，维权援助工作站的维权援助应包括涉外知识产权的维权援助。以上表明，河南省已经建立了知识产权维权援助机构，海外知识产权维权是维权援助机构的援助内容之一。

就目前河南省维权援助的情况而言，海外知识产权维权援助存在以下几个问题：第一，海外知识产权维权工作布局尚未完全铺开，信息发布机制和公开方式仍有待完善。河南分中心建立时间过短，相关配套机制仍在筹建之中，目前没有公布的典型案例。企业入库需要审查，公开帮助的信息仍然较少，对企业海外知识产权维权指引仍有提升空间。新乡中心的重点在于对新乡市起重设备和电池产业开启专利审查"绿色通道"，缩短相关领域的专利授权、确权周期。且由于其刚刚揭牌成立，海外维权援助的角色和分量还有待进一步发展。从实际运行来看，2019年，河南省共受理维权援助与举报投诉咨询600余件，但是办理维权援助案件只有2件，没有海外知识产权维权援助案件。第二，没有建立起部门协同推进的海外知识产权维权援助机制。目前的国家海外知识产权纠纷应对指导中心仍是由国家知识产权局和中国国际贸易促进委员会共同成立，河南分中心也是隶属于河南省市场监督管理局的公益一类处级事业单位，未能实现多行政部门协同。企业所面临的海外知识产权风险与国内知识产权风险有所不同。首先，海外知识产权风险涉及他国的知识产权制度，专业性更高，仅靠一个部门的力量可能无法提供全面的援助。其次，海外知识产权风险主要发生在进出口企业或者"走出去"的国内企业身上。这就意味着，海外知识产权风险会涉及政府部门除了知识产权部门外，还会有商务部门、外交部门和财政部门等。这就需要多个部门之间的信息共享和信息沟通。因此，有必要建立起多部门协同推进的海外知识产权维权援助机制。第三，没有建立独立的海外知识产权维权援助辅助性制度。比如，在经济保障这一方面，众所周知，企业知识产权海外维权成本相当高。因此，仅仅靠事后的救济并不能完全弥补成本。这就可以考虑保险的风险规避功能，与保险机构合作，引入相应的保险来抵御海外知识产权风险所带来的损失。

四、省外海外知识产权维权援助机制的经验借鉴

国外的知识产权海外维权援助制度发展较早，部分国家同样经历了从经济不发达到经济发达的过程，这其中的经验对我们具有较大的启发。

（一）国外海外知识产权援助机制

1. 韩国

韩国经济于20世纪60年代起飞，而后30年一直保持着高速增长的势头，跻身于亚洲四小龙，且其经济更依赖其出口导向的多边发展战略，其知识产权保护援助制度对我国而言有较大的借鉴意义。

韩国的海外知识产权维权是以企业为主，政府、行业中介等非政府组织和驻外经商机构共同参与，形成了以制度研究和侵权现状调查为始，到对出口型企业的宣传，再到维权法律咨询、费用补贴的完整体系。

韩国协助中小企业知识产权海外维权机构共有四个，分别发挥不同的职能。一是专利厅海外知识产权保护中心，该中心在韩国专利厅国际合作科下设立，主要业务包括电话咨询、诉讼费补贴、定期调查海外侵权并公布、研究侵权国家制度及救济、转达韩国政府立场。二是大韩贸易投资振兴公社，属于韩国政府下非营利贸易促进机构，其通过在其他国家设立韩国贸易馆的

方式工作，负责专利厅海外知识产权保护中心的诉讼费补贴的执行，并无偿提供所在国地区的法律咨询服务，调查知识产权受侵害的实际状况。大韩贸易投资振兴公社在74个国家设立了105个韩国贸易馆。其中，在中国上海、北京、大连、广州、青岛、成都、武汉以及香港特区和台湾地区等地设有9处贸易馆，在中国的地区总部设在上海。三是韩国贸易协会出口商品仿制品综合应对中心，其是由85 000个会员公司组成的民间经济团体，为会员公司提供法律咨询，研究欧洲、美国、日本等发达国家和地区在海外的知识产权应对策略，举办培训与宣传，开发反仿制技术，代理诉讼等。四是与贸易相关知识产权保护协会，在韩国海关总署下设，属于非营利社团法人，实行会员制。其主要业务为与关税厅配合，打击商标侵权与假冒产品。通过在海外各国的调查代理机构，在发现假冒产品后会与会员公司取得联系，同时在关税厅协调下收集证据，并询问会员公司是否继续查处并支付费用，还可以根据会员公司要求积极宣传。

2. 日本

日本建立了国内和海外两套独立运行的知识产权维权援助机构。在日本国内，日本在9个地区建立了地区知识财产战略部，建立了都道县府中小企业维权援助中心，在全国建立了约200个知识财产咨询服务窗口；工业所有权信息和进修中心在地方建立了59个知识产权中心和8个阅览室；2004年8月在经济产业省设立了政府模仿品及盗版对策综合窗口。❶ 发明协会作为民间组织，建立了47个都道府县分部。这说明，日本国内的维权援助机构不仅有政府出资设立的，还有民间机构建立的分部。日本知识产权海外维权援助机构主要是日本贸易振兴机构，其是在业务上直接受政府指导的独立行政法人，由日本政府出资。该机构在国外的代表处一般都设有知识产权部，主要业务包括对所在国或地区的知识产权事务进行调查、加强与所在国或地区的联系、为日本企业提供相关信息与咨询、支援日资企业在所在国或地区的商标、专利等知识产权维权活动，并收集日资企业的要求与意见。同时，日本还在世界各地的驻外使领馆设立了日本企业援助窗口，并设立了专职负责知识产权事务的官员❷，其业务主要包括调查所在国知识产权制度和本国知识产权受害情况，并积极行动。日本在海外知识产权维权方面，总体上重视国际合作，

---

❶ 张德芬. 知识产权维权援助机构运行机制研究［J］. 河南科技，2017（11）：28-32.
❷ 刘万飞. 论我国中小企业的知识产权援助［D］. 苏州：苏州大学，2011.

注重制度建设,同时突出对重点产业的保护,特别是生命科学、纳米技术、半导体、信息技术等方面。❶

(二) 国内其他省份海外知识产权援助维权机制

1. 四川

2018年3月8日,四川省内16个单位联合印发了《关于严格知识产权保护营造良好营商环境的意见》,要求从加强知识产权保护力度、提升知识产权服务水平方面,进一步严格知识产权保护工作。该意见重点工作第9条提出"建立健全海外知识产权维权援助机制。搭建具备服务、协调、培训、预警、援助功能于一体的企业海外知识产权维权援助平台,帮助企业优化知识产权海外布局;开发知识产权海外维权信息系统,及时、全面掌握企业海外知识产权维权状况,支持我省企业海外知识产权维权活动;加强企业海外知识产权保护的研究、预警和应对,推动建立海外知识产权保护联盟。"同年,四川省知识产权局、四川省商务厅、四川省工商行政管理局、四川省版权局共同印发了《关于企业海外知识产权维权援助平台建设工作方案》,该方案更加具体地指出了建设四川省海外知识产权援助平台的细节。

四川省海外知识产权维权援助平台建设思路为"提高企业知识产权保护能力,维护企业在海外的知识产权合法权益,为我省企业参与国际竞争保驾护航"。其基本原则包括四个:政府指导与企业参与相结合、统筹兼顾、共同服务、突出重点。工作措施包括三大方面:第一大方面,夯实企业海外知识产权维权援助平台基础建设,这一部分包括建立企业海外知识产权维权信息系统、优化企业知识产权海外布局(鼓励企业通过自主申请、许可、交叉许可和收购等方式获取高质量的海外知识产权)、推动产业知识产权联盟、知识产权池建设、搭建企业海外知识产权维权服务网络(以"入库"方式挑选合格的国内外知识产权专业服务机构,快速搭建海外知识产权维权服务网络)。第二大方面,加强企业海外知识产权维权援助平台运行建设,这一部分包括建立运行方式(建设"企业海外知识产权维权援助平台"网站)、促进公众参与(利用平台网站向企业提供培训查询等服务)。第三大方面,为完善企业海外知识产权维权援助平台板块建设,建立具备培训、服务、协调、预警

---

❶ 闫星. 日本知识产权国际保护战略——兼论对东亚区域经济合作的影响 [J]. 亚太经济, 2005 (3): 12-14.

"四大功能板块"的企业海外知识产权维权援助平台，包括企业海外知识产权维权援助培训平台、企业海外知识产权维权服务平台、知识产权海外维权协调平台、企业海外知识产权维权预警平台。文件要求时间进度为2018年全年完善功能，向企业提供海外知识产权维权服务。该文件要求省直部门结合自身职能，完善部门间沟通协调和工作联动机制，落实好工作的进行。

从四川省具体实践来看，2019年6月24日，由四川省人民政府批准立项、四川省知识产权服务促进中心负责建设实施的重大项目——四川省知识产权公共服务平台正式投入运行。投入运行后的公共服务平台由线上网站与线下服务构成，能为企业提供来自130多个国家和地区的专利信息和其他知识产权信息。❶ 该平台仅在维权援助子项目中包含了海外知识产权维权援助服务介绍，而海外维权援助典型案例、海外维权援助法律法规以及维权机构等项目均为空，其文件的落实程度值得商榷。打开具体的海外维权援助申请表，可以发现，在其维权援助内容中，目标国家/地区可供选择的也只有美国、日本、韩国三个国家。可以说，其成果并没有达到文件当初要求的程度，具体案例也无从得知，运行情况如何也未见其宣传。

2. 广东

广东省的海外知识产权维权援助一开始也是在知识产权维权援助的框架下，并未独立出来。广东省知识产权研究与发展中心是履行知识产权维权援助的机构，成立于1996年，原名为广东省专利信息中心，2009年更名为广东省知识产权研究和发展中心。2018年10月广东省委省政府批准成立了广东省知识产权保护中心（GIPPC），加挂中国（广东）知识产权保护中心、广州商标审查协作中心牌子，并整合广东省知识产权研究与发展中心（广东省知识产权维权援助中心）等单位职能，由广东省市场监督管理局（知识产权局）管理。广东省知识产权保护中心内设维权援助部，业务范围包括"构建知识产权海外维权和涉外应对体系机制，开展企业海外知识产权预警和应急救助，帮助和指导企业应对海外知识产权纠纷。推进知识产权国际仲裁工作。"维权援助部组织构架与援助对象基本与2007年《关于开展知识产权维权援助工作的指导意见》保持一致。此外，随着大湾区建设的推进，自2016年起，广东就开始酝酿如何促进广东省企业在海外开展知识产权维权工作。

---

❶ 四川省知识产权服务促进中心. 四川省知识产权公共服务平台［EB/OL］.［2020-05-30］. https://www.scipsc.com/ipcsn//#/homePage.

广东先后印发《广东省建设引领型知识产权强省试点省实施方案》《广东省知识产权事业发展"十三五"规划》，明确提出，要支持重点行业、企业建立知识产权海外维权联盟。2018年9月，经广东省政府同意印发《关于强化知识产权保护推动经济高质量发展的行动方案》，对"强化知识产权海外布局和维权"作了重点部署，提出支持外向型企业、行业协会和服务机构联合建立知识产权海外纠纷应对机制，组建企业海外知识产权维权联盟等内容，为开展企业知识产权海外维权工作，解决企业海外知识产权维权问题提供了政策指引。2018年12月，由广东省知识产权研究与发展中心（广东省知识产权维权援助中心）和中国国际贸易促进委员会知识产权服务中心广东分中心牵头发起了广东企业海外知识产权维权联盟，该联盟在全国唯一一个经国务院批准的知识产权运用和保护综合改革试验区——广州开发区设立，由京信通信、视源电子、魅族科技、华帝、华多网络、格兰仕、金发科技等企业联合发起，其目标任务包括：促进联盟成员在知识产权领域的交流与合作，协调联盟成员间的关系；通过与政府、法院、组织、机构合作，构建便捷的海外知识产权维权途径；收集海外知识产权信息，整理相关国家和地区的知识产权政策和法律，对海外知识产权动态和热点进行跟踪研究；开展企业海外维权调查、收集、统计、研究；组织联盟成员开展多样的国际交流与合作。❶

2020年，广东省开启了海外知识产权维权援助独立运行的体制。为贯彻落实中央关于强化知识产权保护工作的部署和广东省《关于强化知识产权保护的若干措施》，落实国家知识产权局《关于进一步加强知识产权维权援助工作的指导意见》，完善知识产权保护体系建设，加强海外维权援助服务，促进央地两级海外知识产权保护资源整合、信息共享，在国家知识产权局、广东省市场监督管理局（知识产权局）的指导下，广东省知识产权保护中心申报设立国家海外知识产权纠纷应对指导中心广东分中心，与中国贸促会知识产权服务中心牵头发起成立广东省海外知识产权保护促进会。2020年4月8日，广东省知识产权保护中心获批设立第一批国家海外知识产权纠纷应对指导中心地方分中心。2020年4月26日，为贯彻落实中央两办《关于强化知识产权保护的意见》文件精神，广东省知识产权保护中心联合中国贸促会知识产权服务中心走访调研省内知名企事业单位，与美的、珠海格力、京信通信、视源电子、纳思达、东阳光科技、明珞汽车装备等7家企业达成一致意见，共

---

❶ 江秀珍. 广东企业海外知识产权维权联盟启动［EB/OL］.［2020-06-02］. http://www.nipso.cn/onews.asp?id=44925.

同发起设立广东省海外知识产权保护促进会（GDOIP）。2020年8月31日，广东省民政厅批复同意成立广东省海外知识产权保护促进会。广东省海外知识产权保护促进会将构建海外知识产权重要立法变化、重要摩擦资讯、重要纠纷案件的收集研判和跟踪发布机制；搭建覆盖重点国家、重点地区的广东企业海外知识产权保护服务网络；开展重点产业、重点行业、重点企业涉外知识产权风险监控、预警与导航；完善海外重大展会参展、重大项目投资、重大贸易活动的知识产权公共服务，为广东企业提升国际竞争力和海外权益保护提供有力支撑。❶

五、河南省海外知识产权维权援助机制的完善建议

（一）海外知识产权维权援助机构的设置

从我国现有的海外知识产权维权机构来看，2011年11月，商务部宣布成立企业知识产权海外维权援助中心，其条约法律司宣称，企业知识产权海外维权援助中心将发布海外知识产权预警信息，建设并完善海外维权专家库、法规资料库，开展重点行业知识产权竞争与布局调查，建立涉外知识产权重大纠纷协调处理机制，通过政府间知识产权交流机制推动知识产权重大案件的解决，提供境外展会知识产权保护服务等工作，并通过培训、研讨、宣传等形式帮助企业提升知识产权海外维权的意识与能力。其成果为"中国保护知识产权网"，主要板块包括国际新闻、国内新闻、知保指南、海外维权、在线咨询等。在其海外维权项目中包含知识产权的获得和知识产权维权两部分内容。在知识产权创造部分，分国别介绍发明专利/实用新型、工业品外观设计、版权及相关权利、商标及地理标志、植物新品种和集成电路布图设计的申请机关及条件。在知识产权维权部分，分为司法救济、行政救济、调节和仲裁三种救济模式，并分国别介绍各种救济的获得方式。总体而言，中国保护知识产权网内容丰富，信息量大，具有较高的实用价值。

2019年，国家知识产权局局长申长雨在全国两会上表示，将探索建立海外知识产权维权援助中心，加大海外维权力度，使中国的知识产权在国外也能得到有效保护。显然，由知识产权局探索建立的与商务部已建立的是不同

---

❶ 梁葆桦. 广东省海外知识产权保护促进会（筹）会员大会暨广东省海外知识产权保护工作平台启动仪式在穗圆满落幕［EB/OL］.［2020-06-02］. http://www.iprchn.com/cipnews/news_content.aspx?newsId=122431.

的维权机构。从最新的政策文件上看，中共中央办公厅和国务院办公厅发布《关于强化知识产权保护的意见》要求加强海外维权援助服务，具体要求可以概括为"完善预警机制，加强研究，及时发布预警；构建信息平台，开展纠纷应对指导，构建纠纷协调解决；支持社会组织；鼓励保险机构参与；建立专家顾问机制"。而国家知识产权局发布的《2020推动知识产权高质量发展任务清单》中明确指出，其任务"强化知识产权维权援助等公共服务平台软硬件建设。促进国家海外知识产权纠纷应对指导中心高效运行，布局建设一批地方和海外分中心"。由局内保护司执行，各地区要配合推进建设。2020年10月20日中共河南省委办公厅、河南省人民政府办公厅引发了《关于强化知识产权保护的实施意见》（以下简称"河南省《实施意见》"），在海外维权援助方面要求"优化企业知识产权海外布局、开展知识产权状况评估、支持各类组织建设知识产权涉外风险防控体系、鼓励保险机构参与"，同时要申报国家知识产权海外维权援助河南分中心，优化各级知识产权维权援助平台的服务功能。

结合国内外经验与最新的政策文件可以看出，知识产权海外援助机制并不是由一个单一的组织来完成的，其必然是多组织有机的结合才能更好地发挥作用。因此，提出建议如下：

（1）政府层面。因为海外知识产权维权援助与国内知识产权维权援助差距较大，内容复杂，专业性强，且需要在不同的政府机关之间进行沟通协调，因此，建议完善河南分中心构架职能。具体而言，在满足建立并维护具有"培训、服务、协调、预警"功能的海外知识产权维权援助平台的同时，沟通协调不同的组织和部门，比如与商务部门、驻外使领馆部门的沟通与协调，研究有关国家的知识产权法规政策，加强知识产权涉外信息交流。

（2）社会层面。中共中央办公厅和国务院办公厅发布的《关于强化知识产权保护的意见》、河南省《关于强化知识产权保护的实施意见》都规定，"支持各类社会组织开展知识产权涉外风险防控体系建设。鼓励保险机构开展知识产权海外侵权责任险、专利执行险、专利被侵权损失险等保险业务"，因此，海外维权援助机制的援助机构可以不拘形式，调动社会组织的积极性，共同参与涉外知识产权风险防控体系建设。由此本章建议可以学习广东的方法，由政府主管下的海外维权援助机构与中国贸促会知识产权服务中心、对外贸易协会、各行业协会等机构牵头，联合省内大型企业、外贸企业，成立海外知识产权保护促进会，促进会可采用会员制形式，有利于会员企业互帮互助。此外还可以与保险企业深度合作，寻求设立合适的金融保险产品或基金产品，分散诉讼风险。

（二）河南省海外知识产权维权援助的对象

1. 确定援助对象的基本原则

援助对象的范围，一般情况下多以中小企业为主。这是因为中小企业缺乏足够多的资源去应对海外市场风险，难以做到尽职调查，没有足够多的人力去研究海外市场知识产权制度，发生知识产权纠纷时也难以承受巨额的诉讼费用，但这并不意味着完全排除大型企业。大型企业所面对的知识产权困境多是贸易壁垒，如美国"337调查"等，单是一个企业恐难以应对。因此，在确定援助对象时可以遵循以下原则：

首先，被援助企业必须是河南省内企业。因为国家知识产权海外维权援助河南分中心的设立由河南省政府以财政收入出资，目的是为河南省企业参与国际竞争保驾护航，是为河南省企业利益所设立的机构。至于如何判断何为河南省企业，应以企业的登记注册地为标准。

其次，其主要业务应为对外贸易或者在海外投资。对于企业的国内知识产权纠纷，有另一套知识产权援助制度运行。而海外知识产权维权援助所涉及的内容与国内维权差别很大，其所需人才与资源均与国内知识产权纠纷不同。

再次，对于经济援助应该做出更加严格的规定。海外知识产权维权援助机制利用的是公共资源，其本身不能替代有偿的法律服务，作为财政补贴，应该严格控制补贴的金额，加强对补贴的审批，防止骗补行为的发生。

最后，对于大案特案，应当成立专门应对小组，整合可控资源，解决重大疑难案件，必要时上报至中央政府共同应对。

2. 援助对象的基本条件

这里所说的援助，指的是发生知识产权海外纠纷时的援助。在企业遭受知识产权侵权时，援助机构向其提供法律建议、法律支持、费用补贴等，因其补贴来源于财政，因此，应当严格按照程序对企业进行审查。具体而言，参照国内外经验，设置如下条件：①已在海外国家注册的知识产权遭侵权或受相关国家反不正当竞争法保护的权利遭受侵害或者被其他国家企业起诉侵权知识产权。②申请补贴的企业其遭受损失占其资产比例较大，并超出一定的金额。

而当受援助人不积极配合诉讼调查，或在申请援助后未按援助专家建议向专利所在国申请救济，或经调查存在欺诈援助行为的，援助中心应当中断援助并追究被援助人的法律责任。

（三）河南省海外知识产权维权援助的方式

1. 海外知识产权维权事前预防

根据共中央办公厅和国务院办公厅发布的《关于强化知识产权保护的意见》，海外知识产权维权援助的事前预防措施包括三个方面：调查评估、预警防范和提高经济保障。以下分别述之。

所谓调查评估，即组织开展我国企业海外知识产权保护状况调查，研究建立国别保护状况评估机制。通过这种方式，合理评估各国知识产权保护状况，推动相关国家同等保护我国企业知识产权，引导我国企业客观认识国际贸易知识产权保护现状及水平，顺利开展海外维权工作。虽然《关于强化知识产权保护的意见》没有将此项措施放在维权援助的要求里，但是我们认为，这种事先对一些国家知识产权保护状况的调研，可以使进出口企业和对外投资的企业事先对目标国家的知识产权保护状况有所了解，做到知己知彼，合理调整自己的知识产权策略，防患于未然。知识产权保护状况的调查评估是一个非常宏大的事项，涉及不同的国家、不同的语言、不同的法系，仅靠政府是不能完成的。有鉴于此，建议政府主管下的海外维权援助机构与高校、科研院所及企业合作，企业提出需求，政府主管机关牵头带领高校、科研院所调研，共同完成调查报告。

所谓预警防范，即要加强重大案件跟踪研究，建立国外知识产权法律修改变化动态跟踪机制，及时发布风险预警报告海外知识产权风险。预警防范的构建主体主要有两类，一类是日本、韩国建立的以政府为主体的宏观模式，另一类是欧美国家建立的以企业为主体的商业模式。针对我国的情形，本章建议我国应构建以政府和企业为主体，行业协会或其他社会组织共同参与的海外知识产权预警机制。由政府主管下的海外维权援助机构建立统一的知识产权信息发布平台，及时更新、发布不同国家的知识产权法律法规、政策信息，不同行业的知识产权发展状况，海外知识产权维权诉讼的经典案例等，对于可能引起涉外纠纷的产品和技术及时向企业发出警示。这样的预警需要集中不同国家专利、著作权、商标、地理标志等知识产权的相关信息资源，范围广、难度大。因而，最优方案是通过与国内外律师事务所或知识产权代理机构等专业机构达成战略合作的方式去实现信息的获取；与相关行业协会达成战略合作，协同实施海外知识产权侵权调查，获取与行业动向密切相关的信息；与驻外使领馆加强沟通联系，请求驻外使领馆的信息与法律帮助，便利地获取驻在国的法律、法规、政策信息。此外，政府主管的海外知识产权维权援助机构可以支持企业建立自己的预警机制。企业结合自身的情况，关注与自身产品的相关知识产权信息，尽快建立与完善竞争情报系统，形成自身的知识产权预警防线。在有海外侵权状况发生时，能够主动提起维权，保护自己的权益。如果需要维权援助，也能够给维权援助机构充分的信息，提高维权援助的效率。

所谓事前提高经济保障，即鼓励企业通过购买商业保险的方式防范海外知识产权风险，弥补可能导致的经济损失。《关于强化知识产权保护的意见》规定"鼓励保险机构开展知识产权海外侵权责任险、专利执行险、专利被侵权损失险等保险业务。"美国、日本等国已经施行知识产权保险，主要包括知识产权侵权诉讼和知识产权执行责任保险。前者的承保范围是被保险人起诉侵权人时所必须支出的诉讼费用，后者则是当被保险人被诉侵权时为其提供法律辩护的资金和被迫承担责任时支付损害赔偿金。韩国的知识产权保险与此略有不同，它是针对中小企业风险承受力较弱的情况而开展的，并且政府将支援部分保险费用。对于我国而言，结合《关于强化知识产权保护的意见》的规定，我国可以尝试建立与美国、日本比较相似的市场化的知识产权保险模式。因此，政府主管下的海外维权援助机构可与大型财产保险企业沟通，就海外知识产权风险设立保险，为企业防范海外知识产权风险提供保障。

2. 海外知识产权维权事后援助

当知识产权海外侵权行为发生后或发现海外企业实施侵权行为后，政府主管下的海外维权援助机构对企业的维权援助，可以在以下三个方面着力，即构建海外纠纷协调解决机制，建立海外知识产权维权援助基金，提供专业智识支撑。

构建海外知识产权纠纷协调解决机制，是应对海外知识产权纠纷选择的一条与诉讼不同的解决路径。通常情况下，面对海外知识产权纠纷，诉讼是常见的解决方式。但是诉讼这种纠纷解决方式有其不能克服的缺点：周期长、费用高。例如 Inter Digital 公司第二次对华发起的 337 调查 "3G 设备案"，历时两年，华为、中兴参与诉讼，诉讼费用约 2 亿美元。若是有快速且便宜的纠纷解决方式则可以极大地降低企业的维权成本，提高企业的维权积极性。

因此，构建海外纠纷协调解决机制便被视为具备可行性的解决途径。海外纠纷协调解决机制要求在中立的第三方的主持下，双方当事人通过谅解、让步、协商达成和解，使得纠纷得以解决。政府主管下的海外维权援助机构尝试指导企业通过协商的方式达成和解，解决纠纷。

海外知识产权维权援助基金，是指援助机构根据一定的法律法规及程序标准，为遭遇涉外知识产权诉讼的主体分担其海外维权费用而事先成立的一种无偿的、公益的专项基金。我国部分省市已有设立专项境外维权援助基金的先例。例如，北京市于2007年制定了《企业海外知识产权预警和应急救助专项资金管理办法》，设立了海外知识产权维权援助基金，并明确规定了资助条件、申请程序和资金管理等相关制度。2009年，江苏省设立了"企业境外知识产权维权援助资金"，并已经向其省内几家陷入"337调查"纠纷的企业发放。这有效地减轻了企业维权援助的负担。具体来讲，海外知识产权维权援助基金有如下几个问题需要解决：第一，基金的设立及管理机构的组建。在我国，海外知识产权维权援助主要涉及两个政府机构，商务部和国家知识产权局。因此，可由这两个机构共同组成维权援助基金管理机构。在省级层面，虽然在现实中多是由省知识产权局出面成立维权援助专项资金，但是考虑到政府机关职能的相似性，也可以考虑由省商务厅和省知识产权局共同组成省援助基金管理办公室，作为援助基金的管理机构。第二，基金资金来源的确定。在援助基金运行之初，应当由财政拨款作为援助基金的主要资金来源。随着海外知识产权维权援助的发展，可以通过政府财政资金的引导，鼓励和带动社会资金参与。第三，基金执行机构的确立。省援助基金管理办公室可以视情况将部分业务委托给行业协会。比如，韩国的诉讼补贴项目即由其非营利性组织——大韩贸易投资振兴公社具体负责资金的申请与分配工作。北京市预警与应急救助资金也是委托北京知识产权保护协会负责开展专项资金相关执行工作。因此，河南省的涉外维权援助基金也可以交由行业协会负责具体执行工作。第四，援助对象。有鉴于维权援助公益性的本质，河南省的维权援助对象应重点是中小型企业，可以视情况扩大到科研机构、医院、学校及个人。具体来说，即河南省境内的个人、法人或其他组织，且具有一定的知识产权申请量、拥有量和管理机构。第五，援助适用情形。河南省的涉外维权援助基金主要适用于两种情形：一种是主动起诉，即我国知识产权权利人发现自己合法拥有的知识产权被侵权或有侵犯可能时，主动发起调查或者进行起诉；另一种是消极应诉，即我国的主体被其他国家以"侵犯知识产权"为由，发起调查或起诉。第六，援助标准。海外维权援助基金的援助标准没有统一的规定。北京市规定的是"应急救助基金按照所申请项目实际所需费用的50%予以资助，最高资助额度不超过五十万元人民币"。韩国发放的补贴金额范围在实际费用的70%以内，其最高限额根据援助内容的不同设置为1000万韩元或5000万韩元。河南省可以根据自己的财政资金状况、海外知识产权纠纷的类型，在科学建模和论证后，设定自己相应的援助标准。

所谓提供专业智识支撑，是指建立海外维权专家顾问机制，通过构建专家库和专业的律师团队，为企业的海外知识产权纠纷提供专业咨询服务。需要指出的是，我们应对参与涉外知识产权维权援助的专业人士制定激励机制。激励机制的缺位是我国目前知识产权涉外维权援助工作出现困难与不足的原因之一，而涉外知识产权纠纷的复杂性和专业性又决定了涉外知识产权的维权援助必须依靠社会各界优秀人才广泛参与才能做好。因此，我国的涉外知识产权维权援助机制应设立激励机制，鼓励知识产权律师、专利代理人、专家学者参与涉外维权援助工作，并为其提供一定的报酬，或者给予表彰或奖励，以此，激发他们投入海外知识产权维权援助的动力与热情。

六、结语

目前国际局势风云变幻，河南省企业在走出去的过程中会面临越来越不确定的诸多问题。在海外知识产权保护方面给予河南省企业援助，是其走向国际的有力保障。我们应在机构设置、援助对象、援助方式等方面科学设置，建立切实可行的机制，让企业在海外遇到知识产权问题时，有可信赖的解决机构，有可行的解决之道，为企业的海外拓展保驾护航。

第八章

河南省知识产权侵权救济机制研究

王 强[*]

2015年12月,国务院《关于新形势下加快知识产权强国建设的若干意见》在总体要求中即提出:"实行更加严格的知识产权保护,优化知识产权公共服务,促进新技术、新产业、新业态蓬勃发展,提升产业国际化发展水平,保障和激励大众创业、万众创新,为实施创新驱动发展战略提供有力支撑。"加强知识产权保护,就是要推动知识产权保护法治化,完善行政执法和司法保护两条途径优势互补、有机衔接的知识产权保护模式。党的十九大报告提出"加快建设创新型国家",明确"创新是引领发展的第一动力,是建设现代化经济体系的战略支撑",要"加强国家创新体系建设,强化知识产权创造、保护、运用"。中国特色社会主义进入新时代,站在新的历史方位上,创新驱动的第一动力如何体现?近年来我国打击知识产权侵权的力度逐年加大,但由于相关制度和法律法规不合理、不完善,知识产权保护依然不给力,创新型企业的合法权益很难得到有效保护。我国知识产权领域的短板就在于保护不力,知识产权侵权案件多发的一个重要原因是判处的侵权赔偿额度低,有的甚至不能填平权利人的损失,且落实执行困难,难以起到惩戒和威慑作用。2018年3月,李克强总理在政府工作报告指出,"强化知识产权保护,实行侵权惩罚性赔偿制度"。2018年4月,习近平总书记在博鳌亚洲论坛上的主旨演讲中强调,"加强知识产权保护作为我国扩大开放的四大重要举措之一"。2019年11月,习近平总书记在第二届中国国际进口博览会开幕式主题演讲指

---

[*] 王强,中原工学院法学院、知识产权学院副教授,硕士研究生导师。

出,"中国将营造尊重知识价值的环境,完善知识产权保护法律体系,大力强化相关执法,增强知识产权民事和刑事司法保护力度"。党的十九届四中全会通过的《中共中央关于坚持和完善中国特色社会主义制度、推进国家治理体系和治理能力现代化若干重大问题的决定》,明确指出"要建立知识产权侵权惩罚性赔偿制度,加强企业商业秘密保护",凸显了知识产权救济和保护的重要意义。2021年9月,党中央、国务院印发《知识产权强国建设纲要(2021—2035年)》指出,深入推进知识产权民事、刑事、行政案件"三合一"审判机制改革,构建案件审理专门化、管辖集中化和程序集约化的审判体系。

"无救济则无权利",权利被侵害后得不到及时充分的救济,那么该权利只能是纸上权利而失去现实意义。知识产权的申请、许可、授予是权利的法律确认,是知识产权的事先保护;知识产权被侵害后的救济则是权利的事后保护;事先保护固然重要,事后救济的充分有效方属真正的现实权利。本章通过梳理知识产权侵权救济现状,解构现行知识产权侵权救济制度,再塑知识产权侵权救济理念,构建适合我国新时代经济创新驱动发展所需、满足现阶段国情发展的知识产权大保护机制,既要形成对知识产权权利人知识创新的激励,又要实现遏制侵权人再次侵权的威慑。

一、知识产权侵权救济的现状及成因分析

知识产权侵权,是指侵权人实施的加害他人知识产权而应依法承担相应法律责任的行为。知识产权侵权救济,是指知识产权权利人因知识产权侵权行为受到的损失,通过自力救济或者借助行政、司法、仲裁等公力救济手段对其损失获得赔偿(包括惩罚性赔偿)的制度和程序。基于研究的意义和数据的可获取性等原因,本章在侵权救济部分以权利人的司法救济为研究重点。

知识产权侵权救济以知识产权侵权行为的存在为前提,以知识产权权利人被侵权受到的实际损失为确定救济赔偿数额的标准,过错不是知识产权侵权人承担赔偿责任的必要要件,无过错侵权造成的损失亦应承担赔偿责任,但是故意侵权会影响赔偿数额的确定(特别是可能承担的惩罚性赔偿)。但是,因实践中知识产权权利人被侵权受到的实际损失往往难以确定,我国立法上又确立了"侵权人因侵权获得的利益、权利人许可费用的倍数或法院酌定赔偿(法定赔偿)"作为确定权利人救济赔偿数额的标准。

（一）我国及河南省知识产权侵权救济的现状

我国知识产权侵权救济计算方法的法律依据主要体现在《中华人民共和国专利法》第七十一条❶、《中华人民共和国商标法》第六十三条❷、《中华人民共和国著作权法》第五十四条❸（以下分别简称《专利法》《商标法》《著作权法》）。这些条款在知识产权损害赔偿司法实践适用的效果，却有不同的看法。有观点认为，知识产权损害赔偿数额过低，对知识产权侵权行为不足以形成威慑，例如，2014年6月全国人民代表大会常务委员会专利执法检查报告指出："目前，知识产权侵权现象在某些地方和领域还很严重，维权成本

---

❶ 《专利法》第七十一条规定：侵犯专利权的赔偿数额按照权利人因被侵权所受到的实际损失或者侵权人因侵权所获得的利益确定；权利人的损失或者侵权人获得的利益难以确定的，参照该专利许可使用费的倍数合理确定。对故意侵犯专利权，情节严重的，可以在按照上述方法确定数额的一倍以上五倍以下确定赔偿数额。权利人的损失、侵权人获得的利益和专利许可使用费均难以确定的，人民法院可以根据专利权的类型、侵权行为的性质和情节等因素，确定给予三万元以上五百万元以下的赔偿。赔偿数额还应当包括权利人为制止侵权行为所支付的合理开支。人民法院为确定赔偿数额，在权利人已经尽力举证，而与侵权行为相关的账簿、资料主要由侵权人掌握的情况下，可以责令侵权人提供与侵权行为相关的账簿、资料；侵权人不提供或者提供虚假的账簿、资料的，人民法院可以参考权利人的主张和提供的证据判定赔偿数额。

❷ 《商标法》第六十三条第一款至第三款规定：侵犯商标专用权的赔偿数额，按照权利人因被侵权所受到的实际损失确定；实际损失难以确定的，可以按照侵权人因侵权所获得的利益确定；权利人的损失或者侵权人获得的利益难以确定的，参照该商标许可使用费的倍数合理确定。对恶意侵犯商标专用权，情节严重的，可以在按照上述方法确定数额的一倍以上五倍以下确定赔偿数额。赔偿数额应当包括权利人为制止侵权行为所支付的合理开支。人民法院为确定赔偿数额，在权利人已经尽力举证，而与侵权行为相关的账簿、资料主要由侵权人掌握的情况下，可以责令侵权人提供与侵权行为相关的账簿、资料；侵权人不提供或者提供虚假的账簿、资料的，人民法院可以参考权利人的主张和提供的证据判定赔偿数额。权利人因被侵权所受到的实际损失、侵权人因侵权所获得的利益、注册商标许可使用费难以确定的，由人民法院根据侵权行为的情节判决给予五百万元以下的赔偿。

❸ 《著作权法》第五十四条第一款至第四款规定：侵犯著作权或者与著作权有关的权利的，侵权人应当按照权利人因此受到的实际损失或者侵权人的违法所得给予赔偿；权利人的实际损失或者侵权人的违法所得难以计算的，可以参照该权利使用费给予赔偿。对故意侵犯著作权或者与著作权有关的权利，情节严重的，可以在按照上述方法确定数额的一倍以上五倍以下给予赔偿。权利人的实际损失、侵权人的违法所得、权利使用费难以计算的，由人民法院根据侵权行为的情节，判决给予五百元以上五百万元以下的赔偿。赔偿数额还应当包括权利人为制止侵权行为所支付的合理开支。人民法院为确定赔偿数额，在权利人已经尽了必要举证责任，而与侵权行为相关的账簿、资料等主要由侵权人掌握的，可以责令侵权人提供与侵权行为相关的账簿、资料等；侵权人不提供，或者提供虚假的账簿、资料等的，人民法院可以参考权利人的主张和提供的证据确定赔偿数额。

高,侵权成本低。"一些实证研究也有类似看法,认为知识产权侵权赔偿低在我国确实存在,且法院有过度适用法定赔偿标准判赔的倾向。❶ 也有观点认为,虽然存在个案侵权赔偿数额偏低的情况,但整体上赔偿数额并不能算低。

根据我国法院 2012—2015 年知识产权侵权案件的判赔统计情况显示❷,11 984 个知识产权案件中有 10 984 件判决侵权成立,判赔支持率为 90.27%。从判赔额和判赔支持率来看(判赔金额与诉求金额的比值),专利侵权案件明显高于著作权和商标权侵权案件,其中著作权侵权案件平均判赔额 2.8 万元/件,判赔支持率 25.6%;商标权侵权案件平均判赔额 3.2 万元/件,判赔支持率 21.1%;专利权侵权案件平均判赔额 9.8 万元/件,判赔支持率 32.2%。经济发达程度对案件判赔额和支持率没有明显影响,东部沿海经济发达省份、中部二线省份及西部欠发达省份知识产权侵权案件判赔额和支持率未显示出明显差异。从案件适用的赔偿标准看,适用"法定赔偿"作为赔偿标准的案件比例均高达 99%,明显偏高,而且还表现出"超额法定赔偿"❸ 现象以解决实践中赔偿数额不足以弥补侵权人损失的情形。随着 2013 年修改后的《商标法》明确规定了惩罚性赔偿制度,惩罚性赔偿已经在商标侵权案件中开始适用,然而,样本中仅有一例案件的判决书中明确适用了惩罚性赔偿进行裁判。

2021 年,河南省全省法院受理各类知识产权案件 19 014 件,同比增长 34.26%。其中,受理民事案件 18 384 件。受理一审案件 17 615 件、二审案件 1226 件、申诉审查案件 70 件、再审案件 20 件、其他案件 83 件。案件数量再创历史新高,其中,著作权案件 5380 件、商标案件 9560 件、专利案件 1385 件、反不正当竞争案件 962 件、其他案由案件 1727 件。截至 2021 年年底,河南省三级法院共审结各类知识产权案件 17 919 件,结案率 94.38%;比 2020 年全年结案 13 593 件增加 4326 件,增幅 31.83%。其中,省法院、中级人民法院、基层法院分别审结 802 件、10 219 件、6898 件,结案率分别为 94.35%、95.89%、92.22%。

---

❶ 宋健. 知识产权损害赔偿问题探讨——以实证分析为视角 [J]. 知识产权,2016 (5):10-19;万迪,路聪. 知识产权侵权损害赔偿制度实施效果分析及完善路径(上)——以北京法院判决书为考察对象 [J]. 中华商标,2016 (4):55-61;夏强. 模糊的边界:知识产权赔偿问题的实务困境与对策 [J]. 法治论坛,2014 (3):157-176.

❷ 詹映. 我国知识产权侵权损害赔偿司法现状再调查与再思考——基于我国 11 984 件知识产权侵权司法判例的深度分析 [J]. 法律科学(西北政法大学学报),2020 (1):191-200.

❸ 法院在侵权案件赔偿数额确定时采用法定赔偿标准,但判赔数额又明显超出法定赔偿数额的现象。

2021年，河南省各级法院着力提高民事侵权赔偿数额，判决侵权人赔足权利人经济损失以及合理维权成本。在确定赔偿数额时，全面考虑知识产权类型、侵权故意、侵权行为持续时间、侵权获利以及地域经济差别等因素，使司法保护力度紧密契合知识产权的市场价值，避免出现权利人赢了官司、丢了市场。对于持续时间长、地域范围广、规模大或者造成严重恶劣影响的侵权行为，探索适用惩罚性赔偿，破解知识产权侵权"赔偿低"问题。针对知识产权诉讼中的举证难问题，多措并举，对权利人已经完成初步举证责任的，实行举证责任转移，有效化解知识产权权利人"举证难"问题。对当事人因客观原因不能自行调取的档案材料、电子数据、视听资料等证据，依法发放律师调查令，减轻权利人维权难度。省法院与省市场监督管理局会签《关于建立河南省知识产权纠纷在线诉调对接机制的意见》，全年共计移送调解知识产权纠纷9442件，成功化解4290件，化解率达45.44%，形成诉源治理合力。

（二）我国知识产权侵权救济现状的成因分析

从数据的表面上看，知识产权侵权案件似乎确实存在绝对赔偿数额和判赔支持度不高的情况，但从深层次原因分析未必得出同样的结论。首先，法院判赔数额普遍较低，与适用"法定赔偿"判赔标准极高有直接关系。在知识产权侵权案件中，权利人往往难以证明侵权所受损失、被告获利情况或尚未有有效的许可使用情况无法以许可费倍数主张，或者权利人虽然举证证明但难以获得法院的支持。因此权利人往往放弃举证，直接要求法院以法定赔偿标准判赔，法官在适用法定赔偿标准时，又受到担心对地方经济产生不利影响、保守求稳倾向等案外因素的影响，判赔数额通常较低。其次，就是批量的知识产权侵权商业维权案件出现。特别是杭州、广州互联网法院设立以来，维权案件的诉讼成本大幅降低，出现了专业从事知识产权侵权维权的商业机构（律师事务所、知识产权代理机构等），从权利人手中批量获取授权，约定判赔数额分成，虽然单个案件赔偿数百元到千元不等，但案件数量庞大，商业机构获利颇丰。这种现象虽然客观上确实打击了知识产权侵权行为，对权利人进行了救济，但是，法院却被利用进而成为商业维权机构牟利的手段和工具，明显有违我国知识产权相关立法的精神，应当予以必要的限制。

因此，在知识产权侵权司法救济中，首先严格限制法定赔偿的适用，将法定赔偿严格限制在穷尽所有手段均不能举证证明损失、获利及许可费后，方可适用。其次，应优化司法资源，限制商业维权诉讼，明确原告主体资格，禁止权利人层层授权代理转包诉权。在判赔数额时考虑权利人重复诉讼的权利来源、诉讼动机和知识产权本身价值，避免知识产权侵权诉讼沦为个别商业维权机构的牟利工具。最后，也要改变法官在审判时的保守倾向，避免地方保护主义，坚持知识产业严保护的倾向，对于加害人的故意侵权行为，要敢于适用惩罚性赔偿，提高赔偿数额，对侵权人可能的再次侵权行为形成足够的威慑。

二、我国知识产权侵权救济理念的发展演变

我国自20世纪80年代确立知识产权制度以来，就对知识产权侵权救济及保护进行了规定。随着时代的发展进步，对知识产权保护的认识也在不断深化，相应的理念也在不断地调整。最初，我国法律确立了知识产权行政执法和司法救济并行的"双轨制"模式。到2008年，国务院颁布《国家知识产权战略纲要》，提出要发挥司法保护知识产权的主导作用，2015年出台的《国务院关于新形势下加快知识产权强国建设的若干意见》提出，要完善行政执法和司法保护两条途径优势互补、有机衔接的知识产权保护模式。2016年，《"十三五"国家知识产权保护和运用规划》提出，要构建包括司法审判、刑事司法、行政执法、快速维权、仲裁调解、行业自律、社会监督的知识产权保护工作格局。2018年国家知识产权局提出，要统筹推进知识产权严保护、大保护、快保护、同保护各项工作，加快形成涵盖授权确权、行政执法、司法保护、仲裁调解、行业自律等各个环节的保护体系。2019年11月，国务院发布的《关于做好利用外资的意见》则进一步提出，完善电子商务领域知识产权保护和专利执法维权协作调度机制。2021年9月，党中央、国务院印发《知识产权强国建设纲要（2021—2035年）》指出，健全统一领导、衔接顺畅、快速高效的协同保护格局；实现政府履职尽责、执法部门严格监管、司法机关公正司法、市场主体规范管理、行业组织自律自治、社会公众诚信守法的知识产权协同保护；实施知识产权保护体系建设工程；明晰行政机关与司法机关的职责权限和管辖范围，健全知识产权行政保护与司法保护衔接机制，形成保护合力。

从上面各个阶段对知识产权保护模式的表述，可以看出，从最初的行政与司法的"双轨制"保护，到重视司法保护主导作用，再到明确行政保护与司法保护优势互补，有机衔接，一直到今天所谈的知识产权大保护，不难发

现，知识产权保护的理念和模式在不断发展和完善。具体而言，这种发展首先是一种理念的变迁：从双轨制保护到大保护的发展是国家治理体系现代化的体现；其次是一种制度的跃升，通过保护方式的多样化、保护主体的多元化和保护功能的专业化，使保护体系更加完善；最后，也体现了一种路径的探索，西方强调司法主导，而我国从双轨制保护到大保护的发展是中国特色知识产权保护模式的摸索与尝试。

从我国知识产权侵权救济理念的发展演变，可以看出：①我国不断强化和完善侵权救济机制，从行政保护和司法保护并重到发挥司法主导，到优势互补，再到多种救济方式互补，多方面、多层次解决知识产权侵权救济不充分、不及时和维权成本高的问题；②加大知识产权侵权行为惩治力度，提高知识产权侵权法定赔偿上限，探索建立对专利权、著作权等知识产权侵权惩罚性赔偿制度，情节严重的恶意侵权行为实施惩罚性赔偿，并由侵权人承担权利人为制止侵权行为所支付的合理开支，提高知识产权侵权成本；④完善知识产权审判工作机制，积极发挥知识产权法院作用，推进知识产权民事、刑事、行政案件审判"三审合一"，加强知识产权行政执法与刑事司法的衔接，加大知识产权司法保护力度；⑤完善涉外知识产权执法机制，加强刑事执法国际合作，加大涉外知识产权犯罪案件侦办力度；⑥严厉打击不正当竞争行为，加强品牌商誉保护。在我国深入实施创新驱动发展战略、持续深化改革、加快建设开放型经济新体制的新形势下，在每一个公民、法人内心树立不敢侵、不能侵、不愿侵的法律理念。形成"人人尊重知识产权、人人保护知识产权、人人从知识产权保护中受益"的良好环境，促进开放共赢，实现开放发展。

在这个过程中，地方知识产权保护做出了很多有益的探索与尝试。例如，2021年，河南省高级人民法院制定《落实〈人民法院知识产权司法保护五年规划〉的实施意见》，进一步谋划和推进河南省知识产权司法保护工作，同时，制定发布河南省高级人民法院关于全面加强知识产权司法保护的二十条措施，强化对人工智能、生物医药等新领域科技创新成果的保护，在审判过程中，河南省各法院区分权利性质，注重保护创新成果，特别是对创新程度高的发明专利以及关键核心技术成果，均给予较高程度的保护；北京市知识产权局积极探索国际数字产品专利、版权、商业秘密等知识产权保护制度建设，2021年7月，根据调研情况制定《"两区"国际数字产品知识产权保护工作指引》，为企业开展数字贸易知识产权保护，对标国际通行的知识产权保护规则，综合运用专利、商标、著作权、商业秘密等手段，做好数字产品制造、销售等全产业链知识产权侵权风险的筛查和应对准备提供了有力指导。[1] 深圳市构建了由市场质量监督委员会、文体旅游局、海关分工联动负责的知识产权侵权行政执法体系；通过地方立法完善知识产权侵权赔偿的司法裁判标准，建立知识产权快速维权中心，完善快速维权机制，提高法定赔偿上限，将故意侵犯知识产权纳入企业和个人信用记录。上海率先在浦东新区和上海自贸区建立了集专利、商标、版权于一身，兼具行政管理与综合执法职能的独立的"三合一"的知识产权局。长沙市在2010年将版权管理和执法职能划入市知识产权局，实现了专利、版权"二合一"的执法模式，开展专利纠纷行政调解协议司法确认，构建知识产权侵权纠纷的多元化解决机制。

三、知识产权侵权救济机制的比较分析

世界范围内，美国和欧盟的知识产权保护制度比较完善，保护层次也比较高。在知识产权保护和知识产权救济机制，美国和欧盟的做法各有特点，下文将就美国和欧盟的知识产权救济机制进行比较分析。

（一）美国

美国是当今世界创新能力强大、比较注重知识产权保护的国家，其知识产权制度也根据本国科技和经济发展状况，以及企业的发展需要而不断进行着制度创新。

立法方面，美国联邦政府和各州都有知识产权立法权，美国于1790年制定了《联邦专利法》和《版权法》，1870年制定了《联邦商标法》，商业秘密只有各州的法律保护，没有统一的联邦法。《联邦法》主要是成文法，辅之以普通法；各州的普通法，一般由判例形成，与知识产权有关的判例有解释和创制知识产权法律的功能。美国知识产权判例一定程度上有效地解决了知识产权保护中出现的新问题，不断扩展知识产权法律范畴的内涵和外延，创制了应对知识产权侵权救济的新的司法裁判规则，及时高效地推动了知识产权制度的发展。

在知识产权侵权司法救济方面，美国联邦法院系统具有更多的司法管辖权。一般案件先由联邦地方法院一审，对判决不服可上诉到巡回上诉法院，

---

[1] 杨柳. "两区"建设之风正劲 知识产权探路先行 [N]. 中国知识产权报，2021-11-24（10）.

还可以进一步上诉至最高法院。在专利诉讼方面，联邦巡回上诉法院具有排他性的上诉管辖权。专门化的专利司法体制大大减少了美国专利保护中的司法冲突，使专利司法、行政机关对专利法的解释与实施趋于标准化、一致性和确定性，因此极大地加强了美国专利法律保护的稳定性。美国联邦和各州法院系统均有商标司法管辖权，但相对而言，联邦巡回上诉法院、哥伦比亚地区的上诉法院、美国巡回上诉法院关于商标权的判决更具有权威性。由于商业秘密没有专门联邦立法，有关商业秘密的案件通常由州法院上诉解决。

知识产权行政保护方面，美国专利商标局负责专利和商标的行政管理，包括接受专利和商标的申请，对专利申请的审核、授权以及专利文献的管理。美国版权办公室负责版权及半导体芯片的版权的申请、登记和审核及行政执法。美国贸易代表署负责知识产权方面的国际贸易谈判和"特别301条款"的执行。美国贸易委员会和海关负责对国外知识产权侵权产品的进口和销售的审查，并采取有效的边境措施。

（二）欧盟

20世纪70年代以来，欧洲各国的知识产权保护呈现一体化趋势，对知识产权立法和修订的原则也是要促进内部的统一市场建设。欧洲的知识产权法律体系主要分为欧盟和成员国两个层面，前者包含《欧盟法》以及欧盟在各个国际知识产权协定中做出的承诺，后者则反映了不同国家的实际发展情况。20世纪80年代后，欧盟开始重视对电子商务等互联网技术的知识产权保护，但与美国尽量用已有法律制度来包含网络知识产权内容的做法不同，欧盟主要采取新增立法的方式。

欧盟通过统一立法对工业产权、专利、工业设计、商标、版权及邻接权、地理标志等知识产权的登记、授予、管理等进行统一立法，侵权的处罚和救济由各成员国立法。目前，欧盟关于知识产权民事执法的法令已在成员国实施，欧盟通过加强成员国的合作及单边行动、双边/地区/多边协定，推动进一步打击假冒和盗版，强化知识产权行政执法，建立有效的知识产权行政执法及救济的解决体系。在司法保护方面，欧盟各成员国法院对直接或间接发生在本国境内的知识产权侵权案件享有司法管辖权，成员国法院的判决在整个欧盟内部具有约束力；欧盟法院对成员国法院案件审理时根据需要对欧盟法律进行释明，并受理成员国法院的上诉案件。

从美国和欧盟为代表的知识产权救济保护机制看，其采用签订国际知产权协定、欧盟知识产权统一立法、行政执法、司法救济等多渠道和多方式的保护途径，不断加强对知识产权的救济保护力度，对外资运营的知识产权救济保护基本上实现了国民待遇原则。

四、我国知识产权侵权救济机制的探索实践

在完善知识产权侵权救济机制，加强知识产权保护方面，自20世纪90年代，特别是21世纪国家知识产权强国战略提出后，我国司法审判和行政执法方面进行了很多有益的探索和尝试，为进一步完善知识产权侵权救济，加强知识产权保护奠定了坚实的基础。

（一）司法审判领域的探索实践

我国知识产权审判在20世纪90年代开始向专业化发展，1993年北京市率先成立知识产权审判庭，1996年最高人民法院成立知识产权审判庭，之后各地陆续成立专门的知识产权审判庭，专司知识产权民事案件审判。之后为适应司法"大民事"改革，从最高人民法院到地方法院的知识产权庭陆续更名为民三庭或民五庭等，但基本上以审理知识产权民事案件为主。为适应国家知识产权战略需要，近些年各地法院又陆续设置专门的知识产权审判庭，特别是2014年北京、广州、上海知识产权法院挂牌成立，2019年最高人民法院知识产权审判庭挂牌成立，2019年1月1日起全国专利等技术类知识产权民事、行政案件将向最高人民法院上诉，统一由最高人民法院知识产权法庭审理，彰显知识产权案件审判专业化的改革方向。

知识产权专门法院的成立运行强化了知识产权司法保护的作用，有利于统一知识产权案件裁判标准、加大知识产权保护力度。知识产权法院还在审判队伍专业化、技术调查官、陪审员等制度方面的制度改革与创新都取得了非常好的预期效果，具体的运作经验成为我国司法体制改革的有益参考。

2016年7月，最高人民法院发布《关于在全国法院推进知识产权民事、行政和刑事案件审判"三合一"工作的意见》，明确指出由知识产权审判庭统一审理知识产权民事、行政和刑事案件，增强司法机关和行政机关执法合力，统一司法裁判标准，完善知识产权司法保护制度。知识产权案件"三合一"审判模式，最初来自于上海浦东经验，1996年浦东新区人民法院就试行由知识产权审判庭集中审理涉及知识产权的民事、行政和刑事案件，但在探索的早期阶段，知识产权刑事和行政案件上诉后二审仍在中级人民法院的刑庭和行政庭审理。从 2010 年开始，上海两个中级人民法院也实行了"三审合一"审判，2014 年上海知识产权法院和 2019 年最高人民法院知识产权审判庭成立，彻底实现了横向和纵向上的"三审合一"审判。2019 年 12 月 9 日，最高人民法院知识产权法庭公布了最高人民法知识产权法庭第一例专利行政、民事二合一审判案件判决书，不仅体现了知识产权案件的"三合一"审判，而且实现了案件的合并审理与判决，将知识产权案件"三合一"审判模式进一步深化。根据最高人民法院《关于第一审知识产权民事、民政案件管辖的若干规定》，第一审知识产权民事、行政案件由知识产权法院，省、自治区、直辖市所在地的中级人民法院和最高人民法院确定的中级人民法院管辖。目前，我国法院已经形成由最高人民法院民三庭和知识产权法庭、32 家高级人民法院、4 家知识产权专门法院以及部分中级人民法院、基层人民法院、知识产权审判机构组成的知识产权审判新格局，不断探索推进知识产权审判三合一改革。

（二）知识产权行政救济与多元纠纷解决机制的探索实践

在知识产权行政救济与多元纠纷解决机制方面，地方知识产权保护主管和执法部门做出了很多有益的尝试。如深圳市构建了由市场质量监管委、文体旅游局、海关分工联动负责的知识产权侵权行政执法体系；建立知识产权快速维权中心，完善快速维权机制，提高法定赔偿上限，将故意侵犯知识产权纳入企业和个人信用记录。上海率先在浦东新区和上海自贸区建立了集专利、商标、版权于一身，兼具行政管理与综合执法职能的独立的"三合一"的知识产权局。长沙市在 2010 年将版权管理和执法职能划入市知识产权局，实现了专利、版权"二合一"的执法模式，开展专利纠纷行政调解协议司法确认，构建知识产权侵权纠纷的多元化解决机制。珠海横琴新区通过加强知识产权行政执法与司法的有效衔接，建立知识产权疑难执法案件联合研讨，提高知识产权行政执法水平；建立知识产权案件行政与司法一案双查机制，推动行政执法与司法证据双向互认制度；完善知识产权失信企业联合惩戒和多元化知识产权纠纷解决机制，实现知识产权失信信息共享联合惩戒，同时工商局发挥行政指导监督，法院规范、引导，共同探索适用仲裁、调解等方式解决纠纷，推进非讼纠纷解决组织与机制建设。

五、河南省知识产权侵权救济机制的完善建议

（一）完善知识产权侵权救济方式

（1）行政执法救济体制方面，推动知识产权保护工作机制改革，建立高效的知识产权综合管理体制，加大知识产权行政执法力度，构建便民利民的知识产权公共服务体系，特别是要准确把握市场监管与知识产权的内在联系，推动知识产权工作与市场监管有效衔接。同时，加强知识产权保护与竞争执法、消费者权益保护、产品质量安全等工作的统筹衔接，全面提升专利与标准之间的转换应用效能，统筹做好商标和企业老字号的一体化管理。积极探索地理标志运用保护和食品安全的监管联动，建立健全药品专利审查和药品注册管理信息共享机制，加快推进大数据、人工智能等智慧监管在知识产权领域的应用。

（2）司法救济体制方面，探索适应知识产权特性的司法救济保护制度机制。增加现有知识产权法院和知识产权法庭数量，探索跨地区知识产权案件异地审理机制，建立知识产权快速维权中心，借鉴国外法院解决知识产权侵权损害赔偿难以及知识产权诉讼证据规则的先进经验，创立知识产权司法保护的新的裁判规则，完善司法裁判标准，适度降低具体案件的法官自由裁量权，探索和完善有利于加大知识产权保护力度的途径。

（3）在知识产权多元解纷机制中，除了行政、司法，还有仲裁调解、行业自律、社会监督等化解知识产权纠纷的方式，这些方式有机地互补与互动，是行政和司法救济的有益补充。本章建议：建立调诉对接机制，法院在知识产权案件立案前可以委托相关组织进行民事调解，达成调解协议的，法院应予以司法确认或者转换为司法调解协议，达成仲裁协议的，由当事人提交仲裁机构解决。行政执法机关在立案前或者立案后可以委托相关组织进行民事调解，达成调解协议并履行完毕或者达成仲裁协议的，可以不予立案、撤销案件或者减轻、免于处罚，实现节约当事人的经济成本与时间成本的目标。

（二）构建知识产权大保护格局

河南省可以知识产权系统的改革重组为契机，统筹知识产权严保护、大保护、快保护、同保护各项工作，形成涵盖授权确权、行政执法、司法保护、仲裁调解、行业自律等各个环节的保护机制和体系。

一是建立健全侵权惩罚性赔偿制度，推动知识产权"严保护"。根据2019年修订后的《商标法》第六十三条，对恶意侵犯商标专用权，情节严重的，赔偿数额从三倍以下提高到五倍以下，权利人的损失、侵权人获得的利益和专利许可使用费均难以确定的，给予五百万元以下的赔偿。2020年修订的《专利法》对故意侵犯专利权，情节严重的，赔偿数提高到五倍以下；权利人的损失、侵权人获得的利益和专利许可使用费均难以确定的，给予三万元以上五百万元以下的赔偿。2020年修订的《著作权法》也对故意侵犯著作权或者与著作权有关的权利，情节严重的，赔偿数提高到五倍以下；权利人的实际损失、侵权人的违法所得、权利使用费难以计算的，给予五百元以上五百万元以下的赔偿。

二是完善联动机制，实现知识产权"大保护"。深化行政执法和司法救济的衔接，构建主体多元化、功能专业化的保护体系；建立高效统筹的综合行政执法体制；推进知识产权审判"三合一"工作，建立简易案件快审速裁机制；完善知识产权保护的衔接工作，进一步推行知识产权纠纷行政调解司法确认机制；提升知识产权刑事保护的专业性，在检察院建立专门的知识产权检察机构，在公安机关建立经侦支队知识产权大队，加大对知识产权犯罪的打击力度；构建知识产权保护社会监督网络体系；完善知识产权纠纷多元化解机制，不断拓展仲裁、调解等多种维权渠道，成立专门的知识产权调解中心、知识产权仲裁院等社会组织。

三是压缩知识产权审查授权周期，推进知识产权"快保护"。积极利用互联网便民手段，压减商标专利审查周期，完善商标专利快速预审、快速确权、快速维权联动机制。

四是强化交流合作，促进知识产权"同保护"。主动对接全球知识产权侵权治理体系，设立国家海外知识产权纠纷应对指导中心，完善海外知识产权信息服务平台，加大涉外知识产权保护的协调力度，共建知识产权保护国际新秩序等。不分国籍，不分所有制，对所有市场主体一视同仁、同等保护。

（三）健全电子商务知识产权侵权救济机制

网络技术的快速更迭与媒体平台的深度融合，使得电子商务领域的知识产权侵权呈现出频率高发、样态复杂、范围波及广、隐匿性强、结果不可控等特点，这些都对现行的知识产权执法和司法提出更为严峻的挑战。

加强电子商务知识产权保护及侵权救济，首先要完善电子商务知识产权侵权判定与通知规则。2019年1月实施的《电子商务法》明确要求电子商务平台应当建立知识产权保护规则，加强与知识产权权利人合作，依法保护知识产权。同时要求电子商务平台在接到知识产权权利人针对平台内经营者知识产权侵权通知后及时采取删除、屏蔽、断开链接、终止交易和服务等必要措施，当然同时也规定了电子商务平台在将平台内经营者提交不存在侵权行为的声明转送给知识产权权利人后，知识产权权利人在法定期限内未向主管部门投诉或者向人民法院起诉的，应及时终止所采取的删除、屏蔽、断开链接、终止交易和服务等措施，以防止滥发侵权通知给平台内经营者造成损失，平衡双方权利义务。

其次，要加强电子商务执法能力建设，整合现有的执法部门，建立"专门化、长效性"的电子商务知识产权执法机构，形成常态化的"打""防"工作格局；提升知识产权办案人员的执法技术水平，运用大数据等现代信息技术手段，加强对电子商务知识产权侵权违法犯罪行为的查处力度，实现知识产权犯罪打击的主动性和精准性。

再次，要坚持"多方参与、社会共治"的理念，构建知识产权保护社会监督网络体系。建立河南省电子商务知识产权投诉举报中心，实现网络巡查、线上举报和投诉办案一体化。

最后，建立和完善河南省电子商务侵权救济综合信息共享平台，将行政机关、司法机关、电子商务平台及平台内经营者、权利人、消费者、行业协会等各方信息进行有机整合，实现信息公开、透明、共享，提高电子商务知识产权保护的效率和效果。

附录

附录一
2020—2021 年河南省重要知识产权政策与法规

《河南省标准化管理办法》
《河南省人民政府关于 2019 年度河南省科学技术奖励的决定》
《河南省人民政府关于印发河南省应对疫情影响支持中小微企业平稳健康发展若干政策措施的通知》
《河南省人民政府关于第二届河南省专利奖励的决定》
《河南省人民政府关于加快推进农业高质量发展建设现代农业强省的意见》
《河南省人民政府关于加强新形势下招商引资工作的意见》
《河南省人民政府关于印发中国（洛阳）跨境电子商务综合试验区实施方案的通知》
《河南省人民政府关于印发中国（南阳）跨境电子商务综合试验区实施方案的通知》
《河南省人民政府关于 2020 年度河南省科学技术奖励的决定》
《河南省人民政府关于印发〈河南省国民经济和社会发展第十四个五年规划和二〇三五年远景目标纲要的通知〉》
《河南省人民政府关于印发河南省 2021 年国民经济和社会发展计划的通知》
《河南省人民政府办公厅关于进一步加强政府性融资担保体系建设支持小微企业和"三农"发展的实施意见》
《河南省人民政府办公厅关于促进中小企业健康发展的实施意见》
《河南省人民政府办公厅关于印发全省产业集聚区"百园增效"行动方案的通知》
《河南省人民政府办公厅关于印发进一步优化营商环境更好服务市场主体实施方案的通知》
《河南省人民政府办公厅关于印发中国（许昌）国际发制品交易市场开展市场采购贸易方式试点工作实施方案的通知》

《河南省人民政府办公厅关于印发河南省农业种质资源保护与利用发展规划（2021—2035 年）的通知》

《河南省人民政府办公厅关于促进服装产业高质量发展的实施意见》

《河南省人民政府办公厅关于公布 2020 年度河南省学术技术带头人名单的通知》

《河南省人民政府办公厅关于印发河南省高新技术产业开发区管理办法的通知》

《河南省人民政府办公厅关于印发河南省制造业头雁企业培育行动方案（2021—2025 年）的通知》

《河南省人民政府办公厅关于印发新兴产业投资引导基金创业投资引导基金实施方案和考核评价办法（试行）的通知》

《河南省人民政府办公厅关于提升高校科技创新能力的实施意见》

《河南省人民政府办公厅关于印发河南省全民科学素质行动规划纲要实施方案（2021—2025 年）的通知》

《推动知识产权高质量发展年度实施方案（2020）》

《关于强化知识产权保护的实施意见》

《河南省地理标志运用促进工程实施方案》

《河南省推动知识产权高质量发展年度实施方案（2021）》

《郑州市电子商务促进与管理办法》

《关于印发〈新郑市知识产权（专利）社会信用建设管理办法（试行）〉的通知》

《郑州市金水区人民政府办公室关于印发金水区促进科技创新高质量发展专项扶持办法（试行）的通知》

《郑州市金水区人民政府办公室关于印发金水区促进知识产权服务、创意设计产业发展专项扶持办法（试行）的通知》

《荥阳市人民政府关于印发荥阳市专利资金管理暂行办法的通知》

《洛阳市人民政府关于深入实施知识产权战略的意见》

《洛阳市人民政府关于加快知识产权服务业集聚区建设的意见》

《洛阳市人民政府办公室关于印发洛阳市知识产权运营服务体系建设方案的通知》

《新乡市人民政府关于加强质量认证体系建设促进全面质量管理的实施意见》

《新乡市人民政府办公室关于印发进一步转变观念　破解难题　推进招商

引资高质量发展的实施意见的通知》

《新乡市人民政府关于印发新乡市大企业（集团）培育计划的通知》

《新乡市人民政府关于印发新乡市 2021 年国民经济和社会发展计划的通知》

《新乡市人民政府关于印发新乡市国民经济和社会发展第十四个五年规划和二〇三五年远景目标纲要的通知》

《新乡市人民政府关于印发〈郑新产业带发展规划（2021—2035 年）〉的通知》

《新乡市人民政府印发关于加强校地合作　校校合作　助推新乡经济社会高质量发展工作方案的通知》

《新乡市人民政府办公室关于印发新乡市小微企业贷款风险补偿资金管理暂行办法的通知》

附录二
2020—2021年河南省知识产权大事记

2020年河南省知识产权大事记

1月

1月3日,第三届河南省知识产权强省试点省建设征文揭晓。

1月17日,国家知识产权局公布了2019年度新认定知识产权优势示范企业名单,河南省有32家企业获批国家知识产权优势企业,1家企业获批国家知识产权示范企业。

1月19日,河南省重点产业知识产权运营基金完成首笔对外投资1000万元,投资对象为郑州金惠计算机系统工程有限公司。

1月20日,河南省知识产权局对2018年度、2019年度81项河南省知识产权软科学部分研究项目准予结题。

2月

2月24日,刘怀章局长到国家知识产权局专利局郑州代办服务大厅调研疫情防控工作。

2月28日,河南省知识产权局下发《关于知识产权服务行业应对疫情情况调查的通知》,针对全省知识产权有关部门、专利代理机构开展知识产权服务行业应对疫情情况调查。

3月

3月16日,河南省知识产权局主办、河南省专利代理机构负责人联席会承办的专利代理机构研讨会在线上举行。

3月25日,河南省市场监管局党组成员、河南省知识产权局局长刘怀章会见中国银行河南分行副行长郭林一行,双方就发展知识产权金融工作,支持河南省中小微企业复工复产等事宜进行了深入交流。

3月26日,原省知识产权局召开2019年度干部考核会、全体干部大会,会议由省市场监管局党组成员、河南省知识产权局局长刘怀章主持,局全体干部职工参加。

4月

4月7日,河南省知识产权局组织申报2020年度国家知识产权局课题研究项目。

4月17日,河南省知识产权局印发《2020年河南省知识产权宣传周主题日及系列活动方案》,部署全省知识产权宣传周活动。

4月20日,河南省专利奖评审委员会办公室组织开展了第二届河南省专利奖评选,共评选出特等奖1项、一等奖5项、二等奖18项、三等奖25项。

4月23日,河南省知识产权局组织征集2021年度知识产权研究项目选题建议。

4月26日上午,2020年河南省知识产权宣传周主题日活动于郑州启动。

4月27日,河南省知识产权局通报2019年专利质押融资工作情况,提前完成《河南省建设支撑型知识产权强省试点省实施方案》规定的年度知识产权质押融资金额超过25亿元的目标。

4月28日,主题日活动期间,举办了河南省知识产权局与河南科技大学共建知识产权学院授牌仪式,河南科技大学知识产权学院正式获授牌,这是河南省知识产权局参与共建的第六所知识产权学院。

5月

5月7日,河南省知识产权局、河南省社会科学院组织开展第四届河南省知识产权强省试点省建设征文活动。

5月13日,河南省知识产权局转发《国家知识产权局关于组织开展2020年"知识产权服务万里行"活动的通知》至各省辖市、省直管县(市)知识产权局（知识产权管理部门），各有关单位。

5月14日，河南省知识产权局印发《2020年河南省知识产权工作要点》，部署2020年度全省知识产权重点工作和任务。

5月14日，河南省人民政府公布关于第二届河南省专利奖励的决定，共有49个专利项目获第二届河南省专利奖。

5月18日，河南省知识产权局组织征集《河南知识产权年鉴（2019年）》编纂材料。

5月19日，河南省知识产权局组织召开了专家座谈会，就贯彻落实中办、国办《关于强化知识产权保护的意见》，结合河南实际起草《关于强化知识产权保护的实施意见》进行了专题座谈。

5月19日至20日，河南省市场监管局党组成员、河南省知识产权局局长刘怀章深入南阳市镇平县凉水泉村调研扶贫工作开展情况，为贫困群众送去了省局党组的关怀与问候。

5月21日，河南省知识产权局吴灯展副局长一行3人赴洛阳市调研知识产权保护和运营工作。

5月22日，河南省知识产权局副局长吴灯展一行3人赴焦作市调研知识产权保护及运营工作。

5月26日，河南省知识产权局组织申报2021年度河南省知识产权软科学研究项目。

5月29日晚，据国家知识产权局网站发布的公示信息，确定河南省洛阳市为国家知识产权运营服务体系建设重点城市，将获中央财政1.5亿元支持。

6月

6月2日，河南省知识产权局转发《国家知识产权局办公室 中国银行保险监督管理委员会办公厅关于征集知识产权质押融资及保险典型案例的通知》至各省辖市、济源示范区、省直管县（市）知识产权局（知识产权管理部门），各有关单位。

6月8日，为贯彻《国家知识产权局关于印发〈推动知识产权高质量发展年度工作指引（2020）〉的通知》（国知发运字〔2020〕13号），落实知识产权高质量发展的决策部署，全面做好2020年知识产权工作，河南省知识产权局制定《推动知识产权高质量发展年度实施方案（2020）》并印发。

6月17日,为加快实施国家、省知识产权战略,支持河南企事业单位和个人积极向海外申请专利,提高国际竞争力,河南下发《关于开展2020年度河南省国外申请专利资助申报工作的通知》,启动2020年度国外申请专利资助申报工作。

6月24日,为纪念建党99周年,充分体现党组织对党员的关心和关爱,在"七一"来临之际,河南省知识产权局副局长闻相俊一行带着党组织的关切之情,到医院探望慰问患病困难老党员许唤召。

6月25日,河南省知识产权局组织参加全国知识产权服务业发展和监管工作视频培训。

6月28日,河南省知识产权局开展迎七一学习黄河精神主题党日活动,追随习近平总书记的足迹,组织全体人员前往黄河博物馆、黄河文化公园实地参观。

6月29日,"知识产权创意壹号"信托产品发行暨中部知识产权运营中心专项资金发放仪式在郑州市金水区国家知识产权创意产业试点园区举行。

6月29日下午,河南省知识产权局开展纪念建党99周年主题党课活动,省知识产权局副局长闻相俊以"从建党99周年历程看党的建设和党性修养"为题,为全体党员干部上了一节思想深刻、内容丰富的党课。

6月30日,中国(新乡)知识产权保护中心在河南省新乡市高新区电子商务产业园正式启动运行。这是河南省建成的首个国家级知识产权保护中心,将面向起重设备和电池产业开展知识产权快速协同保护工作。

7月

7月1日,河南省知识产权局帮扶点信阳市淮滨县王角村开展"寻足迹、温党史、践初心、担使命"主题党日活动。

7月3日,国家知识产权局运用促进司、财政部经济建设司召开知识产权运营服务体系建设重点城市工作交流会。河南省知识产权局在郑州、洛阳设立分会场,省知识产权局二级巡视员吴灯展、协调处全体人员、郑州市知识产权局和洛阳市知识产权局的有关人员通过网络视频直播参加会议。

7月14日,国家知识产权局公布第二十一届中国专利奖授奖决定,河南省再创佳绩,共有23项专利获奖,其中专利金奖2项、专利优秀奖20项、外观设计优秀奖1项。

7月16日，国家知识产权局和教育部联合发文，公布了第二批高校国家知识产权信息服务中心名单，河南大学顺利入选，成为全国第二批37家高校国家知识产权信息服务中心之一。

7月22日，河南省知识产权局组织征集2020年专利权质押融资奖补项目。

7月23日，河南省知识产权局组织开展第三批河南省高校知识产权运营管理中心建设试点申报工作。

8月

8月11日，河南省知识产权局组织开展第三批省中小学知识产权普及教育示范基地申报工作。

8月12日，河南省知识产权局组织开展河南省知识产权强企培育备案工作。

8月12日，河南省知识产权局组织开展2021年度河南省知识产权软科学研究项目立项工作。

8月14日，河南省知识产权工作座谈会在郑州召开。河南省市场监督管理局党组书记、局长马林青，河南省市场监督管理局党组成员、河南省知识产权局局长刘怀章，河南省纪委监委驻省市场监督管理局纪检监察组副组长李万奇，河南省知识产权局二级巡视员吴灯展出席会议，河南省知识产权局副局长闻相俊主持会议。

8月19日，河南省人民政府《关于强化知识产权保护的实施意见》经省政府第96次常务会议审议通过，并列入近期省委常委会审议议题。

8月27日，河南省知识产权局组织开展中小学教师知识产权教学优质录像课评选活动。

8月28日，河南省知识产权局召开以案促改警示教育大会，认真落实省纪委监委关于开展以案促改的工作要求，以省市场监管局原党组成员、副局长王景峰案为典型开展警示教育。

8月31日，2020年度河南省国外申请专利专项资金申报项目审核结果公示。

9月

9月1日，由河南省知识产权局主办的2020年全省知识产权行政执法实务培训班在郑州举行。此次培训旨在提升河南省知识产权执法人员开展执法工作的能力，加快推进知识产权执法办案，强化知识产权行政保护。

9月2日，河南省知识产权局公布知识产权分析评议项目验收结果。

9月2日，河南省知识产权局组织开展河南省第二批专利导航产业发展实验区评估考核工作。

9月9日，河南省知识产权局联合金水区教育局、国家知识产权创意产业试点园区管委会在金水区艺术小学举行知识产权书籍捐赠仪式。

9月10日，河南省知识产权局组织开展中小学知识产权普及教育示范及实验基地考核工作。

9月11日，河南省知识产权局组织开展中小学知识产权普及教育工作。

9月15日，由河南省知识产权局主办的全省知识产权强省建设培训班在郑州举行。此次培训旨在进一步提升河南省知识产权系统知识产权强省建设能力，增强业务工作技能，加快推进知识产权战略实施和知识产权强省建设。

9月15日，2020年度河南省高校知识产权运营管理中心建设试点单位公示；2020年度河南省知识产权强企名单公示。

9月17日—18日，陕西省知识产权局二级巡视员裴犁一行来豫调研知识产权工作。河南省知识产权局组织召开座谈会研讨交流，二级巡视员吴灯展出席会议，省市场监管局促进处、省知识产权局各处室代表参加座谈。

9月18日，河南省知识产权局组织开展推荐第二十二届中国专利奖参评项目工作。

9月19日—30日，河南省知识产权局举办2020年河南省全国专利代理师资格考试考前培训班。

9月23日，由河南省知识产权局主办的2020年全省知识产权行政执法能力提升培训班在郑州举行，此次培训旨在提升河南省知识产权综合行政执法能力，加快推进知识产权执法办案，全面加强知识产权行政保护。

9月23日—25日，国家知识产权局专利局初审及流程管理部刘小宁副处长一行5人到郑州代办处检查指导工作，河南省知识产权局副局长闻相俊陪同检查。

9月24日，经网上公示，确定多氟多化工股份有限公司等2家企业为2020年度省知识产权领军企业，新天科技股份有限公司等20家企业为2020年度省知识产权示范企业，郑州比克新能源汽车有限公司等100家企业为2020年度省知识产权优势企业。

9月24日，经网上公示，确定河南工业大学、河南理工大学、华北水利水电大学、许昌学院、南阳理工学院5家高校为第三批河南省高校知识产权运营管理中心建设试点单位。

9月29日，第三批河南省专利导航产业发展实验区公示。

10月

10月10日，第三批省中小学知识产权普及教育示范基地公示。

10月12日，河南省知识产权局对河南省知识产权学院共建工作评估结果进行公示。

10月12日，河南省知识产权局对河南省知识产权培训基地考核结果进行公示。

10月16日，确定河南省济源第一中学、濮阳市华龙区黄河路小学、开封市金明中学、新乡市第一中学、郑州市二七区淮河东路小学、信阳市平桥区第三小学为第三批省中小学知识产权普及教育示范基地。

10月19日，确定济源示范区玉川产业集聚区有色金属循环产业专利导航实验区、信阳市上天梯非金属矿管理区珍珠岩、膨润土等非金属矿精深加工产业专利导航实验区为第三批河南省专利导航产业发展实验区。

10月20日，中共河南省委办公厅、河南省人民政府办公厅印发了《关于强化知识产权保护的实施意见》，该意见分为七大部分、共二十条，为强化知识产权保护，进一步完善制度、优化机制，结合河南省实际，明确了一系列政策措施。

10月22日，国家知识产权局战略规划司司长葛树一行到河南调研"十四五"知识产权规划编制工作并召开专题调研座谈会。省市场监督管理局党组成员刘怀章主持座谈会。

10月22日，河南省知识产权局组织开展国家知识产权示范企业和优势企业典型案例征集遴选和年度考核工作。

10月27日，河南省知识产权局组织开展2020年度河南省知识产权软科学研究项目结题工作。

11月

11月10日，省长尹弘到省市场监管局向党员干部宣讲党的十九届五中全会精神，调研知识产权保护运用，食药品、进口食品和疫苗等防疫产品监管工作。

11月11日，河南省市场监督管理局、河南省地方金融监督管理局联合印发《国家知识产权运营公共服务平台交易运营（郑州）试点平台监督管理办法》。

11月14日—15日，为期两天的2020年全国专利代理师资格考试郑州考点圆满结束。

11月17日—20日，河南省《关于强化知识产权保护的实施意见》宣贯班在郑州举办，河南省知识产权局规划处处长杨宝军主持宣贯活动。

12月

12月1日，河南省财政厅行政群团处贾少毅处长及相关工作人员一行3人，到省知识产权局调研知识产权工作并召开专题调研座谈会。省市场监督管理局党组成员刘怀章主持座谈会，省知识产权局二级巡视员吴灯展、省市场监管局科技和财务处田文才处长、刘剑平副处长参加调研座谈。

12月1日，河南省知识产权政务工作培训班在郑州举办，河南省知识产权局副局长闻相俊出席会议并讲话，办公室主任梁华义主持会议。

12月6日，河南省知识产权研究会2020年年会暨第五届知识产权中原论坛在郑州召开，来自政府、高校、企业、知识产权服务机构的300余名知识产权专家学者参加论坛，围绕"高校知识产权高质量发展"的主题建言献策。

12月11日，河南省知识产权局组织开展河南省高校知识产权运营管理中心建设试点评估考核工作。

12月21日，河南省首次中小学知识产权教学优质录像课评选活动落下帷幕，共产生小学组、初中组、高中组一、二、三等奖各一名，优秀奖8名。其中，濮阳市油田第十九中学李海啸、濮阳市实验中学张蕊和河南省济源第一中学刘雨雷分获小学、初中和高中组一等奖。

12月24日，2020年河南省中小学知识产权普及教育巡讲圆满结束，活动覆盖全省 37 所学校，培训人次达 10 000 余人，累计向巡讲中小学校捐赠知识产权基础知识类书籍及宣传册 10 000 余本。

12 月 24 日，河南省市场监督管理局（省知识产权局）召集郑州、洛阳、漯河、南阳、安阳、濮阳、鹤壁等地市场监督管理局（知识产权局）相关负责人以及知识产权服务机构、银行保险机构进行座谈，研讨如何深入对接各地方需求，把好企业专利产品交易入口关，以便更好地完成国家知识产权局正式验收前的各项筹备工作。

12 月 25 日，首批河南省专利导航产业发展实验区评估考核结果公示。

12 月 25 日，河南省知识产权局受国家知识产权局运用促进司委托，组织专家对郑州国家知识产权服务业集聚发展示范区建设情况进行了考核验收，对郑州国家知识产权服务业集聚发展示范区进行了综合评审，评审结果为"优秀"。

12 月 28 日—29 日，河南省知识产权局二级巡视员吴灯展一行深入信阳市淮滨县新里镇王角村调研扶贫工作开展情况，并为驻村第一书记和困难群众送上节日问候和关怀。

12 月 31 日，郑州市北斗导航与遥感产业专利导航发展实验区等 6 家首批河南省专利导航产业发展实验区通过评估考核。

2021 年河南省知识产权大事记

1 月

1 月 12 日，河南省知识产权局组织开展征集国家知识产权课题研究项目选题建议工作。

1 月 18 日，国家市场监管总局召开全国市场监管工作电视电话会议，河南省市场监管局在南办公区设立分会场，河南省知识产权局二级巡视员吴灯展和局属各处室负责人参加会议。

1 月 29 日，全国知识产权局局长电视电话会议在京召开，河南省知识产权局副处级以上干部在河南分会场参加会议。

2月

2月2日,在新春佳节即将到来之际,河南省市场监督管理局党组成员刘怀章带领相关处室负责同志,到淮滨县新里镇王角村慰问困难群众、看望驻村工作队员。

2月4日,河南省知识产权局召开2020年度综合考核民主测评会议,对局领导班子、处室领导班子和处级及以上干部进行考核。省市场监管局党组成员、河南省知识产权局局长刘怀章出席会议,省纪委监委驻省市场监管局正处级纪检监察员张丽玲到会指导,会议由省市场监管局人事处副处长、三级调研员郭正权主持。

2月4日,河南省知识产权局下发关于进一步加强知识产权质押融资工作的通知。

2月18日,河南省知识产权局组织开展2020年专利代理机构年度报告工作。

2月19日,河南省知识产权局组织开展2020年知识产权软科学研究项目结题工作,对符合结题条件的42项软科学研究项目进行结题。

2月22日,河南省知识产权局联合省社会科学院发布《关于印发第四届河南省知识产权强省试点省建设征文评审结果的通知》,此次活动共征集学术论文198篇,评选出90篇论文分别获得一、二、三等奖,其中中原工学院金多才撰写的《专利权的刑事司法保护实证研究》等15篇论文获一等奖,河南省社会科学院祁雪瑞撰写的《利用注册商标傍名牌及虚假宣传案例解析》等30篇论文获二等奖,审协河南中心朱小卫撰写的《超声造影剂专利技术综述》等45篇论文获三等奖,中原工学院知识产权学院等8个征集论文数量多、质量好、组织工作成效显著的单位获"第四届河南省知识产权强省试点省建设征文活动先进集体"称号。

2月24日,河南省知识产权局组织开展2020年度省级专利导航实验区总结工作。

2月25日,全国脱贫攻坚总结表彰大会在北京人民大会堂隆重召开。中共中央总书记、国家主席、中央军委主席习近平向全国脱贫攻坚楷模荣誉称号获得者颁奖并发表重要讲话。河南省知识产权局二级巡视员吴灯展、副局长闻相俊,以及局机关全体干部职工,在河南省市场监管局南区三楼多功能厅收听收看大会实况直播，共同见证了中华民族这一伟大历史时刻。

2月26日，河南省市场监管局举办2021年第2期"市场监管大讲堂"活动。国家市场监督管理局党组成员、国家知识产权局局长、党组书记申长雨以"认真贯彻习近平总书记重要讲话精神，全面加强知识产权保护工作"为主题，采取视频授课的形式向全系统授课。河南省知识产权局机关全体干部职工在省市场监管局花园路南区分会场收看视频课堂。

3月

3月4日，河南省知识产权远程教育汇报交流会在郑州召开。

3月4日，河南省知识产权局组织开展报送2021年全国知识产权宣传周河南地区活动方案的工作。

3月8日，河南省知识产权局组织开展申报2021年度国家知识产权局课题研究项目工作。

3月26日，河南省知识产权局印发《2021年河南省知识产权工作要点》，部署2021年全省知识产权重点工作和任务。

3月26日—27日，河南省知识产权局召开全省知识产权行政保护工作座谈会，通报河南省知识产权行政保护工作考核情况，分析河南省知识产权保护工作面临的形势和任务，并对下一步加强知识产权行政执法工作进行部署。

3月30日，河南省知识产权局组织开展征集2021年全省知识产权巡讲内容的工作。

4月

4月12日，河南省知识产权局组织开展2021年度河南省国外申请专利资助申报工作。

4月19日，河南省知识产权局和河南省财政厅联合印发《河南省实施专利转化专项计划、助力中小微企业创新发展实施方案》，从工作思路、基本原则、工作目标、工作内容、实施步骤和保障措施等六大方面，为促进河南省专利技术转移转化，提升高校院所知识产权运营能力，助力中小微企业创新发展，明确了一系列政策措施。

4月20日，2021年河南省知识产权宣传周主题日活动在郑州举行。本次活动由河南省市场监督管理局（河南省知识产权局）、河南省人民检察院、河南省高级人民法院主办，郑州市金水区国家知识产权创意产业试点园区承办。

4月22日，河南省知识产权局组织开展第三届河南省专利奖评选工作。

4月29日，河南省知识产权局发文通知，将继续深入开展知识产权代理行业"蓝天"专项整治行动，贯彻落实《国家知识产权局关于深入开展"蓝天"专项整治行动的通知》（国知发运函字〔2021〕32号）的要求，贯彻落实《专利代理条例》《专利代理管理办法》，依法履行专利代理监管职责。

5月

5月12日，河南省知识产权局组织开展征集2022年度河南省知识产权软科学研究项目选题工作。

5月12日—14日，晋冀鲁豫四省跨地区知识产权保护协作暨业务培训会议在鹤壁召开，进一步加强晋冀鲁豫四省部分地市间的知识产权执法协作，实现知识产权保护协作良性互动。

5月17日，河南省正式建立知识产权战略实施工作联席会议制度，加强部门间协调配合，深入实施知识产权战略，加快知识产权强省建设。

5月27日，河南省制定并印发《河南省推动知识产权高质量发展年度实施方案（2021）》。

5月27日—28日，省知识产权局二级巡视员吴灯展一行到信阳市淮滨县新里镇王角村进行调研，协调管理处处长王海英和处室畅向利同志参加了调研活动。

6月

6月2日，河南省知识产权局组织开展申报2022年度河南省知识产权软科学研究项目工作。

6月4日，河南省知识产权局组织开展首批河南省知识产权信息公共服务网点申报工作。

6月16日—17日，河南省知识产权局在郑州举办全省知识产权战略实施工作培训班，提升全省知识产权系统实施知识产权战略能力，增强业务工作技能，加快建设知识产权强省。

6月16日—17日，河南省知识产权局通过座谈汇报会和实地考察相结合的方式，对郑州大学、河南大学、河南财经政法大学、河南师范大学和中原工学院等6家高校的共建知识产权学院的全面建设情况进行评估考核，确保知识产权学院建设更为契合知识产权强省建设的需要，提升河南省知识产权高层次人才培养。

6月18日，2021年度河南省国外申请专利资助申报项目审核结果公示。

6月28日—29日，河南省知识产权局、省教育厅在郑州举办河南省高校知识产权综合能力提升培训班，提升高校知识产权工作能力水平，支撑高校科技创新和"双一流"建设。

6月29日，2021年河南省高校知识产权转化运用专题座谈会在郑州召开。河南省知识产权局二级巡视员吴灯展，局协调管理处副处长刘璟等参加座谈。河南省知识产权局协调管理处处长王海英主持座谈。

6月30日，国家知识产权局知识产权保护司司长张志成率专家组一行赴禹州指导钧瓷国家地理标志产品保护示范区实地验收，河南省市场监督管理局党组成员、河南省知识产权局局长刘怀章陪同。

7月

7月1日8时，庆祝中国共产党成立100周年大会在北京天安门广场隆重举行，中共中央总书记、国家主席、中央军委主席习近平发表重要讲话。河南省知识产权局二级巡视员吴灯展、副局长闻相俊，以及局机关全体党员和干部职工，在河南省市场监管局南区三楼多功能厅收听收看了大会实况直播，共同见证了中国共产党这一伟大历史时刻。

7月5日—6日，河南省知识产权局在郑州举办"2021年全省区域知识产权工作培训班"。河南省知识产权局二级巡视员吴灯展同志出席开班仪式并致辞，省知识产权局协调处处长王海英主持开班仪式。

7月7日，河南省知识产权局组织开展征集《河南知识产权年鉴（2020年）》编纂材料工作。

7月19日，河南省知识产权局对河南省高校知识产权运营管理中心评估考核结果公示。

7月19日，河南省知识产权局组织开展知识产权强企培育备案工作。

7月27日，河南省知识产权局组织开展征集2021年专利权质押融资奖补项目工作。

7月27日，河南省知识产权局组织开展第四批河南省高校知识产权运营管理中心建设试点申报工作。

7月27日，河南省知识产权局组织开展2021年度河南省高价值专利培育计划项目申报工作。

8月

8月2日，河南省知识产权局对2022年度省知识产权软科学研究申报项目进行了专家评审，拟定41项为2022年度河南省知识产权软科学研究计划项目，并给予研究经费支持。

8月4日，河南省知识产权局转发国家知识产权局办公室关于加强专利导航工作的通知至各省辖市、济源示范区、省直管县（市）知识产权局管理部门，各省级专利导航产业发展实验区（培育对象）。

8月13日，国家知识产权局办公室召开了2021年度新闻宣传通联工作会议，对中国知识产权报社通联工作先进集体和个人进行了表彰，河南省知识产权局连续二十年荣获"全国知识产权新闻宣传通联工作先进集体"称号。

8月31日，河南省知识产权局组织推荐第二十三届中国专利奖参评项目工作。

9月

9月3日，国家海外知识产权纠纷应对指导中心河南分中心面向社会公开征集河南省海外知识产权纠纷应对指导专家，加强对河南省企业海外知识产权纠纷应对的指导和服务，提高企业"走出去"过程中的知识产权纠纷防控和应对能力。

9月6日，河南省知识产权局和河南省社会科学院联合下发通知，决定以"加强知识产权保护　服务新发展格局"为主题，联合组织开展"第五届河南省知识产权强省试点省建设征文"活动，旨在进一步深化知识产权强省建设理论研究，加强河南省知识产权文化建设。

10 月

10月8日，河南省知识产权局组织了第二批专利导航产业发展实验区的评估考核工作。经过第三方评估、实地考核，经综合评定，郑州市汽车及先进零部件产业专利导航发展实验区等8家实验区拟通过评估考核。

10月11日，河南省知识产权局制定《河南省专利导航服务基地建设工作实施方案》，进一步推动专利导航与产业运行决策深度融合，促进专利布局与产业创新能力高度匹配，加快创新资源的优化配置，支撑知识产权强省建设。

10月12日，2021年河南省知识产权工作座谈会在郑州召开，河南省市场监督管理局党组成员、河南省知识产权局局长刘怀章，省纪委监委驻省市场监督管理局纪检监察组副组长杨洪力、省知识产权局副局长闻相俊等出席座谈会，省知识产权局二级巡视员吴灯展主持座谈会。

10月16日—27日，河南省知识产权局举办2021年河南省全国专利代理师资格考试考前培训班。

10月18日，河南省知识产权局组成评估考核组，对第二批建设期满的省级专利导航产业发展实验区进行了评估考核，经综合评价，郑州市汽车及先进零部件产业专利导航发展实验区等八家实验区通过考核验收。

10月25日—29日，由河南省市场监督管理局、河南省知识产权局主办的2021年河南省县处级领导干部知识产权战略研究班在郑州举行。河南省市场监督管理局党组成员、河南省知识产权局局长刘怀章，河南省知识产权局二级巡视员吴灯展出席开班仪式，副局长闻相俊主持开班仪式。

11 月

11月3日，河南省知识产权局启动第一批省级专利导航服务基地遴选工作；河南省知识产权局组织开展2021年度河南省知识产权软科学研究项目结题工作。

11月4日，河南省知识产权局组织开展第二批全省中小学知识产权普及教育师资遴选工作。

11月8日，河南省知识产权局组织了2021年河南省高校知识产权运营管理中心建设试点申报及评审工作，拟确定周口师范学院、黄淮学院、平顶山学院、安阳工学院、河南工学院5家高校为试点单位。

11月8日，河南省知识产权局组织了2021年河南省知识产权强企培育备案评审工作，拟确定中铁工程装备集团有限公司等5家企业为河南省知识产权领军企业，郑州机械研究所有限公司等22家企业为河南省知识产权示范企业，河南裕展精密科技有限公司等150家企业为河南省知识产权优势企业。

11月8日，根据全国知识产权系统先进集体和先进个人评选表彰工作领导小组审定的初审结果，拟确定郑州市市场监督管理局（知识产权局）等3家单位为全国知识产权系统先进集体推荐对象，田春英等3名同志为全国知识产权系统先进个人推荐对象。

11月12日，根据《河南省推动知识产权高质量发展年度实施方案（2021）》文件要求，河南省知识产权局组织开展知识产权高质量发展实施情况年度总结工作。

11月18日，河南省市场监督管理局党组书记、局长宋殿宇率调研组到国家知识产权局专利局专利审查协作河南中心调研。审协河南中心党委书记、主任高胜华等陪同调研。

11月19日，国家知识产权局河南业务受理窗口揭牌，标志着河南省专利、商标"一窗通办"业务正式开通。河南省市场监督管理局党组成员、河南省知识产权局局长刘怀章，省知识产权局二级巡视员吴灯展，省市场监管局、知识产权局相关处室人员参加揭牌仪式，省知识产权局副局长闻相俊主持活动。

11月22日，河南省知识产权局通报2021年前三季度全省专利商标质押融资工作情况。

11月26日，国家知识产权局同意建设中国漯河经济技术开发区（食品）、中国禹州（钧瓷）知识产权快速维权中心。漯河经开区快维中心和禹州快维中心是河南省第二家、第三家快速维权中心，分别面向食品和钧瓷产业开展知识产权快速维权工作。

11月26日，河南省知识产权局确定周口师范学院、黄淮学院、平顶山学院、安阳工学院、河南工学院5家高校为第四批河南省高校知识产权运营管理中心建设试点单位。目前全省已建设18家高校知识产权运营管理中心，覆盖郑州、洛阳、新乡等13个省辖市。

12月

12月3日，按照2021年全省"宪法宣传周"宪法进机关主题活动要求，河南省知识产权局组织全体干部职工集中观看中央党校（国家行政学院）副教育长卓泽渊教授讲授《习近平关于全面依法治国重要论述》的视频，深入学习习近平法治思想。

12月4日，由河南省知识产权局主办、郑州市金水区国家知识产权创意产业试点园区承办的2021年河南省中小学知识产权普及教育师资遴选活动在创意园区举办。

12月6日，河南省知识产权局组织开展河南省高校知识产权运营管理中心建设试点评估考核工作。

12月11日，2021河南省知识产权研究会年会暨第六届知识产权中原论坛在郑州召开，围绕"新发展阶段的知识产权变革"主题建言献策。应河南省疫情防控措施要求，论坛采取线上与线下相结合，线上设立直播平台，同步呈现会议内容；线下来自政府、高校、企业、知识产权服务机构的100余名知识产权专家学者参加论坛。

12月14日，河南省知识产权局下发《关于确定2021年度河南省知识产权强企培育备案名单的通知》（豫知〔2021〕74号），确定175家企业为知识产权强企，其中中铁工程装备集团有限公司等5家企业为河南省知识产权领军企业，郑州机械研究所有限公司等22家企业为河南省知识产权示范企业，河南裕展精密科技有限公司等148家企业为河南省知识产权优势企业。

12月20日，河南省知识产权局组织开展河南省高校知识产权运营管理中心建设试点年度总结工作。

12月24日，河南省知识产权局下发《关于公布第一批河南省专利导航服务基地名单的通知》（豫知〔2021〕77号），确定安阳高新技术产业开发区、濮阳经济技术开发区、中原工学院、洛阳高新技术产业开发区、郑州荥阳产业集聚区、郑州高新技术产业开发区和新乡长垣产业集聚区7家为河南省第一批专利导航服务基地。

12月27日，河南省知识产权局开展河南省百千万知识产权人才工程高层次人才基本情况调查工作。

12月31日，河南省知识产权局对2021年度河南省知识产权软科学部分研究项目准予结题。

附录三

2020—2021年河南省知识产权十大典型案例

2020—2021年，河南全省法院坚持以习近平法治思想为指导，深入贯彻落实习近平总书记关于加强知识产权司法保护的系列重要讲话指示精神，紧紧围绕"努力让人民群众在每一个司法案件中感受到公平正义"的工作目标，严格按照中共中央、国务院《关于加强知识产权审判领域改革创新的若干意见》《关于强化知识产权保护的意见》和河南省委关于创新型省份的各项要求，牢固树立"保护知识产权就是保护创新"理念，不断加大知识产权司法保护力度，坚定不移贯彻新发展理念，深度融入新发展格局，积极营造市场化、法治化、便利化、国际化营商环境，办理了一大批具有良好法律效果和社会效果的优秀案件。为进一步加大知识产权司法保护宣传力度，充分发挥典型案例的示范引导作用，河南省高级人民法院从全省法院2020年、2021年度办结的知识产权刑事、民事和行政案件中评选出了年度河南法院知识产权司法保护十件典型案例，具体如下。

一、2020年河南省知识产权十大典型案例

（一）肇庆市衡艺实业有限公司诉郑州大木林电子科技有限公司侵害发明专利权纠纷案〔郑州市中级人民法院（2020）豫01知民初99号民事判决书、最高人民法院（2020）最高法知民终1010号民事判决书〕

案情摘要： 肇庆市衡艺实业有限公司（以下简称"肇庆衡艺公司"）是一家专注于将磁悬浮运用于工艺品及广告展示装置的企业，其发明的磁悬浮工艺品广泛应用于工艺礼品、广告展示品等领域。2006年3月17日，王某冰与李某清申请了名称为磁斥型悬浮装置的发明专利，该发明专利于2009年9月23日获得授权，专利权人为王某冰与李某清，专利号ZL200610065336.1。2010年9月13日，专利权人变更为肇庆衡艺公司。涉案专利说明书的权利要求1为：一种磁斥型悬浮装置，包括磁性悬浮底座与悬浮体，其中所述悬浮

体为单个永磁性悬浮体，在工作状态下，其重力能够被所述磁性底座和所述磁性悬浮体之间产生的磁斥力所平衡，从而悬浮于所述底座上方的预定基准位置。郑州大木林电子科技有限公司（以下简称"郑州大木林公司"）成立于2016年12月12日，经营范围为计算机软硬件及周边设备的开发、销售等。肇庆衡艺公司在经营中发现郑州大木林公司对外销售了与涉案专利技术特征相同的磁悬浮产品。经双方协商，郑州大木林公司2019年3月11日向肇庆衡艺公司出具承诺书一份，承诺：郑州大木林公司保证下架在所有电商平台和网络上非法发布和销售的侵权产品的信息；不再非法发布和销售侵权产品的信息；不再非法制造、发布、销售以及许诺销售侵权产品。如有违反，同意无条件赔偿50万元。2019年12月，肇庆衡艺公司通过公证方式从郑州大木林公司处又购得了被控侵权磁悬浮音响产品。经比对：被控侵权产品与涉案专利构成相同。肇庆衡艺公司以郑州大木林公司构成重复侵权为由诉至法院，要求郑州大木林公司停止侵权，赔偿经济损失50万元。一审法院经审理认定，郑州大木林公司未经权利人许可，以营利为目的生产、销售、许诺销售与涉案发明专利相同产品构成侵权。郑州大木林公司之前作出的再次侵犯涉案专利承诺赔偿50万元的承诺属于自认，不违反法律的强制性规定，具有拘束力。判决郑州大木林公司停止侵权，赔偿经济损失50万元。郑州大木林公司不服，提起上诉。最高人民法院二审认定郑州大木林公司的承诺书系自愿达成，其内容仅涉及私权处分，不涉及公共利益、第三人利益，也不存在法律规定的其他无效情形。郑州大木林公司再次侵权，双方约定的赔偿条件成就，肇庆衡艺公司据此提出50万元的赔偿数额，于法有据。二审法院驳回上诉，维持原判。

典型意义：创新是引领发展的第一动力，保护知识产权就是保护创新，司法裁判对于科技创新活动具有重要的导向作用。但在我国当前的专利侵权审判实务中，由于权利人的实际损失及侵权人所获利润不易确定，相当数量的案件是由法院依法酌定赔偿数额，且数额不高。这不仅不利于激发权利人维权的积极性，还容易诱发侵权人重复侵权的冲动。而权利人通过和侵权人就重复侵权如何赔偿达成协议，可以对侵权人的重复侵权冲动构成有效制约。相对于事后约定赔偿，现行专利法虽未将当事人事先约定作为确定损害赔偿的一种方式，但也未对此作出禁止性规定。本案通过对当事人事先约定赔偿协议效力的认定，为探索确定合理赔偿数额、解决赔偿低问题作出了有益尝试。

(二) 河南省南街村 (集团) 有限公司与新乡市麦金香食品有限公司不正当竞争纠纷案〔河南省高级人民法院 (2020) 豫知民终 230 号民事判决书〕

案情摘要：河南省南街村 (集团) 有限公司 (以下简称"南街村公司") 自 1997 年开始生产"北京方便面"，经过长期的使用及广告推广、宣传，使该产品具有较高的市场知名度。新乡市麦金香食品有限公司 (以下简称"麦金香公司") 于 2016 年起开始在其生产的方便面产品上使用从案外人处受让的外观设计专利，并突出使用"老北京方便面"字样，且其产品的包装、装潢与南街村公司产品的包装、装潢整体构成近似。2017 年，南街村公司提起不正当竞争之诉，法院判令麦金香公司停止不正当竞争行为，并赔偿南街村公司经济损失 8 万元。2019 年，麦金香公司仍在生产销售"老北京方便面"，分别被漯河、平顶山、新乡等地的行政机关予以行政处罚，南街村公司遂提起该案诉讼，请求判令麦金香公司停止不正当竞争，并赔偿经济损失 100 万元。一审法院判令麦金香公司立即停止不正当竞争行为，并赔偿南街村公司经济损失及合理开支共计 32 万元。二审法院认为麦金香公司在生效判决确定其构成不正当竞争的情况下，继续实施不正当竞争行为，且扩大生产规模，构成恶意侵权、重复侵权，应对其实施惩罚性赔偿措施；综合考虑麦金香公司侵权行为性质、侵权持续时间、销售范围、拒不提供账簿资料的情节，改判麦金香公司赔偿南街村公司经济损失及合理开支共计 100 万元。

典型意义：我国实行严格的知识产权保护制度，该案系适用知识产权侵权惩罚性赔偿的典型案例，体现了人民法院严厉惩治重复侵权、持续侵权等恶意侵权行为，加大侵权惩处力度的坚定决心。该案被控侵权人在人民法院已对相同侵权行为作出生效判决并达成执行和解的情况下，仍继续实施侵权行为，有违诚信原则，侵权故意明显。为保护权利人合法权益，严惩侵权行为，维护市场秩序，二审法院改判麦金香公司赔偿南街村公司经济损失及维权合理开支共计 100 万元，坚持了知识产权侵权赔偿的市场价值导向，体现了严格保护知识产权的裁判理念。

(三) 延津县帝益麦种业有限公司与某种业公司、某农资公司侵害植物新品种权纠纷案〔郑州市中级人民法院 (2020) 豫 01 知民初 62 号民事判决书〕

案情摘要：河南省农业科学院育种、研发了"郑麦 136"小麦品种。延津县帝益麦种业有限公司（以下简称"帝益公司"）经授权获得了"郑麦136"小麦品种的使用权。某种业公司生产、经由某农资公司销售的小麦种子的外包装标注为"孟麦032"，但包装袋内盛装的却是"郑麦136"品种。帝益公司以某种业公司、某农资公司侵害了其植物新品种使用权为由提起诉讼。郑州市中级人民法院通过鉴定等方式对上述事实进行了查证，认定某种业公司未经品种权人许可，擅自生产销售"郑麦136"小麦品种，侵犯帝益公司的合法权益，某农资公司未对其销售的涉案被控侵权小麦种子向行政主管部门进行备案，亦未提供购买合同和支付凭证，未尽到合理注意义务，具有过错，应当承担侵权责任。遂判决某种业公司赔偿帝益公司经济损失20万元，某农资公司赔偿5000元。一审宣判后，当事人服判息诉，均未提起上诉。

典型意义：本案是维护植物新品种权的典型案例。河南是农业大省，也是育种大省。种子是农业生产中特殊的、不可替代、最基本的生产资料。新品种培育需要经过多年耐心、细致、漫长的培育过程，培育人付出了艰辛劳动。小麦新品种的研发、育种、销售关系到国家粮食安全。审理好涉植物新品种权纠纷案件，对于规范种子行业经营秩序，推进育种产业持续发展，营造良好的植物新品种权保护氛围，推动农业科技创新和助力农业强省发展具有重要意义。

（四）河南小李补胎服务有限公司与谭某有商业诋毁纠纷案〔郑州市中级人民法院（2020）豫01民初2号民事判决书、河南省高级人民法院（2020）豫知民终426号民事判决书〕

案情摘要：河南小李补胎服务有限公司（以下简称"小李补胎公司"）系一家从事汽车维修服务的公司；谭某有系河南谭双有汽车维修服务公司法定代表人，也从事汽车维修行业。谭某有从2018年9月持续通过新浪微博、博客、百度、美团平台发布了大量有关小李补胎公司的言论，其中充斥着大量侮辱甚至辱骂的言论。小李补胎公司以谭某有在微博、抖音等平台上故意捏造并散布虚假消息，严重损害了小李补胎公司的商业信誉为由提起诉讼，请求法院判令谭某有赔偿其经济损失及合理开支共计30万元并赔礼道歉等。一审法院经审理后认定谭某有的行为构成商业诋毁，系不正当竞争行为，判决谭某有停止传播并删除虚假信息或者误导性信息，赔偿小李补胎公司16万元。谭某有提出上诉，二审法院经审理维持一审判决。

典型意义：商誉是经营者在市场经营活动中对其产品或服务的市场推广、

技术研发以及广告宣传等领域经过长期努力建立起来的企业形象和市场评价，是企业赖以生存的无形资产。随着网络和电子商务的迅猛发展，微博、博客等逐渐改变了熟人社会的交际平台和交易方式，但其并非法外之地。在微博、博客等网络中捏造、散布虚假事实，损害竞争对手商业信誉和商品声誉，足以使相关公众产生误导性的恶劣影响，构成诋毁商誉的不正当竞争行为。该案的审理对于依法打击和惩治利用微博、博客等现代网络平台诋毁他人商誉、破坏公平竞争的市场经营秩序的行为具有良好的震慑作用和引导意义。

（五）巴布豆（中国）儿童用品有限公司与泉州市巴布豆儿童用品有限公司、福建晋江万泰盛鞋服有限公司、郑州市二七区布尼迪鞋行、台州美得宝鞋业有限公司侵害商标权及不正当竞争纠纷案〔河南省郑州市中级人民法院（2019）豫01知民初1230号民事判决书、河南省高级人民法院（2020）豫知民终696号民事判决书〕

案情摘要：巴布豆（中国）儿童用品有限公司（以下简称"巴布豆中国公司"）成立于1995年，在第25类鞋类商品上享有第1210799号商标" "、第4604867号商标"巴布豆"、第6169457号商标"BOBDOG 巴布豆概念生活馆"等七项注册商标专用权，均在有效保护期内。巴布豆中国公司对"巴布豆"相关系列商标进行了长期的使用和宣传，使得该品牌在相关消费群体中具有较高的知名度和美誉度。泉州市巴布豆儿童用品有限公司（以下简称泉州巴布豆公司）成立于2001年2月27日，经营范围为儿童服装、鞋、玩具的批发、零售。泉州巴布豆公司的关联公司曾为1210799号" "注册商标的被授权使用人，其在明知巴布豆中国公司及"巴布豆"系列商标的情况下，仍将"巴布豆"作为企业字号在同一行业使用，并注册、使用www.巴布豆.cc及www.babudog.cc域名，申请注册与巴布豆中国公司系列商标近似的第3191146号商标" 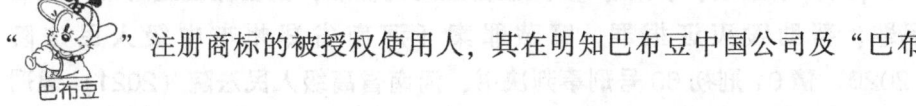"、第1561503号商标"BABUDOG"、"巴布狗"、第3688561号商标"Babudog"等14枚被控侵权商标，与福建晋江万泰盛鞋服有限公司（以下简称万泰盛公司）共同生产经营童鞋商品。巴布豆中国公司先后在北京、重庆、郑州、武汉、西安、济南等十余个城市公证取得被控侵权商品。北京市高级人民法院在 2019 年作出并生效的行政判决中认定泉州巴布豆公司的该 14 枚被控侵权商标系以其他不正当手段取得注册，应予无效；国家知识产权局于 2020 年裁定对该 14 枚被控侵权商标予以无效宣告。一审法院经审理认为，泉州巴布豆公司与万泰盛公司未经巴布豆中国公司许可，在同类商品上使用与巴布豆中国公司的注册商标近似的标识，易使相关公众产生混淆或误认，构成商标侵权；泉州巴布豆公司将"巴布豆"文字登记为企业字号和公司域名，容易使相关公众对双方提供的服务造成混淆，或者误以为两者之间存在关联关系，构成不正当竞争，遂判令泉州巴布豆公司、万泰盛公司立即停止商标侵权，并赔偿巴布豆中国公司经济损失及合理维权支出共计 500 万元；泉州巴布豆公司立即停止在其企业名称中使用"巴布豆"字样，停止使用 www.巴布豆.cc 及 www.babudog.cc 域名。二审法院经审理，在查明涉案注册商标许可使用费的基础上维持一审判决。

典型意义：本案判决有力制止和惩治了违反公平竞争和诚实信用的经营原则、故意攀附知名品牌、恶意注册和使用与知名企业近似的企业名称谋取非法利益的不正当竞争行为。对于侵权恶意明显、侵权情节恶劣、侵权后果严重的侵权行为，在查清商标许可使用费的基础上，根据侵权主观恶意、侵权持续时间确定了与之相适应的惩罚幅度，体现了严厉惩治恶意侵权行为、显著提高侵权成本、最严格保护知识产权的价值导向；彰显了对民营企业知名品牌充分有效保护的鲜明态度，对于营造良好的营商环境具有积极的效果。

（六）李某政、李某等 28 人假冒注册商标罪，销售假冒注册商标的商品罪，帮助毁灭证据罪，窝藏罪案〔河南省郑州市中级人民法院（2020）豫 01 刑初 60 号刑事判决书、河南省高级人民法院（2021）豫刑终 100 号刑事裁定书〕

案情摘要：2018 年 6 月以来，李某政等 18 人以家族成员为纽带，利用李某政以其亲友身份分别注册成立并控制的亿德宏公司、河南沃之盛贸易有限公司和郑州爱可富贸易有限公司三家公司，在销售医疗器械的掩盖下，低价购得来路不明的医用胶片，伪造锐珂（CARESTREAM）、爱克发（AGFA）、富士（FUJIFILM）等注册商标的标识标签、包装和芯片等，通过更换标识标签、芯片、分装等行为进行加工，通过物流公司向各地发货，从中赚取高额利润。2019年5月29日，公安机关现场查扣假冒锐珂医用胶片101箱，假冒爱克发医用胶片390箱，假冒富士医用胶片291箱，共计人民币7 804 864元。经鉴定，自2019年1月至案发，李某政等人销售假冒锐珂、爱克发、富士胶片1338.41箱，销售金额共计人民币6 072 563元，合计涉案金额13 877 427元。

2017年年底以来，李某等10人利用李某以其亲友身份分别注册成立并控制的北京蓝科宏宇商贸有限公司、河南巨影医疗器械有限公司、河南巨康医疗器械有限公司和河南一鼎医疗器械有限公司四家公司，在销售医疗器械的掩盖下，低价购得来路不明的医用胶片，伪造锐珂、爱克发、富士等注册商标的标识标签、包装和芯片等，通过更换标识标签、更换芯片、分装等行为进行加工，通过物流公司向各地发货，从中赚取高额利润。2019年8月7日至15日，公安机关先后查扣假冒胶片价值共计人民币862 472元，经鉴定，李某等人销售假冒胶片共计1 490 525张，销售金额人民币11 927 032.25元，合计涉案金额12 789 504.25元。

一审法院以李某政、李某等28人犯假冒注册商标罪，销售假冒注册商标的商品罪，帮助毁灭证据罪，窝藏罪，分别判处其有期徒刑五年零六个月至八个月不等刑期及拘役，并处罚金合计1524万元。李某政、肖某真、李某、李某平不服向河南省高级人民法院提起上诉，二审经审理维持原判。

典型意义：该案是依法严厉惩处危害人民群众健康和人身安全的刑事典型案例。案件具有以下特点：一是假冒医用胶片危害性大，涉案的假冒锐珂、爱克发、富士等全球知名医用胶片系特殊的医疗用品，是医院对人体进行CT等病灶检查结果的重要载体，直接关系到人民群众的身体健康和生命安全。二是涉案人员多，涉案的李某政、李某等28人利用注册成立的公司进行犯罪活动，犯罪活动分工明确、组织严密，影响面广。三是涉案金额大，公安机关认定李某政等人生产、销售涉案假冒医用胶片共计人民币13 877 427元，认定李某等人生产、销售涉案假冒医用胶片共计人民币12 789 504.25元，总计涉案金额高达26 666 931.25元。四是处罚力度大，该案分别依法判处28名被告人有期徒刑五年零六个月至八个月不等刑期及拘役，并处罚金合计1524万元。该案的处理既彰显了人民法院严厉打击侵犯知识产权犯罪的坚定决心，既从经济上剥夺了犯罪分子再犯罪的能力和条件，又体现了人民法院保障人民群众身体健康和生命安全的鲜明态度，充分体现了最严格知识产权司法保护政策。

（七）河南省矿山起重机有限公司与河南省矿山起重机制造有限公司擅自使用他人企业名称纠纷案〔河南省高级人民法院（2020）豫知民终 550 号民事判决书〕

案情摘要： 河南省矿山起重机有限公司（以下简称"河南矿山公司"）成立于 2002 年 9 月 30 日，经营范围包括单、双梁、桥式、门式起重机等，住所地位于河南新乡长垣市。该公司于 2004 年 7 月 7 日取得了注册号为第 3421755 号"矿源 KUANGYUAN 及图"商标。其生产的起重机的销量和市场占有率连续多年占据国内同行业领先地位，持有的"矿源 KUANGYUAN 及图"商标被国家工商行政管理总局商标局认定为驰名商标，已经在特定地域内为相关公众所认可。河南省矿山起重机制造有限公司（以下简称"河南矿山制造公司"）成立于 2010 年 1 月 8 日，经营范围包括起重机械及配件制造、销售等，规模较小，住所地位于河南新乡封丘县。河南矿山公司以河南矿山制造公司在明知河南矿山公司已取得"矿山"字号的情况下仍然登记与权利人名称极其近似的企业名称，具有侵害名称权、攀附商誉的主观恶意为由，将河南矿山制造公司诉至法院，请求判令河南矿山制造公司立即停止侵权，办理企业名称变更手续，变更后的企业名称不得含有"矿山"字样并赔偿损失 20 万元。法院经审理认定河南矿山制造公司注册使用仅有"制造"二字之差的企业名称，且其故意利用两者距离较近的便利，在企业宣传中引用河南矿山公司的商标、荣誉，并把自己产品的生产地址写为河南矿山公司的地址，造成混淆，侵害了在先企业的合法权益，构成不正当竞争，判处：河南矿山制造公司赔偿河南矿山公司经济损失及合理开支共计 10 万元；立即停止在网络宣传中使用河南矿山公司商标、荣誉的不正当竞争行为，并变更企业名称，变更后的企业名称应与河南矿山公司明显区别。

典型意义： 知名企业在遇到"搭便车"和"傍名牌"行为时，可以通过商标侵权、不正当竞争诉讼等方式，保护自己的合法权益。而新设企业在选择字号时应该谨慎，应在本地域、本行业内充分尽到注意义务，对知名企业名称、字号进行合理避让。本案作为认定恶意注册和使用与知名企业近似的企业名称构成侵权的典型案例，依法惩治了使用与知名企业近似的企业名称、住所地址以及企业荣誉，以制造市场主体混淆的不正当竞争行为，维护了市场经济秩序，对类似搭便车现象起到了示范引导作用。

(八) 于某涛、于某潮等 7 人侵犯著作权罪案〔河南省洛阳市中级人民法院（2020）豫 03 刑初 18 号、河南省高级人民法院（2020）豫刑终 266 号刑事判决书〕

案情摘要：2018 年 3 月起，被告人于某潮伙同被告人于某涛先后租赁洛阳市伊滨区佃庄镇西大郊村某仓库、洛阳市洛龙区安乐镇狮子桥村某仓库等场所，购进全自动薄膜封切机、捆扎机等生产设备，雇佣多名女工，未办理任何经营许可证照，未经著作权人许可、授权，在上述地点大量生产、储存、销售各种盗版图书获利。2019 年 3 月 6 日，洛阳市文化广电和旅游局将被告人于某潮、于某涛等人制售盗版图书的上述仓库查封，现场查扣已生产未销售的图书《英语试题解析》《考研英语阅读的逻辑》等 44 种共计 116 142 册。2019 年 3 月 28 日洛阳市洛龙区文化广电新闻出版局从洛阳市洛龙区龙祥街智博书店查获被告人于某潮等人销售至此的图书 2 种共计 172 册。2019 年 4 月 8 日公安机关从荥阳黑豹物流处查扣被告人于某涛等人发货被退回的图书 1 种 1059 册。经河南省新闻出版局鉴定，上述图书属盗印国家批准的出版单位合法出版物的出版物，或盗用国家批准的出版单位的名义擅自印刷的出版物，均系图书类非法出版物。案发前，于某潮、于某涛等人已通过物流运输代收货款方式销售盗版书籍销售金额共计 1 930 695 元。一审法院经审理认定各被告构成侵犯著作权犯罪，判处于某潮有期徒刑五年，并处罚金人民币 90 万元；于某涛有期徒刑五年，并处罚金人民币 90 万元；王某海有期徒刑三年零六个月，并处罚金人民币 15 万元；于某鑫有期徒刑三年零六个月，并处罚金人民币 15 万元；王某舞有期徒刑三年零六个月，并处罚金人民币 15 万元；黄某丽有期徒刑三年，并处罚金人民币 10 万元；张某冰有期徒刑二年，并处罚金人民币 10 万元。于某涛等人上诉后，二审裁定驳回上诉，维持原判。

典型意义：该案是全国扫黄打非督办案件。教辅图书市场是著作权侵权的高发区，教辅图书盗版侵权行为阻碍了原创作品的出版发行，侵害了著作权人和出版人的利益，极大影响了创新的积极性，扰乱了图书市场健康有序发展，影响文化产业发展。该案被告印制侵权出版物数量多，犯罪数额大，影响十分恶劣。人民法院通过对被告人处以刑罚，加大对被告人罚金刑方面的惩处力度，增强了法律威慑力，彰显了法院严厉打击知识产权犯罪行为的决心和力度。

（九）上海多茂建筑科技有限公司与石某义、李某玲、河南维亚德建筑工程有限公司、郑州维亚德建材有限公司、杭某林、河北奥泰利建材科技有限公司侵害商标权及不正当竞争纠纷案〔河南省郑州市中级人民法院（2020）豫 01 知民初 1094 号民事判决书、河南省高级人民法院（2021）豫知民终 183 号民事判决书〕

案情摘要：上海多茂建筑科技有限公司（以下简称"多茂公司"）获准注册第 28039673 号"多茂建筑科技"、第 28034266 号商标，核定使用商品均为第 19 类。2019 年 5 月至 10 月期间，石某义、李某玲、河南维亚德建筑工程有限公司（以下简称"河南维亚德公司"）、郑州维亚德建材有限公司（以下简称"郑州维亚德公司"）、杭某林、河北奥泰利建材科技有限公司（以下简称"奥泰利公司"）未经商标权人许可，分工合作，共同完成仿冒涉案商标，生产并销售印有涉案商标的被诉侵权产品的行为。经多茂公司举报，浙江省岱山县公安局以河南维亚德公司、奥泰利公司、石某义、杭某林涉嫌假冒注册商标罪立案侦查。浙江省舟山市人民检察院以被诉侵权产品与涉案商标核定使用商品不属于同一种商品为由，认为不构成假冒注册商标罪，决定不起诉。浙江省人民检察院申诉复查决定维持浙江省舟山市人民检察院的不起诉决定。多茂公司遂以构成商标侵权为由诉至法院，请求判令石某义、李某玲、河南维亚德公司、郑州维亚德公司、杭某林、奥泰利公司停止侵权、赔礼道歉并赔偿损失。一审法院经审理认定被诉侵权产品与涉案商标核定使用商品属于类似商品，石某义等人共同生产、销售被诉侵权产品的行为侵犯了涉案注册商标专用权，判决石某义、李某玲、河南维亚德公司、郑州维亚德公司、杭某林、奥泰利公司立即停止侵权，石某义、李某玲、河南维亚德公司、郑州维亚德公司赔偿多茂公司经济损失 70 万元，杭某林、奥泰利公司赔偿多茂公司经济损失 15 万元，石某义、李某玲、河南维亚德公司、郑州维亚德公司、杭某林、奥泰利公司赔偿多茂公司维权合理支出 5 万元。石某义等人不服，上诉至河南省高级人民法院。河南省高级人民法院判决驳回上诉，维持原判。

典型意义：该案系知识产权民事案件中民刑交叉的典型案例。我国《商标法》第六十七条明确了商标侵权行为人的赔偿责任与刑事责任共存，即权利人采取刑事追责方式维权，不影响其继续主张赔偿损失的民事权利。该案的知识产权权利人在其权利受到侵害时，向公安机关进行刑事举报，由公安机关依法立案侦查并移送检察机关审查起诉。在检察机关作出不起诉决定时，权利人向人民法院提起民事诉讼，要求侵权人承担民事侵权责任。民事案件经一审、二审法院审理，对公安机关、检察机关收集、固定的证据质证后依法予以采信，依法认定构成商标侵权，判决侵权人承担停止侵权、赔偿损失的民事责任，减轻了权利人的举证负担，保护了权利人的合法权益，实现了刑事司法与民事诉讼的良好衔接，对于民刑交叉知识产权案件的审理具有典型意义。

（十）李某兵、李某霞、李某蝶假冒注册商标罪案〔郑州市中级人民法院（2020）豫01刑初2号刑事判决书〕

案情摘要：中国贵州茅台酒厂（集团）有限责任公司是第3159141号"贵州茅台"注册商标所有人，且该商标在有效期内。被告人李某兵伙同李某霞、李某蝶等，未经注册商标所有人许可，通过购买茅台酒的包装材料和收购茅台酒瓶，在郑州市金水区畜牧路河南牧业经济学院第一家属院租赁房屋制造假茅台酒对外销售。2019年5月17日，公安机关在该租赁房处将李某兵、李某蝶当场抓获，并查扣11种伪造的成品茅台系列酒137瓶，扣押制酒的剪切、打包、封瓶、称量、灌装的假酒制作工具和茅台白酒瓶盖、标识、防伪、封瓶材料等制酒配件等。经鉴定，上述137瓶标注有"贵州茅台"文字标识的酒均为假冒注册商标的商品，未销售和已销售假茅台酒价值为2 991 425元。郑州市中级人民法院认定李某兵、李某霞、李某蝶未经注册商标所有权人许可，在同一种商品上使用与他人注册商标相同的商标，非法经营数额巨大，情节特别严重，其行为均已构成假冒注册商标罪。分别判处李某兵有期徒刑四年六个月、罚金150万元；李某霞有期徒刑三年八个月、罚金75万元；李某蝶有期徒刑二年，缓刑三年、罚金5万元，没收违法所得1.2万元，缓刑考验期内禁止从事白酒的生产、销售活动；扣押在案的汽车、现金没收上缴国库；扣押的涉案物品没收后销毁；违法所得60.795万元予以追缴。宣判后，公诉机关未抗诉，各被告人均未上诉。该判决已发生法律效力。

典型意义：加大对侵犯知识产权刑事犯罪的处罚力度，有力遏制知识产权刑事犯罪行为，是全省法院加强知识产权保护的重要举措。酒类产品是商标侵权案件的高发区，制售"假酒"的行为既破坏了酒类产品市场经营秩序，也严重威胁消费者生命健康安全。该案中国贵州茅台酒厂（集团）有限责任公司作为全国享有盛名的白酒生产商，其相关品牌市场知名度较大。该案对犯罪故意明显的李某兵等人在判处实体刑的同时处以高额罚金，依法加大惩处力度，体现了对国内知名品牌加大保护力度的司法决心，有效发挥了刑罚惩治和震慑知识产权犯罪的功能。

二、2021年河南省知识产权十大典型案例

（一）韩某辉、李某尚、孙某琴销售假冒注册商标的商品罪案〔河南省周口市中级人民法院（2021）豫16刑初82号刑事判决书、河南省高级人民法院（2022）豫刑终25号刑事裁定书〕

案情摘要：2020年11月至2021年5月间，韩某辉、李某尚、孙某琴为牟利，明知是假冒注册商标的裕丰303、登海605、农大372、良玉99、中科玉505、迪卡653玉米种，仍然通过微信、电商平台对外销售（具体为韩某辉通过微信联系销售给李某尚，李某尚招募业务员孙某琴等人通过"惠农网"等电商平台对外销售）。后经河南华颖会计师事务所鉴定：韩某辉销售给李某尚裕丰303等六个产品共69 078袋，销售金额1 299 530元，非法获利69 078元。李某尚销售裕丰303等六个产品共69 078袋，销售金额为2 397 249.28元，非法获利1 098 080.28元。孙某琴通过电商平台销售裕丰303等六个产品6339袋，销售金额为217 085元，非法获利31 695元。一审法院以韩某辉、李某尚、孙某琴销售假冒注册商标的商品罪，分别判处其有期徒刑五年零六个月至有期徒刑二年，缓刑三年不等刑期，并处罚金合计近120万元。韩某辉、李某尚不服提起上诉，二审经审理维持原判。

典型意义：种子质量和安全关乎农民收入、农业效益和农村稳定。人民法院通过依法处理"农资打假"案件，保持对农资制假、售假犯罪的高压态势，最大限度保护农民利益。该案三被告人明知所售种子系三无产品依然销售，坑农害农，社会危害严重，该案的处理体现了人民法院充分发挥司法保障种业安全、护航乡村振兴的职能作用。

（二）维乐有限责任公司与河南新驰国际贸易有限公司、广州市威诺皮具有限公司、王某新以及河南鸿伸旅行用品有限公司、河南威麦仕实业有限公司、郑州一恒投资有限公司著作权权属、侵权纠纷案〔河南省郑州市中级人民法院（2019）豫01知民初610号民事判决书、河南省高级人民法院（2020）豫知民终730号民事判决书〕

案情摘要：维乐有限责任公司（以下简称"维乐公司"）2009年在俄罗

斯注册成立，在 2013 年推出 delune 品牌书包，并设计了一系列的美术作品，其中包括将 Delune 文字加小熊耳朵图案艺术化设计形成的作品 1（作品名称：Delune 耳朵），将 Delune 文字加小熊耳朵图案加小熊脑袋图案艺术化设计形成的作品 2（作品名称：Delune 小熊脑袋），将趴在月亮上的小熊艺术化设计形成的作品 3（作品名称：月亮小熊），将背着书包的小熊艺术化设计形成的作品 4（作品名称：背着书包的小熊）。河南新驰国际贸易有限公司（以下简称"河南新驰公司"）成立于 2004 年，其经营范围包括货物进出口业务。广州市威诺皮具有限公司、河南鸿伸旅行用品有限公司、河南威麦仕实业有限公司是河南新驰公司的关联公司，是河南新驰公司的书包加工基地。维乐公司以河南新驰公司在维乐公司不知情的情况下，将维乐公司享有著作权的"Delune 耳朵""Delune 小熊脑袋""月亮小熊"作品在中国申请注册商标，还与其他关联公司共同生产、销售嘚噜呢书包为由，将新驰公司等诉至法院。一审法院经审理查明，维乐公司提交的设计底稿源文件证据中，除了有涉案作品的成品图，还提交了大量涉案作品局部的设计图、半成品图的设计文件，还包括有部分局部图案的设计底稿，设计底稿源文件中还包括有与书包配套的鞋袋的设计文档以及使用在书包、鞋袋上的小标识图案的设计文档。同时，新驰公司在 2019 年 12 月 27 日委托代理机构北京正理商标事务所有限公司向国家知识产权局递交的《向国家知识产权局提交的维乐有限责任公司对答辩人在第 18 类商品上已注册的第 19175973 号商标无效宣告的答辩书》中，也认可维乐公司工作人员安某设计了案涉作品。一审法院认定涉案作品著作权属于维乐公司，新驰公司及其关联公司的案涉行为构成侵权，酌定赔偿数额为 600 万元。一审判决作出后，维乐公司、新驰公司、威诺公司等均不服，提起上诉。二审法院审理后予以维持。

典型意义：知识产权既是国际竞争力的核心要素，也是国际争端的焦点，知识产权保护工作的重要性在当前国际贸易争端加剧的情况下尤为突出。该案维乐公司和河南新驰公司之间存在多年商业合作关系，但双方在合作过程中对案涉品牌所进行的艺术化加工设计所形成的权利的归属未作出明确约定，导致该案纠纷发生。法院根据作品创作底稿等证据，综合全案查明事实对权利归属作出认定，为准确认定侵权事实奠定了坚实基础。该案判决体现了加大知识产权保护力度的司法导向，彰显了中国法院依法平等保护中外权利人合法权益的坚定态度，对于营造良好营商环境具有重要意义。

（三）河南好有趣食品有限公司、周某与焦作市明仁天然药物有限责任公司不正当竞争纠纷案〔河南省郑州市中级人民法院（2021）豫01知民初26号民事判决书、河南省高级人民法院（2021）豫知民终316号民事判决书〕

案情摘要：焦作市明仁公司自2008年起生产销售"名仁"苏打水产品，经过多年来的营销、宣传已被广大消费者所熟悉，具有较高市场知名度。"名仁"苏打水在商品装潢显著位置使用云台山景点瀑布图案及特定的构图方式，作为区别于同类产品装潢的最显著的设计元素。明仁公司认为河南好有趣食品有限公司（以下简称"有趣公司"）生产、销售的"名趣"苏打水装潢的构图特征、构图元素等与"名仁"苏打水近似，构成不正当竞争，遂诉至法院，请求判令好有趣公司等立即停止侵权，赔偿经济损失及合理支出200万元。一审法院认为"名仁"苏打水产品已被广大消费者所熟悉，具有较高市场接受度。好有趣公司等生产、销售的"名趣"苏打水产品的包装、装潢与明仁公司"名仁"苏打水产品构成近似，明显具有攀附明仁公司商誉及"搭便车"的意图，有违诚实信用原则，构成不正当竞争，遂判令好有趣公司等停止生产、销售侵权产品，赔偿明仁公司经济损失1 088 485元。好有趣公司等不服一审判决，提起上诉。二审经审理判决驳回上诉，维持原判。

典型意义：该案系典型的擅自使用与他人有一定影响的商品名称、包装、装潢等相同或者近似的标识引起的不正当竞争纠纷。判决对有一定影响的商品名称、包装、装潢标识的法律特征、构成要件、混淆行为及混淆可能性进行了详细分析与解读，总结了类似案件的裁判规则，对于准确适用法律，统一裁判尺度起到了示范作用。

（四）北京快手科技有限公司、北京达佳互联信息技术有限公司与河南飘度文化传媒有限公司网络不正当竞争纠纷案〔河南省郑州市中级人民法院（2021）豫01知民初1051号民事判决书、河南省高级人民法院（2021）豫知民终509号民事判决书〕

案情摘要：北京达佳互联信息技术有限公司（以下简称"北京达佳公司"）系第3326398号"快手短视频APP软件（Android）（简称：快手）V5.8"计算机软件的著作权人，北京快手科技有限公司（以下简称"快手公司"）系"快手"应用软件的实际运营人。河南飘度文化传媒有限公司（以下简称"河南飘度公司")通过其开发运营的"先锋云控引流系统"软件，采用脚本分离云端控制技术，模拟人工操作，一机一号，一次控制多部手机为快手用户提供虚假点赞、关注、转发、评论等刷量服务，从中牟利，引发该案纠纷。北京达佳公司、快手公司起诉请求判令河南飘度公司停止不正当竞争行为，赔偿经济损失及合理维权支出5000万元并赔礼道歉。法院经审理认为：河南飘度公司通过技术手段链接到快手公司、北京达佳公司服务器后，一次控制多部手机进行模仿真实用户观看行为或通过其他方式进行点赞、关注、转发、评论，虚构访问数据，并从中赚取使用费，使得快手公司、北京达佳公司服务器产生了用户观看、点赞、关注等记录，从而达到其他经营者实施刷量的目的。河南飘度公司帮助快手用户对其作品的播放量、点赞量及评论次数等进行虚假宣传，易误导相关公众，属于不正当竞争，遂判决河南飘度公司停止侵权并赔偿北京快手公司、北京达佳公司经济损失100万元。

典型意义：随着网络经济，特别是电子商务的发展，虚假销售、点赞、评论等网络刷量行为日益凸显。网络刷量行为不仅损害了其他经营者的竞争利益，而且对网络秩序和公众的生活秩序造成损害，属于《反不正当竞争法》第十二条规定的"其他妨碍、破坏其他经营者合法提供的网络产品或者服务正常运行的行为"。该案分析了互联网经营者有偿提供虚假刷量服务的行为特征，明确指出其违反诚实信用原则和商业道德规范，应纳入反不正当竞争法予以规制。该案审理对《反不正当竞争法》第十二条所规定的"其他"不正当竞争行为进行了重要补充，为审理涉互联网黑灰产业的类似案件提供了裁判指引。

（五）河南四季春园林艺术工程有限公司诉鄢陵县沐雨园林绿化工程有限公司、王某花等侵害植物新品种权纠纷案〔河南省郑州市中级人民法院（2021）豫01知民初2067号民事判决书〕

案情摘要：河南四季春园林艺术工程有限公司（以下简称"河南四季春公司"）是"四季春1号"紫荆树品种权人，鄢陵县沐雨园林绿化工程有限公司（以下简称"鄢陵沐雨公司"）、王某花通过在普通的紫荆树上嫁接"四季春1号"枝条的形式，繁育"四季春1号"并对外销售，构成了对河南四季春公司植物新品种所有权的侵犯，双方由此发生纠纷并诉至法院。法院审理中，鄢陵县沐雨公司称其栽种的系普通紫荆，并非案涉"四季春1号"，各方也均未对被诉侵权品种繁殖材料是否属于授权品种的繁殖材料申请鉴定，在缺乏鉴定意见等直接证据的情况下，法院通过现场勘验、综合全案证据，准确适用《最高人民法院关于审理侵害植物新品种权纠纷案件具体应用法律问题的若干规定（二）》第六条的规定，认定侵权成立，判决鄢陵县沐雨公司、王某花停止侵权并分别赔偿四季春公司经济损失及维权合理开支9万元和6万元。

典型意义：周期长是知识产权案件维权过程中普遍存在的难题。而在植物新品种权纠纷审理过程中，鉴定结果是判定侵权成立与否的重要依据而被广泛采用，但因相关鉴定周期长、成本高、机构少，直接影响审判效率。该案中，为降低对鉴定结果的依赖，法院通过全面分析被诉侵权人在公证书中对侵权事实的自认，结合现场勘验，对控侵权行为予以综合认定，大大缩短了案件审理周期，对于处理类似案件，提高知识产权保护效率具有参考意义。

（六）河南仲景药业股份有限公司诉镇平时通实业有限公司侵害商标权案〔河南省南阳市中级人民法院（2021）豫13知民初7号民事判决书、河南省高级人民法院（2022）豫知民终8号民事判决书〕

案情摘要：河南仲景药业股份有限公司（以下简称"仲景药业公司"）对"半月清""半玥清"等享有注册商标专用权。镇平时通实业有限公司（以下简称"镇平时通公司"）在上述商标核定使用的相同商品上，使用的"半月清"标识与涉案商标相似。2020年10月30日仲景药业公司以镇平时通公司侵害其注册商标专用权为由诉至法院，在该案审理过程中，双方达成和解协议，仲景药业公司撤回起诉。2021年4月6日仲景药业公司又在淘宝网上发现了被控侵权产品，遂向南阳中院提起该案诉讼。法院经审理认为，被控侵权商品与涉案商标核定使用的商品属于同一种商品。被控侵权商品使用的"半月清"标识与涉案商标相似、读音相同，容易导致相关消费者产生混淆和误认，被诉侵权商品侵犯了仲景药业公司注册商标专用权。遂判令时通公司停止侵权并赔偿损失20万元。一审判决作出后，镇平时通公司不服提起上诉。二审经审理后驳回上诉。

典型意义：中医药是中华民族的国粹，也是中华优秀文化的瑰宝。河南是我国中医药的重要发祥地之一。仲景药业公司系河南省知名科技主导型中药企业和高新技术企业，在全国前50家大中型中药生产企业人均利税排名中位居第十八位，公司注册的"半月清"等商标为"河南省著名商标"。该案中，镇平时通公司在前诉中已经与仲景药业公司达成协议。在仲景药业公司撤诉后，又违反双方协议，侵犯仲景药业公司案涉注册商标专用权主观恶意明显，法院适用惩罚性赔偿判决镇平时通公司停止侵权并赔偿 20 万元损失，彰显了人民法院对中医药知识产权的保护力度，为传统中医药的发展与创新提供了良好的司法保障。

（七）河南亚新窑炉有限公司与河南中欧窑炉有限公司、西吉县兴隆镇红星建材销售有限公司、通渭县旺锦建材有限公司、安某彬侵害发明专利权纠纷案〔河南省郑州市中级人民法院（2021）豫 01 知民初 389 号民事调解书〕

案情摘要：河南亚新窑炉有限公司（以下简称"河南亚新公司"）是"一种新结构旋转移动式窑炉"发明专利的专利权人。该专利技术针对现有旋转窑炉中存在的注风温度过高、风机使用寿命较短、热量流失快等问题进行了改进，使得窑炉本体不产生震动，延长了窑炉保温材料的使用寿命，并且减少了热量流失，从而达到了环保节能高产低耗的目的。河南中欧窑炉有限公司（以下简称"河南中欧公司"）是专业从事窑炉制造的企业，其为西吉县兴隆镇红星建材销售有限公司、通渭县旺锦建材有限公司制造旋转窑炉。河南亚新公司认为，河南中欧公司制造的旋转移动窑炉采用的技术方案，侵犯了其专利权，遂向法院提起诉讼。请求判令中欧公司停止制造、销售侵权设备，西吉县兴隆镇红星建材销售有限公司、通渭县旺锦建材有限公司停止使用侵权设备，并主张中欧公司赔偿其经济损失 1 605 000 元。法院审理后认为，被诉侵权产品的技术方案缺少涉案专利权利要求一的多个技术特征，未落入涉案专利权利要求一的保护范围，不构成侵权，判决驳回河南亚新公司诉讼请求。河南亚新公司提起上诉。最高人民法院经审理认为，原审法院划分技术特征不当，导致事实认定错误，发回重审。重审期间，亚新公司与中欧公司在法院主持下达成调解，并撤回对西吉县兴隆镇红星建材销售有限公司、通渭县旺锦建材有限公司、安某彬的起诉。

典型意义：亚新公司是专业设计、承建移动式隧道窑炉的企业，其发明的"一种新结构旋转移动式窑炉"专利技术，主要用于建筑材料的制造，该技术起到了节能、环保、低耗等功能。该案通过调解，有效化解了双方矛盾，实现案结事了，取得了较好的社会效果。同时，通过调解，中欧公司获得了亚新公司专利授权，促进了新技术的传播和利用，对减少能源消耗、降低环境污染起到了积极作用。

（八）山西杏花村汾酒厂股份有限公司、山西青汾实业股份有限公司与驻马店市人民政府及第三人驻马店市开发区叁陆玖商行行政复议案〔河南省驻马店市中级人民法院（2020）豫17行初385号行政判决书、河南省高级人民法院（2021）豫行终1124号行政判决书〕

案情摘要：河南省驻马店市市场监督管理局2020年6月2日接到山西杏花村汾酒厂股份有限公司（以下简称"杏花村汾酒公司"）举报，对叁陆玖商行涉嫌销售侵犯注册商标专用权商品立案调查，共查获涉案商品654件。该商品是山西青汾实业股份有限公司（以下简称"青汾实业公司"）生产的"青汾"牌白酒，由叁陆玖商行于2019年9月21日从青汾实业公司购进。2020年7月27日，驻马店市市场监督管理局作出驻市监罚字（2020）第24号行政处罚决定书，认为青汾实业公司在第11194406和第11194373号"青汾"商标被宣告无效后，仍然在商品包装箱和白酒瓶显著位置突出使用青汾标识，容易导致消费者对商品来源产生混淆和误认；叁陆玖商行销售"青汾"牌白酒的行为违反了《商标法》第五十七条第一款第三项规定，遂作出责令停止销售的处罚决定。青汾实业公司不服，向驻马店市人民政府提起行政复议。2020年11月25日，驻马店市人民政府作出驻政复决字（2020）146号行政复议决定书，以驻马店市市场监督管理局在作出该行政处罚决定时未通知青汾实业公司，在处罚决定前亦未告知其陈述、申辩、听证的权利为由撤销了该行政处罚决定。杏花村汾酒公司遂诉至法院，请求撤销驻马店市人民政府作出的行政复议决定。法院经审理认定，青汾实业公司生产销售的"青汾"牌白酒，侵犯了杏花村汾酒公司的注册商标专用权，驻马店市市场监督管理局认定叁陆玖商行销售"青汾"牌标识的行为构成侵犯注册商标专用权并无不当；但驻马店市市场监督管理局在未听取青汾实业公司的陈述、申辩意见的情况下作出的行政处罚违反正当程序，驻马店市人民政府经复议决定撤销驻马店市市场监督管理局作出的行政处罚决定结果正确，判决驳回杏花村汾酒公司的诉讼请求。一审裁判作出后，杏花村汾酒公司、青汾实业公司均不服，提出上诉。二审法院审理后驳回上诉，维持原判。

典型意义：知识产权行政审判在依法支持知识产权行政执法行为的同时，也要强化对知识产权行政执法行为的规范和监督。该案在支持行政执法部门侵权认定的同时，强化对行政行为程序正当性的审查，积极引导知识产权行政执法机关的调查取证、证据审查、侵权判定等标准向司法标准看齐，促进知识产权行政行为进一步规范化和法治化，充分发挥了司法保护知识产权的主导作用。

（九）郑州格燃教育科技有限公司、魏某琪侵犯商业秘密罪案〔河南省郑州市中级人民法院（2021）豫01刑初53号刑事判决书、河南省高级人民法院（2021）豫刑终393号刑事裁定书〕

案情摘要：魏某琪原系河南华图公司员工，其与河南华图公司签订保密条款约定，除工作需要或经河南华图公司书面同意，魏某琪不得擅自使用、复制、发表或对他人泄露河南华图公司或其客户的商业秘密资料。2019年3月1日，魏某琪因个人原因从河南华图公司离职。2019年3月15日，郑州格燃教育科技有限公司（以下简称"郑州格燃公司"）成立，魏某琪为该公司负责人，负责河南市场。经审计，郑州格燃公司与河南华图公司重复的学员人数共405人，该405名学员应缴纳费用共计2 461 731.40元，其中实缴费用1 938 391.40元，待补缴费用523 340.00元，河南华图公司利润损失2 137 995.72元。河南华图公司以商业秘密被侵犯为由向公安机关报案。法院审理后认定魏某琪作为郑州格燃公司负责人，违反其与河南华图公司有关保守商业秘密的约定，将河南华图公司的学员信息用于郑州格燃公司的经营活动，获取非法利益，给权利人造成了重大经济损失，已构成侵犯商业秘密罪。遂判决郑州格燃公司犯侵犯商业秘密罪，判处罚金100万元；魏某琪犯侵犯商业秘密罪，判处有期徒刑一年零八个月，缓刑二年，并处罚金5万元。一审判决作出后，郑州格燃公司提起上诉后又撤回上诉，一审判决遂发生法律效力。

典型意义：商业秘密能够为企业带来巨大的经济利益。劳动者在工作中接触到企业的商业秘密时，应当负有保守商业秘密的义务。劳动者辞职后，仍需要承担保守商业秘密的义务。劳动者辞职后不当使用企业的商业秘密，给企业造成重大损失的，需承担刑事责任。该案判决有效打击了侵犯商业秘密犯罪，展现了对商业秘密保护的司法决心。

（十）郭某仁、庞某娜犯侵犯著作权罪案〔河南省洛阳市中级人民法院（2021）豫03刑初34号刑事判决书、河南省高级人民法院（2021）豫刑终469号刑事裁定书〕

案情摘要：2020年5月份，郭某仁从庞某娜处购买了《河南省初中学业水平考试解析与检测》406套（每套14册，共计5684册），以每套100元的价格销售到汝阳县城关镇第三初级中学。2020年6月19日，汝阳县文化市场综合执法大队会同市支队一大队在汝阳县城关镇第三初级中学进行检查时，依法扣押了该批出版物。经河南省新闻出版局鉴定，该批出版物系盗用国家批准的出版单位的名义，未经批准擅自印刷，为图书类非法出版物。洛阳市人民检察院以被告人郭某仁、庞某娜犯侵犯著作权罪提起公诉。法院经审理认为，郭某仁、庞某娜以营利为目的，未经著作权人许可，发行其文字作品，情节特别严重，其行为均已构成侵犯著作权罪，应依法惩处。遂判处被告人郭某仁犯侵犯著作权罪，判处有期徒刑三年零五个月，并处罚金40 000元；被告人庞某娜犯侵犯著作权罪，判处有期徒刑三年零五个月，并处罚金16 000元。宣判后，被告人郭某仁、庞某娜不服提起上诉，二审法院经审理后驳回上诉，维持原判。

典型意义：出版盗版图书是严重侵犯他人知识产权的行为，其低廉的制作成本导致图书质量低劣，既扰乱了国家对图书市场的管理秩序，又侵害了权利人和消费者的合法权益，且涉案图书为学生考试用书，对学生学习造成误导甚至影响学生一生，性质恶劣。该案对所有被告人均判决了实体刑，进一步加大了打击盗版图书类违法行为的力度，为青少年健康成长营造了良好的社会文化环境。